21 世纪高等院校创新课程规划教材

大学生就业与创业指导

宣仕钱　徐　静　主编

经济科学出版社

图书在版编目（CIP）数据

大学生就业与创业指导/宣仕钱，徐静主编．—北京：经济科学出版社，2008.12（2017.1 重印）
（21 世纪高等院校创新课程规划教材）
ISBN 978－7－5058－7740－5

Ⅰ．大…　Ⅱ．①宣…②徐…　Ⅲ．大学生－职业选择－高等学校－教材　Ⅳ．G647.38

中国版本图书馆 CIP 数据核字（2008）第 193065 号

责任编辑：张　力　周胜婷
责任校对：徐领杜
技术编辑：李　鹏

大学生就业与创业指导
宣仕钱　徐　静　主　编
经济科学出版社出版、发行　新华书店经销
社址：北京海淀区阜成路甲 28 号　邮编：100142
总编室电话：88191217　发行电话：88191109
网址：www.esp.com.cn
电子邮件：esp@esp.com.cn
河北省财政厅票证文印中心印装
787×1092　16 开　15.25 印张　340000 字
2009 年 1 月第 1 版　2017 年 1 月第 9 次印刷
ISBN 978－7－5058－7740－5/F·6992　定价：26.00 元
（图书出现印装问题，本社负责调换）

编委会人员

主　编：宣仕钱　徐　静

副主编：徐　锋　刘清伟

编委会成员（按姓氏笔画先后顺序）

吕跃军　刘清伟　吴　剑　郑春晔　宣仕钱

徐　静　徐　锋　廖晓慧　潘成刚

前　　言

随着社会主义市场经济体制的建立和不断完善，我国高等教育体制改革正不断深化，大学生就业体制也由“计划分配”到“供需见面”、“双向选择”，并逐步实现“自主择业”。在新的就业体制下，大学毕业生要顺利求职择业，就必须按照求职择业的程序要求，熟悉国家的就业政策，了解社会需求信息，树立正确的择业观念，增强择业意识，掌握求职择业的技巧，调适求职心态，锻炼综合能力，不断增强主动适应社会需要的能力。而要达到这些要求，大学毕业生除了依靠自身努力外，还需要就业指导。开设就业指导课程，就是为了帮助大学生适应市场经济条件下就业体制的改革变化，进行就业准备，提高求职择业的能力和技巧，为顺利求职择业、实现职业理想奠定良好的基础。

根据教育部办公厅关于《大学生职业发展与就业指导课程教学要求》的有关规定，我们组织了相关高校的教师编写了《大学生就业与创业指导》这部教材，以适应就业与创业教学的需要。《大学生就业与创业指导》是大学生就业指导课的配套教材之一。本教材注重理论与实践的结合，强调实践性和应用性，以培养学生的就业意识、就业能力为主线，融科学性、知识性和实用性于一体，适用于普通高等院校、独立学院开设就业指导课的需要。

本书由绍兴文理学院元培学院和浙江工业大学之江学院共同编写，编写任务分工如下：

宣仕钱、郑春晔编写第一章，刘清伟编写第二章，吕跃军编写第三章和第六章，潘成刚编写第四章，徐静、吴剑编写第五章，徐锋编写第七章，廖晓慧编写第八章。全书由绍兴文理学院元培学院宣仕钱和徐静统稿。

本书编写过程中，参阅了国内外大量的文献资料，在此谨向文献资料的作者表示衷心的感谢。由于编者水平所限，书中难免存在错误和缺点，敬请专家和读者批评指正。

编　者

2008 年 12 月

目　　录

第一章　就业形势与政策

第二章　就业观念与定位

第三章　就业流程

第四章　就业准备

第五章　应聘技巧

第六章 签约与报到

第七章 创业教育

第八章 创业实务

附　　录

第一章　就业形势与政策

不以规矩，无以成方圆。

——孟子

本章概要

本章阐述了大学毕业生就业的基本概念、就业的意义和方式；分析了大学毕业生就业的基本形势和发展趋势；介绍了大学毕业生就业的有关政策和规范。

第一节　就业概述

一、大学毕业生就业的概念

大学毕业生就业是指大学生完成学业以后在社会上获取正当工作岗位的过程，包括求职和自主创业两种主要形式。大学毕业生就业是大学毕业生从学生生涯到职业生涯的重要转变。对大学生来说，就业是对自己受教育过程的综合检验，是对自己适应社会、服务社会的素质和专业技能水平的具体测验，也是服务社会、贡献社会、确立自己社会地位的开始。

大学生就业过程就是大学生作为社会职业的劳动者走向社会职业岗位的过程。大学生就业问题与社会职业密切相关。随着人类社会生产力的发展，出现社会分工之后便出现了社会职业。而随着社会生产力的发展，社会职业日益多样化。由于社会职业的多样化，使得职业选择成为可能。在计划经济条件下，大学毕业生参加社会工作以计划的形式来安排社会职业，很少有自主选择职业的问题。但在市场经济条件下，毕业生就业体制发生了变化，实行了“双向选择”的就业机制。毕业生选择职业的自由度增大，就业的复杂程度随之增大，因此，大学毕业生就业需要学校和教师的指导和帮助。

社会职业是劳动者能够稳定从事的有报酬的工作，也是劳动者稳定地从事某项有报酬的工作而获得的劳动角色。职业对个人来说，意味着维持生存、发展个性、参与劳动、创造财富、奉献社会、承担社会义务；职业对社会来说，具有实现社会控制、维持社会运转、为社会创造财富、推动社会发展的功能。因此，职业对个人来说是获得经济收入的来源，是个人及家庭维持生活的手段，是促进个性发展的途径，也是为社会作贡献的途径。

因此，大学毕业生就业应具备三个基本条件：一是从事社会劳动；二是得到社会承

认；三是取得劳动报酬。凡是具备这三个条件者，就是已经就业；而不具备或不完全具备这三个条件者，就不是正式或规范的就业。

二、大学毕业生就业的意义

（一）维持生计的需要

大学生在校学习期间的学习和生活费用主要由家庭和国家承担，因此，大学生的生计意识较为淡薄。但大学生一旦跨出校园、走向社会，就需要依靠自己的力量来养活自己。也就是说，大学生毕业后所面临的最现实的问题就是怎样养活自己，同时承担起家庭的经济责任。因此，维持生计是大学毕业生就业最直接的目的。生存是发展的基础，如果连生存都不能实现，就谈不上实现自我价值，谈不上自我发展，更谈不上报效祖国。

（二）实现价值的需要

实现人生理想，取得事业上的成功，得到社会的承认，实现自身价值，是每一位大学毕业生为之奋斗的人生目标。然而实现自身价值并不是一蹴而就的，需要长期不懈努力才能达到。在人生职业发展的各个阶段，由于受各种主客观原因的制约，人们在事业上并不是一帆风顺的。由于受各种客观情况的制约，有些毕业生可能一时找不到比较满意的职位，不得不采取“先就业再择业”的办法，以便积累工作经验，为今后选择较合适的工作岗位做准备；有些毕业生在原认为较满意的单位工作一段时间后，发现所从事的工作并不适合自己，于是“跳槽”，以选择较合适的工作单位；有些毕业生对自身能力认识不足，初次就业时对自己的认识处在一个较模糊的阶段，随着工作年限的增长，工作经验的积累，逐渐对自己有了全面的认识，对自己的人生目标和理想进行进一步调整，使之更适合自己的实际。这些都为实现自身价值创造了条件，为事业成功奠定了基础。但在实现自身价值的过程中，不应频繁地盲目“跳槽”，盲目“跳槽”既得不到用人单位的信任，又会丧失许多成功的机遇。为了实现自身价值，还要树立终身学习的观念，培养学习能力，要通过各种途径学习科技知识，不断更新知识结构，挖掘自身潜力，积累工作经验，使自身价值不断“增值”，为实现自身价值做好充分的准备。

（三）承担使命的需要

大学毕业生是祖国建设的宝贵财富，是社会经济建设的中坚力量，肩负着振兴中华民族的伟大历史使命。目前，科学技术日新月异，社会经济快速发展，综合国力竞争激烈，在新形势下，要实现我们既定的战略目标，就必须围绕经济建设这个中心，坚持不懈地实施科教兴国战略，高度重视知识创新、人才开发对经济发展和社会进步的重大作用。这些都为广大毕业生施展才华、报效祖国创造了良好条件和环境。大学毕业生应牢记自己肩负的历史使命，刻苦学习科学文化知识，努力工作，不断提高综合素质，为中华民族的振兴承担起应有的历史责任。

三、大学毕业生就业的方式

国家就业政策规定，大学毕业生的就业方式为：国家计划任务招生的普通高等学校本专科毕业生和毕业研究生，凡是取得毕业资格的，通过“供需见面、双向选择”的办法落实就业。

大学毕业生的就业方式给予大学毕业生就业以充分的自主权。高校毕业生就业在市场规律的作用下，毕业生有选择用人单位的自主权，而用人单位也有选择毕业生的自主权。给予毕业生选择职业的自主权，由毕业生和用人单位通过双向选择的机制来达到毕业生就业，这种就业方式并不意味着政府和学校对毕业生的就业活动不闻不问，相反，管理和帮助毕业生就业是政府和学校的重要任务和职责。为此，政府和学校制定并颁布了一系列促进毕业生就业的政策和规定，建立并完善了就业市场，加强就业指导，为毕业生就业提供了许多有利条件。因此，高校毕业生应充分利用好各种有利条件，积极主动地“推销”自己，根据自身条件和社会需要选择适合自己的社会职业。

第二节　就业形势

一、我国高校毕业生就业的基本形势

教育部公布的数据显示，自2001年以来，我国高校毕业生的数量逐年大幅增加：从2001年的114万人到2004年的280万人，再到2007年的496万人。2008年全国高校毕业生总人数更是达到532万人，创历史新高。在高等教育取得巨大成绩的同时，我们也要清醒地看到高等教育所面临的挑战。主要是：对高等教育的经费投入滞后于高等教育的发展规模和增幅速度；高校扩招后如何使教育质量在巩固原有水平的基础上再进一步提高；扩招后毕业生数量逐年大幅度增加，如何保证毕业生充分就业。这些都是我们所面临的新情况和新问题。

（一）有利条件

（1）随着我国“十一五”计划的实施和向第三步战略目标的迈进，预计今后一段时期我国经济将继续保持较快的增长速度。在通常情况下，国民经济每增长一个百分点，就可能提供80万到100万个就业岗位。也就是说，我国由于经济增长而产生的新就业岗位，每年至少在600万个左右。高校毕业生素质比较好，有比较强的竞争优势，因此，这600万个就业岗位将为高校毕业生提供基本的就业空间。

（2）我国已经加入世界贸易组织，中国经济与全球经济一体化进程将进一步加快，产业结构调整和战略性改组以及国际资本和技术的进入，无疑将加大对高层次人才的需求，由此而产生的新的就业机会也将有利于高校毕业生就业。

（3）经过多年的实践和规范，我国已建立起了比较完善的以高校为基础的毕业生就

业市场和就业指导服务体系，并为高校毕业生和用人单位提供了良好的服务。目前，高校毕业生就业指导正在朝着专业化方向迈进；各省市也已形成良好的就业管理和服务工作队伍，拥有较完善的就业设施。这些对今后做好高校毕业生就业工作提供了必要的组织机构保证和良好的工作基础。

(4) 高等学校正在进行专业结构、人才培养结构的调整，普遍加强了素质教育和实践环节，注重培养学生的创新意识、社会适应能力和实践应用能力，强化了就业指导工作，使高校毕业生的培养质量和社会适应能力得到了进一步的提高，毕业生的就业能力、就业观念和心理承受能力也在不断地提高。

（二）不利因素

(1) 当前的国际经济环境十分复杂，世界经济的震荡和波动将会影响我国的经济发展，从而影响到国内的就业环境。同时，启动内需拉动国内经济增长的难度仍然不小，全社会整体就业压力加大，在这种情况下我们的就业工作不容乐观。

(2) 毕业生数量在短期内迅猛增加。应当说这种增长是超常规的，而劳动力的社会有效需求短期内增速有限，供需的结构性矛盾将更加突出。面对严峻的就业形势，我们的用人机制和管理机制的改革却相对滞后。

(3) 高校毕业生的择业观念存在偏差。由于受到计划经济和精英教育的长期影响，高校毕业生就业期望值相对较高，对就业形势的变化发展敏感性不够。很多需要人才的岗位毕业生不愿去，而想要去的又没有岗位，存在眼高手低的现象。

二、高校毕业生就业趋势分析

（一）就业观念大众化

当我国高等教育处在“精英教育”阶段时，高校毕业生供给小于社会需求，是毕业生的“卖方市场”。进入大众化阶段后，随着毕业生数量的急剧增加，已由“供不应求”转化为“供大于求”了。大学毕业生就业与社会就业无论从思想观念、制度、政策，还是工作方式、方法都将逐步融为一体。促成这种融合的原因，一是因高等教育的发展使高校毕业生就业人数在社会就业人员中所占比率大幅度提高；二是随着社会经济的发展，就业者的整体素质也得以提升，而用人单位的人才观念和人才标准发生深刻变化；三是社会职业大分化，大量新职业涌现，不少原有职业退出历史舞台。这种融合也促使广大高校毕业生的就业观念发生根本性的转变。预计今后一个相当长的时间内，在社会需求总量增加不大的情况下，毕业生之间的竞争将格外激烈，毕业生整体求职的成本和时间将扩大和延长，毕业生整体的薪酬水平也将有所下降，严酷的现实要求广大毕业生确立“大众化”的就业观念。

（二）职业形式多样化

高等教育进入大众化发展阶段后，高校的入学起点、社会需求、培养模式、教育方

式、培养目标等都将发生一系列改变。高校除了培养创新人才和专门人才外，还要承担培养高素质劳动者的任务。培养目标的多样化必然导致毕业生就业取向、就业形式的多样化。如果说精英教育阶段培养的是“英才”、“白领”，在大众化教育阶段高等教育既要培养“英才”，也要培养普通劳动者。他们就业后，既有“白领”，也有当“蓝领”甚至“灰领”的。可以说，社会有多少种就业形式，高校毕业生就可能有多少种就业形式。从工作时间分，有全日制就业、半日制就业、计时就业、计件就业等；从就业单位性质分，有公有制、私有制（个体经济、私营经济、三资企业等）；从岗位来源来看，可分就业（占据社会提供的岗位）、创业（自主创业、创造新岗位）；从实现方式看，可分一次性就业、准就业（如大学生志愿服务西部）、暂时待业（含继续深造，如准备考研、留学）等；从就业管理性质看，可分显性就业（又称正规就业，即按照国家劳动力市场规范管理的途径和方式实现就业）、隐性就业（又称非正规就业，即没有按照国家劳动力市场规范就业的方式而获取职业，如自我雇用、家庭内就业、阶段性就业、钟点工、临时工、季节工、自由职业者、网站管理员、自由撰稿人、微型公关公司等）。

（三）就业行为市场化

高等教育由“精英”走向“大众”的过程，也就是高校毕业生就业由政府行为过渡为市场行为的过程。大众化教育阶段高校毕业生就业行为市场化主要体现在三个方面：(1) 市场在毕业生就业中具有基础性、主导性作用，价格机制在调节毕业生就业流向、就业观念方面发挥着十分重要的作用。大学生择业的首要标准是经济收入。我们不能因此埋怨毕业生就业观念过于功利，因为这是个人价值在市场面前的一种表达方式。(2) 供需见面、双向选择成为毕业生实现就业最主要的方式。只有极少数关系国家安全的行业如军事、尖端机密技术等的毕业生才由国家统一安排就业。(3) 部分高校学生一毕业即待业成为必然。处于待业状况的高校毕业生无法在短期收回接受高等教育的投资，同时造成了就业成本的提高，这必然会促使毕业生通过降低择业期望值、接受继续教育提高自身就业能力等途径来实现就业。同时，高等学校必然会做出理性选择，及时调整专业方向和培养目标。市场这只无形的手就是这样主导着高校毕业生就业，主导着高等教育的发展。目前，我国高校毕业生就业制度改革已基本实现由“统包统分”向“自主择业”转轨，以市场为导向的毕业生就业机制已经初步建立。政府主要是通过市场实现人才资源的合理配置。随着高等教育大众化程度的进一步提高，市场在高校毕业生就业中的作用将进一步增强。

三、现代职业发展趋势分析

职业是人类社会发展到一定阶段的产物，是人类社会生产和社会生活发展的必然结果。随着社会的发展和进步，特别是现代科学技术的迅猛发展，新产品的运用，新工艺的推广，经济的增长和社会的综合与协调发展，社会职业的发展变迁也出现了不断加快的趋势。这种趋势主要表现在以下几个方面：

（一）职业种类大量增加

社会分工的发展在加速，使社会职业的种类大量增加，新兴行业不断涌现。当人类历史上出现了第一次社会大分工，即农业从畜牧业中分离出来以后，才出现了最初的职业划分。产生一种新职业要经历相当长的时期，职业的发展十分缓慢。随着生产力的发展，社会出现了第二次分工，职业种类才逐渐增加。到了近代、现代，科学技术的突飞猛进，生产工具的大量改进，以及生产过程的高度社会化，使社会分工越来越细，形成了庞大的社会职业体系。新职业种类的产生显得十分频繁，新的行业不断涌现，使当今的职业种类呈现快速增长的趋势。

（二）职业结构快速变迁

经济发展的加快，使社会职业结构变迁的速度愈来愈快。经济领域是集中职业种类和职位数量最多的社会生活领域，经济活动对职业的变迁、发展有着十分直接而又特别重要的作用。在传统社会里、由于分工不发达，自然经济占主要地位，因而社会职业结构很简单，变迁也十分缓慢。工业革命后，人类开始重视经济增长和发展的速度。特别是当代社会，世界上大多数国家都把经济增长和发展放到优先的位置，从而促使产业结构和行业结构变迁的速度加快，如电子行业从产生、发展到成为一个主要行业，只用了几十年时间。

（三）第三产业比重增加

产业结构的变化，使第三产业的职位数大幅度增加。所谓第三产业是指所有非物质生产部门的总称，包括公用事业、商业、运输业、金融保险和服务性行业等。从世界发达国家来看，农业与工业部门就业人数的比重在不断下降，而农业与工业以外的就业人数的比重在不断上升。第三产业就业人数的比重越来越大，是现代社会不同制度的国家发展的共同趋势。第三产业就业人数已超过了第一产业与第二产业就业人数的总和。我们国家与之相比，从事第三产业的人数所占比重虽然要小得多，但增长的幅度非常大。据国家统计局统计，1995 年我国从事第三产业的人数只占 24.8%，2002 年上升到 33.5%，目前达到 40% 左右，大大高于第一、第二产业就业人数增长的幅度，成为容纳新增就业人员最多的部门。从国际范围看，我国第三产业的比重还有较大的上升空间。目前发达国家第三产业的比重为 70%，发展中国家第三产业的比重平均为 51%，我国低于发展中国家 10 个百分点。

（四）知识要求明显提高

现代社会是科学技术飞速发展的社会。科技进步的标志是新技术、新工艺在生产中的广泛运用和推广。这些新技术、新工艺在应用中产生的就业职位多是以知识为基础的行业。如近几年来，国际上新创造的就业机会大多集中在软件、计算机、电信、医疗保健等行业。这就要求就业者必须是“知识型”劳动者。所谓知识型劳动者，是指掌握一定技术、专业知识，又能实际动手操作的劳动者。他们受过相当程度的正规化高等教育，

拥有一定的理论知识、分析能力和创造能力，不仅会动手，而且会动脑，是体力、脑力结合的劳动者。在当代社会中，大多数失业者是低学历者。无论在工厂还是在办公室，用人单位比以往更注重知识层次较高的人才。我们国家的一些职业或职位对就业者的要求也不例外，特别是通才式、复合型的“知识型”人才更是受到青睐。

第三节 就业政策

毕业生就业主要依据有：国家教育部颁发的《普通高等学校毕业生就业工作暂行规定》、《关于进一步深化普通高等学校毕业生就业制度改革有关问题的意见》及有关就业政策；各地方有关高校毕业生就业主管部门制定的有关毕业生就业的规范性文件；各高校关于毕业生就业工作的意见、实施办法及细则；与毕业生就业联系紧密的法律、法规，如《中华人民共和国劳动法》、《中华人民共和国合同法》、《国家公务员暂行条例》等。

一、我国大学生就业政策的总体框架

（一）中央和地方两级管理

中央建立了由国务院有关部门参加的高校毕业生就业工作联席会议制度，定期研究、协调解决工作中的重大问题。各省、自治区、直辖市人民政府建立了高校毕业生就业工作的领导协调机制。各地区、各有关部门把高校毕业生就业工作列入重要议事日程，纳入经济和社会发展规划，作为就业和再就业工作的重要组成部分。各地区、各有关部门和高等学校建立了高校毕业生就业工作目标责任制，明确工作目标，制定具体措施，解决实际问题，确保高校毕业生就业。

（二）引导毕业生面向基层

鼓励高校毕业生到基层和艰苦地区工作。各级政府积极为高校毕业生创造工作条件，主要充实城市社区和农村乡镇基层单位，从事教育、卫生、公安、农技、扶贫和其他社会公益事业。

鼓励和支持毕业生到中小企业工作，到西部地区工作。到西部贫困县的乡镇一级教育、卫生、农技、扶贫等单位服务两年，服务期间计算工龄。志愿者服务期满后，鼓励其扎根基层或者自主择业和流动就业；愿意报考研究生或报考党政机关和应聘国有企事业单位的，仍可享受在艰苦地区工作两年或两年以上人员的优惠政策。

（三）建设毕业生就业市场

各级政府采取有效措施，积极推动高校毕业生就业市场建设，并与人才市场和劳动力市场相互贯通和资源共享。

做好为毕业生服务的“窗口”工作。在大中城市的劳动力市场开辟专门针对高校毕业生和技术技能人才的服务窗口，开展有针对性的指导、服务、培训和招聘活动。

严格规范各种毕业生招聘会秩序，禁止以盈利为目的举办高校毕业生招聘活动，切实维护毕业生的合法权益，保护毕业生的人身安全。

高校毕业生就业主管部门及其他有关部门建立了用人单位招聘毕业生信用制度，对发布虚假招聘信息，利用招聘进行欺诈、损害毕业生权益的，将做出严肃处理。

（四）建立社会服务体系

构建更加完善的毕业生就业工作服务体系。高等学校将毕业生就业指导和服务体系建设作为建立现代大学制度和教育教学改革的一项重要内容，建立完善的毕业生就业工作体系。

做好信息收集工作。专门收集一批适合高校毕业生的就业需求信息，并组织召开专门针对高校毕业生的供需见面会。

加快高校毕业生就业信息化进程。目前各高校已基本实现就业服务信息网络化并与国家和省市网互联互通，同时正加快毕业生就业服务网信息资源建设，尽快实现网上招聘和远程面试。

充分发挥现有的高校毕业生就业市场、人才市场和劳动力市场的作用。凡就业确有困难、需要帮助的未就业高校毕业生，可到当地政府有关部门所属的高校毕业生就业指导机构、人才交流机构或公共职业介绍机构登记。对已进行登记的未就业高校毕业生，有关机构提供免费就业指导和就业信息服务。对其中的党员、团员，要按有关规定，定期组织活动。根据市场需求，有组织地定期举办短期职业技能培训。

为高校毕业生办理户口和人事档案手续提供便利。对毕业离校时未落实工作单位的高校毕业生，本人要求户口和人事档案保留在学校的，按规定保留两年。两年后，学校或档案管理机构将其在校户口和档案迁回入学前户籍所在地。本人落实工作单位后，公安机关按有关规定办理户口迁移手续。

（五）加大政策支持力度

深化人事制度和劳动用工制度改革，完善并严格执行职业资格准入制度。对于国家规定实行就业准入的职业，从业者和初次就业者必须取得相应资格证书后，方可上岗；对其中新增加的就业岗位，优先录用符合相应资格条件的高校毕业生。

在国家政策规定范围内，切实落实用人单位的用人自主权。省会及省会以下城市逐步取消进人指标、户口指标等限制，以利于高校毕业生就业。

取消限制高校特别是专科（高职）毕业生合理流动的政策规定，允许高校毕业生跨地市、跨省（自治区、直辖市）就业。

党政机关录用公务员和国有企事业单位新增专业技术人员和管理人员，主要面向高校毕业生，公开招考或招聘，择优录用。各级党政机关特别是地（市）、县、乡级机关录用公务员，严格坚持“凡进必考”制度。

切实解决非公有制单位聘用高校毕业生的有关问题。积极放宽建立集体户口的审批手续，及时便捷地办理落户手续。用人单位要按照国家有关规定与所聘毕业生签订劳动合同，为其办理社会保险手续，交纳社会保险费，保障其合法权益。

（六）建立就业状况报告制度

各省、自治区、直辖市正在建立并不断完善高校毕业生就业监测体系，科学、准确、快速地报告就业工作进展情况，及时公布当地高等学校的毕业生就业率。

加强对毕业生就业工作的督促检查，重点检查就业工作薄弱地区、薄弱学校，对工作不落实、政策不到位的情况限期认真整改。

（七）鼓励自主创业和灵活就业

从事个体经营和自由职业的高校毕业生要按当地政府部门的规定，到社会保险经办机构办理社会保险登记，交纳社会保险费。

鼓励高校毕业生自主创业，为其提供创业培训、项目开发、小额贷款和担保、税费减免、跟踪服务等一条龙服务。

二、大学毕业生就业基本政策

1997 年 3 月，教育部（当时称国家教育委员会）颁发了《普通高等学校毕业生就业工作暂行规定》，《规定》明确了各级、各部门在普通高等学校毕业生就业工作中的主要职责，毕业生就业工作程序，毕业生就业指导与毕业生鉴定，供需见面和双向选择活动，就业计划的制定，调配、派遣工作，接收工作及毕业生待遇等，为我国普通高等学校毕业生就业工作奠定了基础。

2002 年 3 月，国务院办公厅转发了教育部等部门《关于进一步深化普通高等学校毕业生就业制度改革有关问题的意见》，《意见》基本上确立了在新形势下我国普通高等学校毕业生就业工作政策的基本框架。

《意见》要求："高校毕业生就业工作要以'三个代表'重要思想为指导，紧紧围绕促进国家经济发展和社会稳定的大局，采取积极有效的措施，进一步转变高校毕业生就业观念，建立市场导向，政府调控，学校推荐，学生与用人单位双向选择的就业机制，努力实现高校毕业生的充分就业"；要"进一步完善高校毕业生就业工作管理体制，在国务院领导下，教育部、人事部、国家计委、财政部、劳动保障部、公安部等有关部门密切配合，共同做好高校毕业生就业工作。省（自治区、直辖市）人民政府可成立由政府主管、领导牵头，有关部门参加的领导协调机构，统筹做好高校毕业生就业工作"。

《意见》指出，要拓宽高校毕业生到基层就业的渠道，积极引导高校毕业生到基层、到中小企业就业。各级人民政府要抓住西部大开发、小城镇建设和城市社区建设的有利时机，积极创造条件，拓宽渠道，引导并吸纳高校毕业生到基层和中小企业就业。进一步做好农村中小学教师的定编和教师资格认定工作，吸纳高校毕业生到农村中小学任教；鼓励和支持高校毕业生到农村基层进行支教、支农、支医、扶贫等工作，经过两三年锻炼，根据工作需要从中选拔优秀人员到县、乡（镇）机关和学校或企业事业单位担任领导工作，或充实到基层金融、工商税务、审计、公安、司法、质检等部门；鼓励高校毕业生到西部地区工作。对原籍在中、东部地区的毕业生到西部地区工作的，实行来去自由的政策，根据本人意愿，户口可迁到工作地区，也可迁回原籍，由政府主管部门所属的人才交流机构提供免费人事代理服务。到西部贫困边远地区工作的毕业生，可提前定级，并根据实际情况适当高定工资标准；录用到各级政府机关工作的应届高校毕业生，要安排到基层支教、支农或到企业锻炼 1 ~2 年。

《意见》规定，到非公有制单位就业的高校毕业生，公安机关要积极放宽建立集体户口的审批条件，及时、便捷地办理落户手续。用人单位要按照国家有关规定与所聘高校毕业生签订劳动合同，为其办理社会保险手续，缴纳社会保险费，保障其合法权益。从事个体经营和自由职业的高校毕业生要按当地政府的规定，到社会保险经办机构办理社会保险登记，交纳社会保险费。鼓励和支持高校毕业生自主创业，工商和税收部门要简化审批手续，积极给予支持。

《意见》提出，制定鼓励人才合理流动的政策。落实企业用人自主权的规定，鼓励用人单位根据实际需要多招聘高校毕业生；取消对接收高校毕业生收取的城市增容费、出省（自治区、直辖市）费、出系统费和其他不合法、不合理的收费政策；省会及省会以下城市放开对吸收高校毕业生落户的限制。省会以上城市也要根据需要，积极放宽高校毕业生就业落户规定，简化有关手续。对毕业离校时未落实工作单位的高校毕业生，档案管理机构对保管其档案免收服务费。学校可根据本人意愿，将其户口转至入学前户籍所在地或两年内继续保留在原就读的高校，待落实工作单位后，将户口迁至工作单位所在地。超过两年仍未落实工作单位的高校毕业生，学校和档案管理机构将其在校户口及档案迁回其入学前户籍所在地；进一步整顿和规范高校毕业生就业市场秩序。要采取措施实现高校毕业生就业市场、人才市场和劳动力市场相互贯通，实现网上信息资源共享；更好地为高校毕业生和用人单位服务；进一步加强对高校毕业生的思想教育和就业指导。加强对高校毕业生进行正确的世界观、人生观、价值观和择业观教育。

三、其他配套政策

为贯彻落实国家就业政策，进一步做好高校毕业生就业工作，国家还相继出台了一些促进高校毕业生就业的配套政策和措施。中组部、人事部、教育部、劳动保障部、财政部、公安部、民政部等有关部门也出台了一些配套措施，支持和帮助高校毕业生就业。

（一）引导高校毕业生面向基层就业政策

2005 年 7 月，中共中央办公厅、国务院办公厅印发了《关于引导和鼓励高校毕业生面向基层就业的意见》。《意见》对高校毕业生到基层就业提出了指导性意见。

1. 积极引导高校毕业生树立正确的成才观和就业观

高校毕业生是国家宝贵的人才资源，当前，随着经济体制改革的深化和经济结构的战略性调整，一方面高校毕业生就业面临着一些困难和问题，另一方面广大基层特别是西部地区、艰苦边远地区和艰苦行业以及广大农村还存在人才匮乏的状况。要积极引导和鼓励高校毕业生面向基层就业，努力建立与社会主义市场经济体制相适应的高校毕业生面向基层就业的长效机制。要开展积极有效的思想政治教育，积极引导高校毕业生树

立正确的成才观和就业观。帮助大学生深入了解国情、了解社会，正确认识就业形势，树立行行建功、处处立业的观念，踊跃到基层锻炼成才。

2. 促进高校毕业生到西部地区、艰苦边远地区和艰苦行业就业

要完善人才资源市场配置与政府宏观调控相结合的运行机制，进一步消除政策障碍，健全社会保障体系，促进高校毕业生到西部地区、艰苦边远地区和艰苦行业就业。对到西部县以下基层单位和艰苦边远地区就业的高校毕业生，实行来去自由的政策，户口可留在原籍或根据本人意愿迁往西部地区和艰苦边远地区。工作满5年以上的，根据本人意愿可以流动到原籍或除直辖市以外的其他地区工作，凡落实了接收单位的，接收单位所在地区应准予落户，需要人事代理服务的，由有关机构提供全面的免费代理服务。对毕业后自愿到艰苦边远地区和国家扶贫开发工作重点县就业的，可提前执行转正定级工资，高定1~2档工资标准。

3. 鼓励和支持高校毕业生自主创业和灵活就业

要创造良好的政策环境和市场条件，鼓励和支持高校毕业生到基层自主创业和灵活就业，对高校毕业生从事个体经营的，除国家限制的行业外，自工商行政管理部门登记注册之日起3年内免交登记类、管理类和证照类的各项行政事业性收费。要加强对大学生的创业意识教育和创业能力培训，为到基层创业的高校毕业生提供有针对性的项目、咨询等信息服务，对其中有贷款需求的提供小额贷款担保或贴息补贴。有条件的地区，可通过财政和社会两条渠道筹集“高校毕业生创业资金”。

4. 为高校毕业生到各类中小企业和非公有制单位就业创造条件

要为高校毕业生到各类中小企业和非公有制单位就业营造氛围、疏通渠道、创造条件，要规范人才、劳动力市场秩序，加大人事、劳动保障执法监察力度，通过法律、经济、行政等手段，规范高校毕业生和用人单位的“双向选择”行为。要依法加强对各类企业签订劳动合同、兑现劳动报酬和缴纳社会保险情况的监督检查，维护到中小企业和非公有制单位就业的高校毕业生的合法权益。到非公有制单位就业的高校毕业生，参加了基本养老保险的，今后考录或招聘到国家机关、事业单位工作，其缴费年限可合并计算为工龄；要探索建立高校毕业生见习制度，帮助回到原籍、尚未就业的高校毕业生提升职业技能，促进供需见面，使他们尽快就业。

5. 扩大有基层工作经历高校毕业生的公务员录取比例

从2006年开始，省级以上党政机关考录公务员，考录具有2年以上基层工作经历的高校毕业生（包括报考特种专业岗位）的比例不得低于1/3，以后逐年提高。对招录到省级以上党政机关、没有基层工作经历的高校毕业生，应有计划地安排到县以下基层单位工作1~2年。同时规定，今后在选拔县处级以上党政领导干部时，要注意从有基层工作经历的高校毕业生中选拔。

6. 选拔一定数量的应届优秀高校毕业生到基层工作

要进一步扩大选调生的规模，各省、自治区、直辖市每年都要选拔一定数量的应届优秀高校毕业生到基层工作，主要充实到农村乡镇和城市街道等基层单位，各级组织人事部门要加强对选调生的日常管理和培养，在他们到基层工作2~3年后，按照干部队伍“四化”方针和德才兼备的原则，按照有关规定，结合岗位需求，从中择优选拔部分人员任用到乡镇、街道领导岗位。今后，县级以上党政机关补充公务员，应优先从选调生中选用。

7. 继续做好大学生志愿服务西部和农村计划

要继续做好“大学生志愿服务西部计划”，为西部基层教育、医疗卫生、文化、农技推广服务等公共事业的发展提供阶段性服务。要进一步落实和完善配套支持政策，丰富服务内容。各省、自治区、直辖市也要有计划地选派高校毕业生到本地区农村服务。从2005年起连续5年，每年招募2万名左右高校毕业生，主要安排到乡镇开展支教、支农、支医和扶贫工作，时间一般为2~3年，工作期间给予一定生活补贴；安排到西部地区农村中小学、医疗卫生机构和农技推广服务机构工作的高校毕业生，其生活补贴由财政安排专项经费予以支付。服务期满后，进入市场自主择业，有关部门应协助在本系统内推荐就业。在今后晋升中高级职称时，同等条件下应优先评定。对报考公务员的，可以通过适当增加分数以及其他优惠政策，优先录用。对于已被录取为研究生的应届高校毕业生到基层服务的，为其保留学籍2年；对于到西部地区和艰苦边远地区服务2年以上的高校毕业生报考研究生的，应适当给予优惠并在同等条件下优先录取。

中央组织部等有关部门还决定，从2008年开始，用5年时间选聘10万名高校毕业生到村任职，为社会主义新农村建设培养骨干力量。

（二）推动高校毕业生创业政策

为积极推动创业带动就业，经国务院同意，中国人民银行、财政部、人力资源和社会保障部2008年联合发布了《关于进一步改进小额担保贷款　积极推动创业促就业的通知》。

《通知》明确，进一步完善小额担保贷款政策，创新小额担保贷款管理模式和服务方式。具体措施如下：

一是从2008年1月1日起，小额担保贷款经办金融机构对个人新发放的小额担保贷款，其贷款利率可在中国人民银行公布的贷款基准利率基础上上浮3个百分点。其中，微利项目增加的利息由中央财政全额负担。《通知》发布之日以前已经发放、尚未还清的贷款，继续按照原贷款合同约定的贷款利率执行。

二是扩大小额担保贷款政策的借款人范围。在现行政策已经明确的小额担保贷款借款人范围的基础上，符合规定条件的城镇登记失业人员、就业困难人员，均可按规定程序向经办金融机构申请小额担保贷款。

三是提高小额担保贷款额度。经办金融机构对个人新发放的小额担保贷款的最高额度从2万元提高到5万元。对劳动密集型小企业新发放的小额担保贷款的最高额度从100万元提高到200万元。对符合条件的人员合伙经营和组织起来就业的，可适当扩大贷款规模。

（三）各地相关高校毕业生就业政策

在贯彻执行国家有关高校毕业生就业政策的同时，各地也相继出台了一系列配套政策。如2006年上半年，浙江省制定出台了《关于引导和鼓励高校毕业生到农村和社区工作的实施意见》，当年就选拔招聘了2800名高校毕业生到农村和社区工作，2007年到岗

的人数达到了6500多人。

浙江省提出到2010年全省要基本实现每个村、每个社区至少1名高校毕业生的目标。该实施意见明确了一系列鼓励高校毕业生到农村和社区工作的优惠政策，比如，县乡两级机关今后录用公务员主要从在村和社区工作的高校毕业生中招考；聘用期间，必须确保高校毕业生的薪酬、参保等所需费用，且薪酬不得低于当地职工平均工资水平；满3年仍在村和社区工作的高校毕业生，在报考本省市级以上公务员时实行加分等。

浙江省把引导和鼓励高校毕业生面向基层就业同加强基层组织建设结合起来。到城市社区就业的，其薪酬由所在地财政和社区共同解决。到农村就业的，可通过法定程序安排担任村党支部、村委会的相应职务，市县两级政府给予适当的生活补贴，且把这批人员作为将来补充乡镇、街道干部的重要来源。

四、与大学毕业生就业有关的国家宏观政策法令

（一）《劳动合同法》

2007年6月29日，《中华人民共和国劳动合同法》由十届全国人大常委会第二十八次会议审议通过，自2008年1月1日起施行。《劳动合同法》的颁布实施，对于更好地保护劳动者合法权益，构建和发展和谐稳定的劳动关系，促进社会主义和谐社会建设，具有十分重要的意义。制定《劳动合同法》是尊重劳动，保护劳动者的重要举措。是落实科学发展观、构建社会主义和谐社会的重要内容。是完善劳动保障法律体系的重要举措。

《劳动合同法》是对劳动合同制度的进一步完善。《劳动合同法》有针对性地解决现行劳动合同制度中存在的主要问题，促进劳动者的就业稳定，根据实际需要增加维护用人单位合法权益的内容。

《劳动合同法》明确了劳动关系中劳动者能够享受劳动法律规定的各项权利。对劳动合同的必备条款、劳动合同约定的试用期、劳动合同约定的违约金、劳动合同的履行和变更、劳动合同的解除、劳动合同的终止、解除和终止劳动合同的经济补偿、集体合同、劳务派遣、非全日制用工等都作了明确的规定。

（二）《中华人民共和国就业促进法》

2007年8月30日，《中华人民共和国就业促进法》正式颁布，并已于2008年1月1日起施行。这是我国劳动保障法制建设取得的重大成果，将多年来行之有效的就业再就业政策措施通过法律形式固定下来，标志着我国解决就业这一民生问题有了法律保障。

《中华人民共和国就业促进法》的基本内容可以概括为“一个方针”、“一面旗帜”、“六大责任”、“五项制度”和“十大政策”。确立一个方针，即坚持劳动者自主择业、市场调节就业、政府促进就业的方针。树立一面旗帜，即高举公平就业的旗帜，创造公平的就业环境。明确政府促进就业的六大责任，即发展经济和调整产业结构增加就业岗位、制定实施积极的就业政策、规范人力资源市场、完善就业服务、加强职业教育和培训、

提供就业援助。建立五项制度，即加强就业工作组织领导的政府责任制度，加强对劳动者工作的公共就业服务和就业援助制度，加强对市场行为规范的人力资源市场管理制度，加强对人力资源素质提升的职业能力开发制度，加强对失业治理的失业保险及预防制度。实施十大政策，即有利于促进就业的经济发展政策、财政保证政策、税收优惠政策、金融支持政策和城乡统筹、区域统筹、群体统筹的就业政策，以及支持灵活就业、援助困难群体就业和失业保险促进就业的政策等。

《就业促进法》是全国人大常委会制定《劳动合同法》以后，通过的又一部有关劳动法律制度的重要法律，这部法律的通过，将对我国促进就业工作发挥重要作用。促进就业是政府的责任，规定政府在促进就业中的责任是《就业促进法》的一个重要内容。《就业促进法》规定的所有促进就业政策，是针对全体劳动者作出的。因此，《就业促进法》对于促进大学毕业生就业工作，具有重大的现实意义。

五、大学毕业生就业规范

有些高校毕业生由于不熟悉或未完全了解就业的有关政策规定，不根据自身实际情况选择就业地域和就业单位，从而错失就业时机，影响就业单位的落实。因此，高校毕业生在求职择业时应了解有关就业规范，以便自己找到理想的用人单位。

（一）国家有关部委关于大学毕业生就业的规范

国家教育部归口管理全国毕业生就业工作，于1997年颁布了《普通高等学校毕业生就业工作暂行规定》。该《规定》对全国各高校、毕业生及用人单位都具有约束力，是目前较为系统全面的就业规范，其内容涉及就业工作的各个环节，规定比较具体，有较强的可操作性。该《规定》明确规定：毕业生有执行国家就业方针、政策和根据需要为国家服务的义务；国家采取措施，鼓励和引导毕业生到边远地区、艰苦行业和其他急需人才的地方去工作；毕业生的就业活动不得影响学校正常的教学秩序和学生的学习，毕业生联系工作时间应安排在每年1~5月；供需见面和双向选择活动，不得以营利为目的向学生收费；来源于边远省区的本、专科毕业生，只要是边远省区急需的，原则上回来源省区就业；师范类毕业生原则上在教育系统内就业；定向生、委培生按合同就业；实行招生并轨改革学校的毕业生在国家就业政策指导下，在一定范围内自主择业；毕业研究生在国家规定的服务范围内就业等。毕业生应根据《普通高等学校毕业生就业暂行规定》要求，作出合法、合理的就业选择。

（二）大学毕业生就业的地方性规范

各省、自治区、直辖市根据本地区的实际情况也出台了一些规范性文件，用于规范指导本地区的毕业生就业。如2007年6月，浙江省对高校毕业生就业的政策做出了详细的规范：

1．关于高校毕业生落户

毕业当年12月31日前，已落实就业岗位的毕业生凭《普通高等学校毕业证书》、

《全国普通高等学校毕业生就业报到证》、用人单位录（聘）用证明、户口迁移证和本人身份证明等，到迁入地公安派出所（办证中心）直接办理落户手续，可以在本人的合法固定住所、有家庭户口的亲朋好友处或者有集体户口的用人单位登记常住户口。

毕业时要求将户口迁回入学前户口所在地的毕业生，凭《普通高等学校毕业证书》、户口迁移证和本人身份证明等，到入学前户口所在地公安机关办理落户手续，待落实就业岗位后再迁往就业所在地。毕业次年1月1日后，持户口迁移证未办理落户手续的毕业生，一律先到入学前户口所在地落户，待落实就业岗位后再迁往就业所在地。

省内生源在省内就读的高等教育自学考试及其他高等教育学历考试毕业生在省内的就业落户政策与普通高校毕业生相同。

2. 关于高校毕业生自主创业

对从事个体经营的高校毕业生，除国家限制的行业外，自工商部门注册登记之日起3年内免交有关登记类、证照类和管理类收费。对自主创业、自谋职业而有贷款需求的高校毕业生，自筹经费不足时，可向当地经办银行申请小额担保贷款。小额贷款额度一般为2万~5万元，贷款期限一般不超过2年，到期还款的，由当地财政给予50%的贴息。

3. 关于到中小企业和非公有制单位就业

对到中小企业和非公有制单位就业的高校毕业生，在专业技术资格评定和人事档案管理方面，按国家和省政策规定一视同仁。

在非公有制单位就业并参加了基本养老保险的高校毕业生，今后考录或招聘到国家机关、事业单位工作，其缴费年限可合并计算为工龄。

4. 关于未就业高校毕业生失业登记

当年9月1日以后未就业的毕业生，可持《普通高等学校毕业证书》到生源地户籍所在市或县（市、区）劳动保障部门办理失业登记。对登记失业的高校毕业生，政府所属的公共服务机构将建立专门台账，确定专人联系，提供免费的政策咨询、职业介绍、职业培训等就业服务。政府人事部门所属的人才服务机构将为未就业高校毕业生提供两年免费人事代理服务。

5. 关于支援欠发达地区毕业生报考公务员

招募志愿者到浙江省欠发达地区和海岛县的乡村从事为期1~2年的支教、支农、支医等志愿服务，对志愿者给予必要的生活补贴（含交通补贴和人身意外伤害、住院医疗保险等）。服务期间，计算工龄。服务期满考核合格者，报考党政机关公务员的，在同等条件下，优先录用。报考研究生的可适当加分，优先录取。

（三）高校关于毕业生就业的实施办法

高等院校在毕生生就业工作中起着主导作用，高校不仅要收集用人单位的需求信息，而且要对毕业生开展毕业教育和就业指导，还要负责向用人单位推荐毕业生。高校要结合学校、专业特点和工作经验，根据国家的就业方针、政策和规定以及主管部门的工作意见制定出本校的实施办法或细则。其内容涉及就业信息的收集管理、毕业生就业指导、毕业生思想教育、用人单位的接待、毕业生的推荐、就业协议的签订、优秀毕业生的评选、毕业生系列活动、毕业生离校派遣、就业奖励和违纪处理等。学校所制定的实施办法或细则，一般须报主管部门备案。由于学校所制定的办法或细则对毕业个来说更直接、更具体且适应性强。因而毕业生在就业过程中应严格遵守本校毕业生就业的有关规定，确保学校就业工作有序正常进行。

【案例】

毕业生违反协议被收违约金　起纷争诉诸法院

高校毕业生因违反“三方协议”，不去拟用人单位工作而被追究违约金的情形并不鲜见，但是被追究违约金后又诉诸法院，向拟用人单位索回的，却不多见。2008 年 8 月 1 日，北京市朝阳区人民法院审理了一起高校毕业生由于违反“三方协议”被拟用人单位索要违约金而产生纠纷的案件。

原告佟某是北京建筑工程学院 2007 届毕业生。2007 年 5 月，原告与北京建筑工程学院及被告北京市地质勘察技术院签订了“三方协议”，但未正式上班，人事档案也未转移。据佟某称，2007 年 8 月 3 日是最后报到期限，2007 年 7 月下旬他通知被告，因自己当时没有考虑好，单位离家比较远，故不想再到被告处上班，被告说同意原告选择。但佟某向被告要回“三方协议”时，被告要求原告交 3000 元违约金才给办理改派遣手续。在协商不成的情况下，佟某无奈被迫如数交纳了违约金。佟某认为，被告单位是在“乘人之危”，违约金必须返还，遂诉至法院，要求返还违约金。

本案中的违约金数额虽不大，但是双方当事人在法庭上依然争执不下，且均不同意调解。

（中国教育在线就业频道 career. eol. cn）

【点评】

收取毕业生违约金，在法律的层面上并无禁止性或者授权性的法律规定。而本案的特殊性在于原被告双方在签订“三方协议”时没有约定违约金数额，而是事后拟用人单位向毕业生索要违约金，否则就不予办理改派遣手续。这涉及到收取 3000 元违约金是否合理的问题，这也是本案争议的焦点。“三方协议”并非劳动合同，由此而产生的纠纷不属于劳动争议，当事各方所负的义务应当是他们缔结正式劳动合同之前的一种先合同义务。由于没有具体的法律适用条款，只能适用《民法》或者《合同法》的有关原理，在原则上判断拟用人单位收取的“三方协议”违约金是否合理。对于目前高发的毕业生违反“三方协议”而产生的纠纷，该案的判决将可能产生一定的示范和借鉴意义。

“三方协议”，是《全国普通高等学校毕业生就业协议书》的俗称。1997 年，原国家教育委员会颁布的《普通高等学校毕业生就业工作暂行规定》第二十四条明确：“经供需见面和双向选择后，毕业生、用人单位和高等学校应当签订毕业生就业协议书，作为制定就业计划和派遣的依据。”

本章小结

■本章关键词：

就业形势　政策　法规

■问题思考：

1. 当前大学生就业的基本形势如何?
2. 与大学生就业有关的政策法规主要有哪些?

第二章　就业观念与定位

“一个能思想的人，才真是一个力量无边的人。”

——［法］巴尔扎克

本章概要

本章阐明了大学生关于就业问题的基本立足点和进行职业目标定位上的原则和参照系，指导大学生形成明确的就业观念和职业定位。

实例思考

“我是去大公司当一个小技术员，还是去一家小企业做一名中层干部?” 11 月 26 日上午，山西财经大学大四学生小张在综合人才招聘大会现场，面对一大一小两家公司，陷入了两难选择。

此前，小张拿着自己的简历，随着拥挤的人流左顾右盼。在一家大公司的招聘展位前，他将简历递给了招聘人员，还将自己的特长一一作了介绍。招聘方似乎对他很满意，表示当日下午就可以签约。可是，小张并没有就此打住，在一家本地开的小公司招聘柜台前，又递出自己的简历。招聘人员看过后，当即表示，他们公司正缺少小张这样的计算机人才，如果小张同意，他们立刻可以签约，而且职位是公司技术方面的主管。这下，小张傻眼了，到底何去何从？他没了主意。

到大公司还是到小企业？这个选择不仅对小张来说是个难题，前来应聘的大部分大学生都感到困惑。一位学习信息管理的女学生说，原来她一心想去大公司发展，但到了招聘会现场一看，抱着她这种想法的人太多了，大公司招聘柜台前的应聘队伍排起了长龙，而且不乏名牌学校毕业生，条件要比她高出许多，而小公司却很少有人问津。一家小公司的招聘人员告诉记者，他们一个上午只收到一份简历，而且还不是他们要求的“专业对口”型。招聘人员认为，大学生出现这种左右为难的情况很正常，因为他们心中没有一个很好的就业规划。

思考：

1. 对照小张的情况，想一想你有没有同样的问题?
2. 仔细想一想，对于自己的就业，你有明确的想法吗？说说看。

在就业压力不断加大的情况下，大学生首先对自己的就业要有一个明确的认识，形成相对成熟的就业观念，并用这一观念指导自己的就业过程。随着就业竞争的加剧，把就业比喻成一场战争未尝不可，而对一场战争而言，要想在其中胜出，运筹帷幄是必须的。这其中既包括就业的宏观计划，也有具体的微观的目标确定。总之，观念先行。

第一节 大学生就业的基本原则

“我不知道风是在哪一个风向吹”，是诗人对彷徨、苦闷和迷惘情绪的诗意的表达。但面临就业的大学生们，首先要确定的就是自己的就业的大方向，也就是要确定自己就业的基点和努力方向。确定就业原则是整个就业工程的出发点和立足点。

一、大学生就业的基本立足点

随着社会的不断发展进步，职业的灵活性也在不断提高，所以我们必须用发展的眼光来看待就业问题。例如，在现在的形势下，大学生的就业只能算是其整个职业生涯的一个起点，而他的整个职业生涯充满着无穷的变数，一“就”定终身的情况已经成为历史。所以这里有必要告诉面临就业的大学生朋友，要整体和动态地看待就业问题。

（一）就业是职业发展的起点

走出校门，结束了按部就班、规规矩矩甚至于有些死板的大学生活，大学生就要成为社会的一员，由学生转变成一个社会人和职业人。社会给了你迥异于学校的灵活性，同时也给了你不确定性，但是你没有回头路，只能选择在社会上打拼。在当下的背景下看待就业，我们认为先就业应该成为步入社会的大学生的立足点。

《中国青年报》的一项求职调查显示，68%的人认同先就业、再择业的就业理念。当然，我们也认可这一理念并不是随大流，其中自有道理可言。

1. 开弓没有回头箭

当你跨出校门、决定走向社会、迈向职场时，你就是一只被发射出去的箭。也许你整个的职业生涯中还有很多次机会重新回到校园去充电镀金，但此刻你无论如何都无法再继续校园生活，除了面向职场，别无选择。你所面对的是要么就业，要么待业。我们的建议是不到万不得已，不要使自己处于待业的境地。处于待业状态的你必然要承受巨大的经济的、社会的特别是心理的压力，也许你不错的家庭条件足以保证你再做几年“啃老族”，但“绕树三匝，无枝可依”的紧张、烦闷心情无论如何都难以简单排解。简要地说，和一个并不十分如意的职位相比，待业的压力只会更大，不会更小，两害相权取其轻，所以，争取顺利就业是我们迈出校门后的第一选择。

【案例】

待业大学生　闲出心病

毕业近一年却一直找不到合适工作，24岁的大学毕业生因“闲”生出心病。因为最近两三个月精神状态不好，一周前，小张已经在母亲的陪同下到心理咨询门诊接受心理治疗。今年24岁的小张去年从一所高校毕业，他怎么也没想到，从学校毕业之后他便待业。小张父母都是普通职员，一个月两三千元的收入，虽然谈不上多富有，但也算是衣食无忧。因为担心影响学习成绩，小张考上大学后也没有干过兼职。在他和父母看来，只要把学习搞好，自己吃苦耐劳，肯定能找到工作。

小张认为毕业后最好的结果是能考上公务员，分配到政府机关工作。这个愿望随着他公务员考试的失利而夭折，随后他便开始四处寻找工作。“知道公务员考试的结果后，我就开始跑招聘会，大大小小的招聘会、面试也参加过不少，可是真就没遇到过什么称心的工作。”小张说，在毕业的近一年时间里，他也到过几家单位工作，但是在每家公司都没呆上一个月。“这些小公司工作环境太差，管理也不严格，同事之间关系复杂，工资待遇、福利也不好。”几次试用都不理想，小张越来越灰心，几乎不敢相信自己能够成功找到工作。

在家呆的时间长了，小张的脾气变得越来越古怪。小张的母亲说，小张之前的脾气温和，与周围邻居和同学相处得都很好。可是自从毕业之后长时间待业在家，他的脾气变得越来越古怪，动不动就和父母发脾气、摔东西。而且，他的精神状态也越来越消极，做什么事都提不起精神。自从发现儿子的精神状态出现问题后，小张的父母急坏了，最近在朋友的建议下，小张的母亲决定带儿子到心理门诊看病。

心理老师：

大学毕业生待业多是自身问题

尽管现在各高校都设有类似就业指导中心的部门，在大学生毕业前不但会对他们进行就业指导，而且还会定期安排一些心理辅导课程。但是，记者调查中发现，不少待业大学毕业生坦言，在家“闲”了一阵后，自己感觉人都不正常，心理压力特别大。

【点评】

从心理学的角度看来，类似小张同学这种心理状态的大学毕业生已经患上了一定程度的心理疾病。尽管现在各高校都设有类似就业指导中心的部门，在大学生毕业前不但会对他们进行就业指导，而且还会定期安排一些心理辅导课程。不少待业大学毕业生坦言，在家“闲”了一阵后，自己感觉人都不正常，心理压力特别大。解铃还需系铃人，要从根源上解决心理问题，除了进行必要的心理调节，更关键的是要通过顺利就业来缓解心理压力，也只有具备了良好的心理状态，才会更好的实现自己职业生涯发展的目标。由此可以看出，先就业是个人职业生涯发展的非常重要的一步。

（来源：www. TJXINHUA. com，有删改）

当然，这里必须说明，我们认为应该把就业作为第一选择，并不是说随便找一个职位凑合，而是应该在可能的范围内，尽可能地与自己的就业方向保持一致或接近，就业而不是待业只是你一系列职位选择过程中的一个底线。

2．骑马好找马

从学校踏入社会，这在你整个人生里是一个非常大的跳跃，一般说来对于此刻的你来说它至少是空前的，它远比你从小学到初中、从初中到高中、从高中到大学所需要完成的跨度大。你必须做出从学生到社会人这种身份上的本质性的改变，相应地在心态、观念、行为、能力等各方面也必须完成相应的转变。这是一个非常基础性的角色转换，是多种可能的职业角色转换的前提条件。因此，尽可能地争取就业，就是尽早尽可能充分地完成自身的社会化转变，把自己纳入社会轨道，这是在社会上生存发展，在职场上搏击、打拼的必要条件。

单从职业生涯发展来看，先就业也是十分必要的。万事开头难。如果你非得找一个

让自己满意的工作，未免对自己太过苛求，那你这一步很可能刚迈开就被绊倒了。一般情况下，应该先找一份工作保证自己的生活，慢慢地积累了一些工作经验和人生经验之后，如果认为有必要，再去选择自己喜欢的工作也不迟。因为你刚毕业时的就业观念毕竟太理论化了，踏入工作岗位，经过一段时间的磨炼后，你对自己的能力以及自己想要的工作会有一个更加清晰的认识和把握，同时你的机会也会更多。

【案例】

先就业，再择业

现任国内某化妆品公司华南地区执行董事的小王这样看待就业："成功并不是一朝一夕的事情，这需要坚持与努力，敢于挑战自己，敢于从基层做起。"

小王谈起了他的工作经历：毕业时，看着浩浩荡荡的找工大军，自己确实很迷茫。不少好的岗位，都被"名校生优先"的牌匾挤掉了。眨眼又过一个月，工作还没着落，心里真的蒙了。最后，在亲戚朋友的劝导下，跟一家化妆品公司签了约，做了一名初级营销员。平时，众多烦琐的事情都要干，感觉与打杂没什么区别，每月工资也就一千元左右。但我还是坚持了下去，并以实力赢得了上级的认可。从营销员到策划助理，从策划助理提升为办公室主任，到今天晋升为公司华南地区执行董事。我觉得我的成功是在不断累加的，而起点正是当初那份不起眼的基层工作。想起长辈朋友的话，"先就业，再择业"的说法是正确的。

对于现在不少大学生一毕业就想找份美差的想法，小王这样告诫毕业生："对于刚从校园里走出来的学生，绝大多数企业不可能给予过高的待遇。名牌学校的大学生之所以受到优待，是因为企业认为他们的综合素质普遍要高些，对其后期培训投入会相对少些。但这并不是绝对的，综合素质的高低在于我们自身。企业设定工资待遇的标准，肯定是看你对企业的贡献有多大。因此，非重点大学的学生心态应放正，只要在岗位上踏实工作，不断展现自己的才能，就一定会得到企业的认可。"

【点评】

好工作从哪里来，是找出来的？不对，是做出来的。记得有人到总统的家乡寻找总统的故居，问总统是在哪幢房子出生的，当地居民则直言，这里出生的都是婴儿，没有总统。是的，没有天生的元帅，当然也没有天生的总裁。也许我们应该这样理解各自的职位，这是你的工作，同样也是你学习的教室，这里是你的今天，但也在创造你的明天。

（宁夏英才网　WWW.0951JOB.COM）

【案例】

骑牛找马

小刘是我校经管学院2001届毕业生，现供职于华为技术有限公司。该公司是中国电信市场的主要供应商之一，并已成功进入全球电信市场。2002年销售额达220亿人民币，目前员工22000多人，在全世界有30多个分支机构。华为每年都到重点大学招聘，但对地方高校的毕业生少有问津。小刘是怎样进入这家名企的？

据了解，小刘来自内地农民家庭，在校成绩中等。他回忆说，毕业时觉得自己的专业水平一般，也没有什么特长，所学专业毕业生又泛滥成灾，内地和海南的就业机会又少；于是决定赴深圳寻找机会。他给自己定下一个最低目标：找到落脚点，留在深圳；

一个最高目标：待遇比较好，有发展前景。

当其他同学在有限的就业机会中等待之际，小刘踏上异地求职之路。第一次到深圳，没有亲戚朋友，全得靠自己努力。小刘先在一家小公司当推销员，薪资微薄，好在公司还提供集体宿舍；毕业后，小刘成为这家小公司的正式员工，慢慢地熟悉业务，熟悉环境，工作之余在英语和计算机方面投入了很多的精力。再后来，又走马灯似地换了几家小公司。历经砥砺，小刘的综合素质有了极大的提高。一年后，华为公司公开招聘，在大学生如过江之鲫的深圳，应者如云，咱们海大人小刘同志，轻松地踏进了华为的门槛，而且很快成了这家名企的业务骨干。

小刘同志的求职之路让人反省：一些在校很优秀的学生毕业后眼高手低、彷徨徘徊、工作迟迟无着落，结果反不如昔日表现平平的同学。其实，学生初入职场，就业信息是不对称的，想等最好的单位出现再就业，反而会误事。不如采取小刘的策略，先降低期望值，实现最低目标，找到“牛”后再慢慢找“马”，骑牛找马天地宽！

【点评】

门第和出身只能显赫一时，而不是长久。真正的立身之本是我们每个人的基本素质。对初入职场的大学生来说，最要紧的就是要有虚心和踏踏实实的态度，胸怀大志，小处着眼，所有的磨难都在累积你的资本，所有的阅历都是一种历练。请相信，社会是一所大学校，从这里学到的只会比学校里学到的要多，摸索中前进总比等待的效率更高。路是走出来的，不是等出来的。

（来源：海南大学网 http：//www.hainu.edu.cn 有删改）

从相关案例可以看出，社会经验与人生阅历在一个人的成长发展过程中有多么重要。职场发展中的相关价值判断是一个从未涉足社会的大学生所无法确切把握的，甚至可以这样说，你在作为学生时对各种职业及其相关情况的来自于课本的理解的80%是不确切的，而只有当自己亲身体验以后，才能得出清楚的结论，所以大学生们要争取先就业，争取获得真实的职业体验，只有在此基础上谋划自己的职业生涯才是科学的，脚踏实地的。而如果不是这样，即便你面临相当大的选择空间时，你也未必能真的选对自己的发展方向，何况，一旦先就业，便获得了当今职场上弥足珍贵的资本——工作经验。

（二）正确认识待业

随着毕业生就业制度的改革和就业形势的变化，部分毕业生不能及时落实就业单位即出现待业现象，是一个不可避免的现实。造成待业的原因有很多，有社会经济结构上的，有教育部门本身的，但即便这些方面都没有问题，待业也是有可能出现的。而一旦处于待业状态，大学生朋友一定要从容应对，放平心态，即便是待业，也应该是积极待业，即做好充分准备，随时把握机会便待业为就业。

二、大学生就业的方向选择

“就业难，难于上青天”。的确，大学生就业越来越成为社会难题之一，但这一问题仍然需要辩证地来看：现在大学生就业的“难”，难在竞争激烈，无法轻松获得一个职

位；从另一个角度看也不难，因为随着社会经济的发展和用人部门的观念变化，现在大学生就业的选择面要比以往宽得多。因此，当我们感叹就业难的时候，还是面临着很多方向性的选择，因此，成功就业就必须从自身出发，具有明确的方向感，这也是下一步锁定就业具体目标的前提。

（一）客观上符合社会需要

一个人在选择职业岗位时，一个基本的出发点就是要考虑到社会的现实需要，以社会对自己的要求为准绳，去观察、认识问题，进而决定自己的职业岗位。实行双向选择后，大学生的就业空间、就业自由度大幅提升，但职位总是社会的职位，作为社会的一个有机构成部分，其必然受整个社会发展状况的影响和制约。因此，大学生在就业时不可一味地追求“自我设计”。基于这种认识，我们必须清楚，现有的社会职业尽管从原则上说我们不能说“存在的就是合理的”，但一种职业的存在总是有其道理的，总是因为社会需要才确立起来的。社会的流行的关于职业的各种观念，特别是好与坏高与低等有一定的道理，但也不尽然，很多人在并不为人看好的职业上做出了引以为傲的成绩。当然，我们也还有动态地看待社会发展变化，勇于开拓、占领真正基于社会需要的职业制高点。

【案例】

认定的方向坚定地走

大学学心理学专业的小刘走出校门的最初一段时间一直在犹豫，到底要不要抛弃自己的专业，另做打算。因为心理学虽然在西方国家如日中天，但在目前的中国还难说有多大的发挥舞台，这从各地的心理咨询机构的数量和业务量上就可以看得出来。但后来，小刘决定沿着自己原来的专业方向走下去，因为他分析后得出结论，随着社会竞争的日益加剧，工作、生活节奏的加快，中国人的心理健康越来越成为问题并引起越来越多的人的重视。中国作为一个已经初步现代化并在进一步深入现代化的大背景下，以往在西方国家流行并且现在仍有发展的行业和职业在现在的中国也有了大展宏图的可能性，心理咨询就是其一。

于是，小刘进入了一家心理咨询会所。在巩固以往理论基础的同时，小刘积极主动向有经验的心理咨询师请教，刻苦地向他学习心理咨询的实战技巧，并且顺利通过了心理咨询师的培训考试，取得了合格证，开始从事心理咨询。

一般人对心理咨询不太了解和理解，甚至会产生误解，自己的亲戚朋友对搞心理咨询也很不赞同，业务也不怎么景气，各种质疑的声音也都有。经历风雨，才能见彩虹。经过了半年异常艰苦的起步阶段，在小刘和同事们的努力下，真诚和优质的服务，换回了顾客们的交口称赞，越来越多的人走进了他们的心理咨询室，而且随着中央电视台“心理访谈”的开播，人们生活水平和文化素质不断的提升，大家对心理咨询的观念也在悄悄地发生了改变，艰辛的努力终于赢得了大家的认可！

他们的心理咨询室挽救了很多即将破碎的家庭，使很多误入歧途的青少年迷途知返，因此赢得了广泛的赞誉，小刘自己也成就了自己的职业梦想。

【点评】

“男怕入错行”，职业的选择确实是个难题，特别是在各领域竞争激烈，选择多样的

今天。职业的选择很大程度上不能以难还是易来取舍，一个亘古不变的原则是，你要选择一个社会需要的、有市场的方向。而且，一旦选定，不舍不弃，认定对的事情一定要坚持到底。当然，这需要敏锐的眼光、长远的考虑、审慎的决断、坚定的执行。

从上面的案例可以看出，就业的方向有千万种，不论是新兴的还是传统的，一个基本的考量就是它一定是社会所需要的，否则，再好的规划都是空中楼阁。

（二）主观上有利于发挥个人优势

每个人都不是全能战士，每个人也都不会一无是处。因此，扬长避短是就业谋职过程中的一个重要指向。在选择职业岗位时，要综合考虑自己的素质情况，根据自身的特长和优势选择职业岗位，以利于在职业岗位上能够顺利、出色地完成本职工作。

1．专业之长

大学生经过大学阶段的学习，不仅具有较为扎实的基础知识，而且具有一定的专业知识。因此在选择职业岗位时，要从所学专业特点出发，做到专业基本对口，这样就可以在职业岗位上发挥所长，大显身手。但在这里需要注意，严格意义上的专业对口很难实现，一切都在发展变化，你在工作中要解决的问题也每时每刻都在变化，要实现完全对口也是不可能的。所以，能有用上专业基本知识就很好了，通俗地说，能上手就叫对口。

2．能力之长

同一专业的同届毕业生，由于个人的情况不同，能力也有差异，根据不同的能力选择不同的职业岗位，是充分发挥个人素质优势的最佳体现。比如，有的人语言表达能力较强，适合搞教学、宣传工作；有的人设计能力较强，适合从事设计工作；有的人研究能力较强，适合搞科研，有的人组织能力较强，适合领导或管理工作；还有的人文字表达能力较强，适合从事文秘、编辑等工作。由此可见，根据自己的能力所长选择职业岗位，既是胜任工作的需要，也是发挥个人最大潜力、进行创造性劳动的需要。否则的话，事与愿违，功不成、业不就，就会贻误事业与前程。

3．个性之长

就性格本身来讲，并不能决定一个人的成才方向和成就的高低。同一性格的人，有的可能很有作为，有的则可能一事无成。性格相异的人也可能在同一领域、同一职业中成才。但是，在选择职业岗位时，适当考虑自己的性格特点，充分发挥性格所长则是十分必要的。比如在职业活动中，有的人是用理智去衡量一切并配合行动，这样的人就适合从事基础理论研究工作；有的人很有主见，并善于发现问题和解决问题，这样的人就较适合从事科学研究或领导工作。

（三）态度上积极主动争取

大学毕业生在职业选择中不能消极等待，而应主动出击，积极参与。这里所说的主动选择，主要包括以下三个方面：

1．主动参与职业岗位竞争

竞争机制的引入，冲击着各行各业，也冲击着人才就业市场。竞争使人们增加了紧

迫感和危机感，也增加了责任感。从某种意义上说，职业岗位的竞争，就是靠才华、靠良好的素质去争得一份比较理想的职业。

2. 主动地了解人才供求信息和规格要求

由于社会对大学生的要求在不断发生着变化，因此主动了解用人单位对人才规格的要求和需求信息，对有的放矢地选择职业岗位有着重要意义。

3. 主动完善自己

大学生应根据社会需要，加强学习、主动提高、完善自己，以尽快适应新的工作岗位。

【案例】

主动出击、把握机会

小张是会计专业的毕业生，经过学校四年的培育和老师们的关怀，终于完成了四年的学业，并且也找到了一份合适的工作，在找到这份工作之前，他也经历了很多次的面试和笔试，收获着艰辛与失败，当然也有经验。

态度，或说心态上首先要积极勤快。职位，特别是好职位往往是要靠自己的努力去竞争得来，天上不会掉馅饼，连青菜都不会掉，好工作没有等来的。用人单位在收到成百上千份简历后，总会先凭感觉筛选出一部分来进行面试。如果你的简历够别致或者亲自跑到用人单位去投一份简历，就会给他们留下更深刻的印象，对个人求职是有好处的。不要怕挫折，坚信汗不会白流，心态要积极向上。遇到挫折多想想自己还有什么不足，今后要加以改正，积累经验，以后你肯定会找到一份合适的工作。有些人郁闷的时候，常常会去网吧，去喝酒，这样很不好，因为这样一般都会浪费你很长时间，关键是于事无补呀！

在大学期间就应注意积累自己的就业资本。用人单位一般在毕业生的成绩上不是非常非常看重，但也都要求不能有补考科目，要求英语达到国家四级或六级，要求是男生、学生会干部等。但千万不要为此而怯场，因为这些要求大多不是绝对的，投份简历去试一试，要有自信。很多女生起初找工作很不顺利，但不灰心，坚定地努力也会获得很好的职位。

把经历和挫折看做积累经验的绝佳途径，及时地总结，积极地进取就等于成功。

【点评】

这是一个充满着竞争的年代。竞争不但是一种策略，更是一种精神。很多大学生面对竞争激烈的就业市场，心存畏惧，甚至会选择主动放弃。其实，一切皆有可能，爱拼才会赢。很多时候，你的积极进取的精神而不是你的资历条件感动了用人单位。用人单位不是简单地拿条件去框毕业生，而是从中观察。这是一场互动，你的主动会为你赢得更多的机会和选择。

（四）选择上的取舍有度

在就业选择过程中，摆在毕业生面前的选择是多方面的。比如单位性质、工作地点、工作条件、生活待遇、使用意图、发展方向等诸多方面，不可能每项都满足其心愿，重要的是在择业过程中怎样权衡利弊，分清主次，做出抉择。切不可因一味求全，急功近利，好高骛远而失去良机。

【小贴士】

明确想要的，才能得到想要的

你到底想要怎样的职业？到底想过怎样的生活？到底想做怎样的人？这么多年来我仍然不断问自己，在朋友迷茫时我也会问朋友，很难听到具体一点的回答。

有朋友跟我述说对现状的不满和对未来的担忧。我问她："你想要成为什么样的人?"她想了半天，才说："我想成为一个重要的人。"她说的不是自己，而是所有人的需要。

每个人有每个人的不同，没有哪一种生活方式或成功之路完全可以被复制。如果我们知道自己到底想要什么，什么是最重要的，就会减少很多的冲动和盲目，也会在困难时多一些忍耐，在放弃时多一些决心。条条大路通罗马，限制我们思维的只有我们自己。

今年初有位小妹到上海求职并在家里暂住，找工作方面她很有压力也很茫然。我说，工作到处都是，但如果不知道未来自己要到哪里去，就不知道该从什么地方起步。我与家人一起，连同小妹各发一张纸，写下自己的职业取向、美好生活、想做的人和鼠年愿望。等读出各自内容，发现有很多的共同点，但各自的描述和偏重也略有不同。最主要的，小妹立即对未来和现在都充满了信心。

这就验证了"人无远虑，必有近忧"的古话。

人在前进的过程中易受诱惑，看起来很美好却不适合自己的路会让我们迷途，越走越累。人生最悲哀的，就是历经千辛万苦走了很远很远，才发现这条路不是自己想要的。没有太多机会让你重新选择，要么多走很多弯路，要么是一条不归路，真的很可怕。

常常听到有人说要做培训师，要做导游，要做医生，其实我更关心的是为什么想从事这个职业？当把原因全部列出来后，你就会发现真正想要的未必是培训师、导游或医生，而是背后的需求。同时你还会发现，要实现这些需求，这些职业并不是唯一的选择。更多的职业同样适合这些需求，甚至更适合你的现状。

每个人想要什么，认为什么最重要，体现了一个人的价值观和原则。尽管想要的未必能立即实现，但有一个明确的方向可以努力，自我的管理才不会陷入"忙、盲、茫"的怪圈。

我也常感迷惑，常遇两难境地而举棋不定。当我把价值观和原则写下来，每过一段时间进行修改和确认。这张纸成了我的一面镜子，遇事时便清楚知道众多机会中如何取舍，成败荣辱间如何调整自己。为给大家提供一点参考，拿出勇气分享内心深处比较私密的想法。

职业取向：(1) 能促进自身成长；(2) 能帮到他人或创造价值；(3) 足够的财富空间；(4) 能发挥优势并具挑战；(5) 充满乐趣、变化和创造性；(6) 时间上的弹性。

美好生活：(1) 小家庭温暖，大家庭和美；(2) 有充足的时间休息、读书、旅游和会友；(3) 在充满生命力的自然环境和充满活力的人文环境中居住；(4) 张弛有度，规律生活；(5) 无忧无惧。

想做的人：(1) 乐观平和；(2) 孝顺、关爱家人；(3) 谦虚、自信；(4) 健康和平安；(5) 积极进取；(6) 助益他人。

也许你会说："啊，这些也是我想要的！"不奇怪，好东西大家都想要，但我们都需

要努力；也许你会说："哼，就这么简单啊！"也不奇怪，人各有志，各自尊重彼此的价值观；也许你还会说："你不是已经得到了吗？"或者批评我"还差得很远呢！"哈，我写的是"想要的"，与现在有没有得到没有关系。但我对现状很满意，对未来很有信心。

规划未来有三个问题很重要，一是"我要到哪里去？"二是"我该怎样到达那里？"三是"我怎样确定已经到了那里？"只有知道自己要到哪里去，才能知道该学什么，该做什么，不该做什么，也才能确定现在的境遇是不是自己想要的幸福和成功。这不仅适用于人生总的规划，更适用于工作和生活中的大量需要做出选择和判断的情境，我们可以举一反三地使用这个方法。

亲爱的朋友，你想要的是什么呢？你觉得什么是最重要的呢？你到底想要什么样的生活，做什么样的人呢？这是每个人一生都需要面对的问题。我们可以为了逃避烦恼而不问自己，却又因为不清晰而更烦恼。在你的脑海里，也许已经有了很多的答案，那么现在就写在纸上，常常拿出来看一看吧。

（作者顾四国，来源 http//blog. china. alibaba. com）

（五）时间上要追求长远

毕业生在选择职业时，不能只看眼前实惠，不看企业发展前景；不能只看暂时困难，而不看企业的未来；不能只图生活安逸，而不顾事业的追求等。选择职业时，要站得高，看得远，放开视野，理清思路，把自己的命运紧紧地和祖国的命运联系在一起，找到自己的最佳位置，牢牢地把握好职业选择的主动权。

【案例】

赢得今天，更要赢得明天

医学院校毕业的小朱为了摆脱再也不想过的贫苦生活，选择了在一家医药企业做销售代表，而做出这一选择的机会成本是放弃了进省立医院的机会。最初的一段时间，情况非常好，似乎印证了其选择的正确性，三年不到就在城市里的较好位置购置了两室一厅的房子。但坦白地说，小朱的发财致富和医药采购制度的不规范有关，发了点机会财产。随着医药企业之间的竞争不断加剧，特别是各地对药品陆续实施了政府采购后，请客送礼和按处方给医生提成给回扣的促销办法越来越行不通了，钱自然就没那么好挣了，而且以后无论如何都不可能再有那么好的机会了。想想当时做出的职业选择，不免有些后悔，特别是当他看到当初的同学在医生的职业上不断上升，出国深造，大多都成为义务骨干的时候，只怪自己当初太看重 MONEY 了。

【点评】

三十年河东，三十年河西。未来不可能精确预测，但未来绝对应该去规划。我们能做的，不只是去赌博。立足现实，着眼于将来，别让浮云遮住眼睛。人生需要经常眺望。有远虑，也不会有近忧。

第二节　大学生就业的目标选择

在明确了就业的立足点和大方向以后，接下来就要在根据自身情况在已经确定的大方向内来确定目标了。而这时你在符合方向的范围内，可供选择的目标还是很多的，那么如何在“精挑细选”后锁定自己的目标呢？又应根据什么标准来进行目标筛选呢？

一、树立正确的职业价值观

“只有分工不同，没有高低贵贱之分”。这虽然是一句老话，但其阐释的道理却一点都不过时。当我们明确了方向、开始考虑具体的工作岗位的时候，首先需要明确的就是，每一个职位都是有价值的，因为当我们在符合我们原则要求的范围内选择岗位时间，这个岗位是职业和职位的统一体。要相信，不平凡的成绩大都是在平凡的岗位上做出来的。

用发展的观点认识和评价岗位的价值。世界上的事物都处在发展变化之中，岗位也处于兴衰变化。

【小贴士】

论职业的价值

一段时间以来，人们围绕大学生能否作保安或肉贩等基层职业的问题争论不休。有人认为，大学生是社会的精英，理应从事社会中的高层职业。另一种观点认为，大学生为什么就不能做这些基层工作？职业是天生平等的。我想，这里面其实包含着两个问题，一个是个人发展过程的投入产出问题；另一个则是职业对人生价值的影响。

第一个问题我曾多次撰文强调学业规划的重要性。至于第二个问题，职业对人生价值有无影响、有什么影响等等，笔者想谈谈自己的浅见。

一般来讲，从事不同职业的个体在人格上是平等的，并无高下贵贱之分。从国家元首到田间农夫，都是令人尊敬的劳动者。但职业作为一种社会分工是有其相应的职业能力的，简称为职能。所谓职能，是指在职者行使职权为社会服务的能力。一般情况下，职权越大，职能就越大，从业者通过行使职权对社会产生的作用或影响就越大。

人们关于精英与普通职业的争论实质上是职位对人生价值的影响。职业按其所承担的职责或者拥有职能的大小可分成不同的层次，通常被称为职位。比较普遍地讲，某类职业的职位越高，它的职权便越大，职能也就相应地越大，社会上与其有利益联系的人就越多、越紧密，它产生的社会影响也越大。反之亦然。比如街头小贩固然能安身立命，但其职业也仅是关系到自己和家人的衣食生活，政治家的工作却关系着更多人的安康和幸福，艺术家则能为众多的人带来精神的慰藉，而科学家的工作，对整个人类的发展有着极大的影响和作用。如果这种影响和作用（社会效用）是正面的，推动社会进步的，那么它便是在职者对社会做出的贡献。当然职业的社会效用能否变成社会贡献，还有赖于在职者的德才情况。如果此人比较称职，德才兼备，则他在这一职位上便能为社会做出贡献。但如果他不称职，或者品行不端，那么他在该职位上轻则贻误社会，重则危害国家。并且，其从事职业的社会效用越大，对社会的贻害越深。这也就是人们常说的职务犯罪中，职位越高，对社会的危害越大。所以在一般情况下，职位越高，对在职者的德才水平要求越高。正如古人所说，地势坤，君子以厚德载物。

唯物史观认为，一个人对社会的贡献越大，其人生价值也就越大。通过上面的分析可以看出，职位对人生价值有着巨大的影响，并且在一般情况下，职位越高，其对社会

的贡献就可能越大。于是人们为了最大限度地实现生命的价值，都宁愿追求更高的职位。正是在这个意义上，我们的古人说：“天行健，君子以自强不息。”也才有了“人往高处走，水往低处流”的俗语。因此，在我们取得立业成功之后，远不是万事大吉。而要在新的起点上继续努力奋斗，以期实现更大的人生价值。

（作者张恒亮，来源于光明网）

二、就业目标选择的参照系

知己知彼，方能百战不殆。人贵有自知之明。对于处于求职中的大学生来说，能对自己做一个清醒的认识是十分必要的，只有如此，才能做到审时度势，扬长避短，有的放矢。影响职业选择的主要因素有兴趣、气质、性格、能力、职业价值观等。

（一）个人兴趣与职业目标选择

兴趣是指一个人力求认识、掌握某种事物，并经常参与该种活动的心理倾向，是一个人对一定的事物所抱有的积极态度。兴趣在职业选择中具有非常重要的作用。兴趣可以最大限度地调动人的积极性，促使人积极思考，果敢行动，不断创新，坚定意志。

在职业选择时，首先需要了解自己的兴趣。比如，有的人喜欢操作，靠他灵巧的双手，在技能操作领域得心应手，如果你硬要把他的兴趣转移到书本的理论上来，他就会感到无用武之地。这种兴趣上的差异就构成了职业选择的重要依据。

兴趣对人生事业的发展至关重要，因此，兴趣应该是职业选择应考虑的重要因素之一。下面将加拿大职业分类词典中的职业兴趣类型与职业的吻合的一个介绍，可以作为我们的参考。（摘选自罗双平：《职业生涯规划》，中国人事出版社 1999 年版）

兴趣类型①——愿与事物打交道。

喜欢同事物打交道，而不喜欢与人打交道，相应的职业诸如制图、勘测、工程技术、建筑、机器制造、出纳、会计等。

兴趣类型②——愿与人接触。

这类人喜欢与人交往，对销售、采访、传递信息一类的活动感兴趣。相应的职业如记者、推销员、服务员、教师、行政管理人员、外交联络等。

兴趣类型③——愿干有规律的工作。

这类人喜欢常规的、有规则的活动，习惯于在预先安排好的程序下工作。相应的职业如邮件分类、图书管理、档案管理、办公室工作、打字、统计等。

兴趣类型④——喜欢从事社会福利和助人工作。

乐意帮助人，他们试图改善他人的状况，帮助他人排忧解难。相应的职业如律师、咨询人员、科技推广人员、医生、护士等。

兴趣类型⑤——愿做领导和组织工作。

喜欢掌管一些事情，希望受到众人尊敬和获得声望，他们在企事业单位中起着重要作用。相应的职业是各级各类组织领导管理者，如行政人员、企业管理干部、学校领导和辅导员等。

兴趣类型⑥——喜欢研究人的行为。

对人的行为举止和心理状态感兴趣，喜欢谈论人的问题。相应的职业大都是研究人、管理人的工作，如心理学、政治学、人类学、人事管理、思想政治教育等研究工作以及教育、行为管理工作。

兴趣类型⑦——喜欢从事科学技术事业。

对分析的、推理的、测试的活动感兴趣，长于理论分析，喜欢独立地解决问题，也喜欢通过实验做出新发现。相应的职业如生物、化学、工程学、物理学、地质学等工作。

兴趣类型⑧——喜欢抽象的和创造性的工作。

对需要想象力和创造力的工作感兴趣，大都喜欢独立的工作，对自己的学识和才能颇为自信。乐于解决抽象的问题，而且急于了解周围的世界。相应的职业大都是科学研究工作和实验室工作，如社会调查、经济分析、各类科学研究工作、化验、新产品开发等。

兴趣类型⑨——喜欢操作机器的技术工作。

对运用一定技术、操作各种机械、制造新产品或完成其他任务感兴趣，他们喜欢使用工具，特别是喜欢大型的、马力强的先进的机器，喜欢具体的东西。相应的职业如飞行员、驾驶员、机械制造、建筑、石油、煤炭开采等。

兴趣类型⑩——喜欢具体的工作。

希望能很快看到自己的劳动成果，愿从事制作能看得见，摸得着的产品的工作并从完成的产品中得到满足。相应的职业如室内装饰、园林、美容、理发、手工制作、机械维修、厨师等。

（二）个人气质与职业目标选择

气质无好坏之分，每一种气质都有积极、消极的一面。一般来说，气质对人们所从事的职业并不具有决定性的影响，有影响也主要是在工作的性质和效率上。气质类型大致有多血质、胆汁质、黏液质和抑郁质，四种不同的气质类型具有不同的心理特征，也有相应的职业适应类型相匹配。

（1）多血质型：感受性低而耐受性高，举止敏捷，姿态活泼，具有较大的可塑性和外向型；性格开朗、热情，喜闻乐道，善于交际，与群体相处自然；表现机敏，工作效率高，但又显得粗心浮躁，不安于循规蹈矩，情绪不够稳定，易见异思迁，缺乏忍耐力和毅力。

这类气质的人工作能力强，容易适应新环境，适应面较广，适合做与外界打交道，灵活多变、富于刺激性和挑战性的工作，如管理工作、外事工作、公关工作，如律师、新闻工作者、演员、公安侦察员、服务员等职业，不适合太单调的工作。

（2）胆汁质型：感受性低而耐受性高，情绪高涨，抑制性差，心理特征是兴奋而热情的类型。日常生活中表现为有独立见解、行为果断、反应迅速，外在形象是热情直爽，善于交际，有魄力，敢负责。但缺点是易急躁，有时会刚愎自用，不愿受人指挥而喜欢指挥别人。胆汁质的人适合从事与人交往，环境不断变化并且热闹的职业如导游、推销员、公共关系人员等，不适合按部就班的稳定无多大变化的工作，如图书管理员。

(3) 黏液质：黏液质的心理特征是缄默而安静，情感不易变化和暴露，平素心平气和，不易激动，无论环境如何变化，大多都能保持心理平衡。但一旦引起波动就变得强烈、稳固而深刻；说话慢、言语少，遇事谨慎，善于克制忍让，工作埋头苦干，注意力不易转移；但不够灵活，容易固执拘谨。这类人适合当外科医生、法官、播音员或从事财会、统计方面的上作。

(4) 抑郁质型：这类人的心理特征是呆板而羞涩，沉静、含蓄，极少表现出自己的情感但内心体验深刻，喜欢独处但对他人来说又易于相处、人缘好，工作细心谨慎，稳妥可靠，但遇事缺乏果断和信心，工作适应能力差，容易产生悲观情绪，这种人胜任的工作有人事、机要、秘书、编辑、档案、化验、保管等工作，也适合从事研究工作和艺术造型工作。

（三）个人性格与职业目标选择

性格是指表现在人的态度和行为方式上较为稳定的心理特征的总和。性格是经常性、习惯化的态度和行为方式。人的性格可表现为对劳动、对工作的态度部分，直接影响到职业选择和职业成就。在国外，越来越多的用人单位在选人时开始重视性格与职业的匹配，他们的说法是，如果一个人的能力不够，还可以通过学习、培训等手段去解决，但如果在性格上一个人与其工作岗位对性格的要求迥异，那么基本上无药可解。对个人来说，职位与性格的匹配也使自己的事业发展如鱼得水，游刃有余。因此，选择职业要尽量选择与自己性格的职业品质相符合的职业。一般来说，外向型性格的人更适合与外界广泛接触的职业，如管理人员、律师、政治家、推销员、记者、教师等。内向型性格的人比较适合从事有计划的、稳定的、不需要与人过多交往的职业，如科学家、技术人员、会计师、打字员、统计员、资料管理人员、一般办公室职员等。

所以，作为一定个性的载体，要想在职业生活中充分地施展自己的个性特点，实现自己的个性要求，获得尽可能大的自由感、满意感和适应感，在择业之前，我们就应该了解自己所属的个性类型及其职业适应性，实现人职的合理匹配。

（四）个人能力与职业目标选择

能力是一个人可否进入职业的先决条件。能力一般说来是指智力水平、特长和潜在素质，或者说能力分为一般能力、特殊能力和潜在能力。一个人的能力是能否胜任职业工作的主观条件。无论从事什么职业，从业者都需要具备相应的能力。没有任何能力，根本谈不到进入职业工作，对个人来讲也就无所谓职业生涯。

人的能力是有差异的。各种不同的职业对个人能力的需要也是不一样的。人不可能什么能力都具有，但总可以找到与自身能力向匹配的职业。对我们来说就是如何认识各种能力的职业适应范围，做到人职匹配。

我们要充分发挥优势能力的作用。每个人都具有一个多种能力组成的能力系统，每个人在这个能力系统中，各方面能力的发展是不平衡的，常常是某方面的能力占优势，而另一些能力则不太突出。对职业选择和职业指导而言，应主要考虑其最佳能力，选择最能运用其优势能力的职业。

一般能力与职业相吻合。一般能力包括注意力、观察力、记忆力、思维能力和想象力等。不同的职业对人的一般能力的要求不同，有些职业对从业者的智力水平有绝对的要求，如律师、工程师、科研人员、大学教师等都要求有很高的智商；智力在相当大的程度上决定着其所从事的职业类型。

注意特殊能力与职业相吻合。特殊能力是指从事某项专业活动的能力，也可称特长，如计算能力、音乐能力、动作协调能力、语言表达能力、事务能力、空间判断能力、形态知觉能力、手指灵活度与灵巧度等。要顺利完成某项工作，除要具有一般能力外，又要具有该项工作所要求的特殊能力，如从事教育工作需要有阅读能力和表达能力；从事数学研究需要具有计算能力、空间想象能力和逻辑思维能力。如法官就应具有很强的逻辑推理能力，却不一定要很强的动手能力；而建筑工应有一定的空间判断能力，却不需要良好的语言表达能力。

（五）个人职业价值观与职业目标选择

职业价值观是一个人对各种职业价值的基本认识和基本态度，它决定着一个人的职业期望。各种职业在劳动性质和内容上有所不同，在劳动强度、劳动条件和待遇以及稳定性上也都存在着差别，因此各种职业在人们心目中的声望有好坏高低之分。这些评价就是你的职业价值观，它会影响你对自己的就业方向和具体职业的选择。

在职业选择过程中，在诸多职业之间必须做一个主流价值观的明确，即要在众多职业之间要做一个价值观澄清。目的是区分价值观的优先次序，即做价值排队，在自己的多种价值倾向中，依次明确最有价值的、次有价值的或价值较小的，然后排序。在一种职业选择中，满足个体所有重要的价值观是不可能的，不同职业在满足人的价值和愿望时，效果也是不一样的。虽然对价值观作客观测量比较困难，但价值观对我们行为的影响却十分广泛、深刻。

事实上，弄清个人特征是科学地选择职业的基本条件。动态地看，虽然初次择业不可能完全满足职业对人的要求或人对职业的期望，但通过适应和调适的过程达到双向的满足也是有可能的。

【小贴士】

价值观类型

萨伯曾将人们的职业价值观概括为15种类型：

（1）助人

（2）美学

（3）创造

（4）智力刺激

（5）独立

（6）成就感

（7）声望

（8）管理

（9）经济报酬

（10）安全

（11）环境优美

（12）与上级的关系

（13）社交

（14）多样化

（15）生活方式

美国心理学家洛克奇于1973年在《人类价值观的本质》一书中，提出了13种价值观。

（1）成就感：提升社会地位，得到社会认可；希望工作能受到他人的认可，对工作的完成和挑战成功感到满足。

（2）美感的追求：能有机会多方面地欣赏周遭的人、事、物，或任何自己觉得重要且有意义的事物。

（3）挑战：能有机会运用聪明才智来解决困难；舍弃传统的方法，而选择创新的方法处理事物。

（4）健康，包括身体和心理健康：工作能够免于焦虑、紧张和恐惧；希望能够心平气和地处理事物。

（5）收入与财富：工作能够明显、有效地改变自己的财务状况；希望能够得到金钱所能买到的东西。

（6）独立性：在工作中能有弹性，可以充分掌握自己的时间和行动，自由度高。

（7）爱、家庭、人际关系：关心他人，与别人分享，协助别人解决问题；体贴、关爱，对周遭的人慷慨。

（8）道德感：与组织的目标、价值观、宗教观和工作使命能够不相冲突，紧密结合。

（9）欢乐：享受生命，结交新朋友，与别人共处，一同享受美好时光。

（10）权力：能够影响或控制他人，使他人照着自己的意思去行动。

（11）安全感：能够满足基本的需求，有安全感，远离突如其来的变动。

（12）自我成长：能够追求求知方面的刺激，寻求更圆融的人生，在智慧、知识和人生的体会中有所提升。

（13）协助别人：体认到自己的付出对团体是有帮助的，别人因为你的行动而受惠颇多。

（摘选自罗双平《职业选择与事业导航》机械工业出版社2007年版）

第三节　职业测验与自我了解

一、职业测验概述

职业测验就是用一定的测量模型测量自己的职业倾向，以实现对自身的充分了解，以帮助在职业选择上准确定位。测量的内容包括自己的价值倾向、气质、性格以及组织管理、协调活动等方面的能力。人只有弄清楚自己的职业价值观，才能明确自己真正在追求什么，只有通过对自己兴趣、性格、气质的了解才能找到与之相匹配的工作。简言之，认识自己是职业选择的前提。

自我评估是职业生涯规划不可缺少的一个步骤。如果忽视了这一步，或自我评估不全面，生涯规划将根基不牢。自我测评就是对自己做全面分析，通过自我分析，认识了解自己的价值观、性格特征、气质特征以及自己的兴趣、爱好，才能对自己有一个客观全面的认识和定位，才能对职业做正确的选择。

职业测验的内容一般是各种各样的测试题目，这些题目从不同的角度检查同一个问题。在一个真实的环境中你必须一份份地做测试。测试内容虽然各有侧重，但一般都涉及上述的兴趣、性格、气质、能力等几个方面。

职业测验除了可以帮助你了解自己，增加职业选择的适当性，还是一个很好的自我学习的过程。科学的职业测验本身就是对你灵活快速反应能力的一种训练和考察。当然，也不要让职业测验禁锢了你的发展空间，职业测验不是算命，不能决定你的未来，只是给你一个方向上的参考，没有什么比个人不懈地奋斗更能决定你的未来。

二、职业兴趣与职业价值观测验

人们经常会说，喜欢干一件事情还需要理由吗？是的，喜欢一件事情的理由确实很难表达，很难说清为什么。研究表明，一个人兴趣的形成是十分复杂的，既有先天因素的制约，也跟后天的个人经历相关。但是，一个人的兴趣却是可以测量的，很多种兴趣测量工具可以让我们了解自己的职业兴趣所在。

下面即是一个职业兴趣测量表：（摘选自李宏《21世纪人生职业规划》，金城出版社2001年版。）

	（A）	（B）
1.	写出一本书的梗概	出席讨论会
2.	写分析决策	构思新游戏
3.	解难题	假日做木工活
4.	操作计算机	研究害虫与杂草
5.	研究改良水稻品种	研究人体结构
6.	制作骨骼标本	绘制卡路里表
7.	选择窗帘布料	担任旅行干事
8.	跳集体舞	焙烧陶器
9.	在日记本上画画	练慢跑
10.	制作盲文书	与强盗搏斗
11.	熨东西	构思广告版画
12.	研究感冒药成分	记录比赛得分
13.	培育树苗	烤面包
14.	安装组合音响	帮助别人拍X光照片

	(A)	(B)
15.	在实验室工作	当动物的饲养员
16.	声援别人选举	编织微机程序
17.	欣赏电影	观测天体
18.	制作图书卡片	去参观工厂
19.	随卡拉 OK 唱歌	进行水质检查
20.	采集昆虫	学习人工呼吸
21.	调整大楼暖气设备	整理书架与影集
22.	搭乘远洋渔轮	照顾贫困户
23.	检查血型	画漫画
24.	改建房屋	参加越野知识比赛
25.	解剖青蛙	分析时事
26.	在牧场工作	乐器店工作
27.	用圆规与尺作图	制作同窗花名簿
28.	做统计表	制作生活日历
29.	思考新产品如何推销	看手术的幻灯片
30.	归纳采访通讯	训练猎犬与信鸽
31.	通读文学全集	帮助配药
32.	研究股票市场	访问亲戚家
	(A)	(B)
33.	研究公害	给病人读书听
34.	办飞机驾驶许可	参加合唱队
35.	设计庭院	练健美
36.	拆装相机或钟表	出席发言冗长的大会
37.	参观科学博物馆	去听歌剧
38.	当电话服务员	当个人生活顾问
39.	记日记	哄孩子
40.	解纵横字谜	教孩子唱歌跳舞
41.	参加电视演出	构思设计与装潢
42.	绘气象图	做体力测定记录
43.	写税金申报表	帮人搬家
44.	编辑剪报	装饰橱窗
45.	编辑杂志	当滑雪教练

职业价值观测试得分表

	Ⅰ	Ⅱ	Ⅲ	Ⅳ	Ⅴ	Ⅵ	Ⅶ	Ⅷ	Ⅸ	Ⅹ		Ⅰ	Ⅱ	Ⅲ	Ⅳ	Ⅴ	Ⅵ	Ⅶ	Ⅷ	Ⅸ	Ⅹ
1	A	B									24							A			B
2		A	B								25						A				B
3			A	B							26					A			B		
4				A	B						27				A				B		
5					A	B					28			A				B			
6						A	B				29		A				B				
7							A	B			30	A				B					
8								A	B		31	A					B				
9									A	B	32		A					B			
10								A	B		33			A					B		
11							A	B			34				A					B	
12						A	B				35					A					B
13					A	B					36				A						B
14				A	B						37			A						B	
15			A	B							38		A						B		
16		A	B								39	A						B			
17	A	B									40	A							B		
18	A	B									41		A							B	
19		A	B								42			A							B
20			A	B							43		A								B
21				A	B						44	A								B	
22					A	B					45	A								B	
23						A	B				合计										

你的兴趣范畴表

范畴 \ 得分		1	2	3	4	5	6	7	8	9	10	11	12	13	14	15	16	17	18	19
Ⅰ	人文科学																			
Ⅱ	社会科学																			
Ⅲ	理　科																			
Ⅳ	工　科																			
Ⅴ	农　学																			
Ⅵ	医　科																			
Ⅶ	家　务																			
Ⅷ	教　育																			
Ⅸ	艺　术																			
Ⅹ	体　育																			

Ⅰ．人文科学：本国文学、外国文学、宗教文学、史学、哲学、心理学、人际关系学、教育学、教育行政学等专业。

Ⅱ．社会科学：法学、政治学、经济学、商学、经营学、社会学等专业。

Ⅲ．理科：数学、物理学、化学、地质学、生理学、天文学、生物化学等专业。

Ⅳ．工科：机械学、建筑学、土木工程、应用化学、金属工程、资源工程、船舶工程、原子能工程、造船工程、原子核工程、航空工程、信息工程、环境工程、控制工程、通信工程等专业。

Ⅴ．农学：农学、园艺学、农用化学、农业经济学、林学、畜产学、兽医学、水产学、食品工程学等专业。

Ⅵ．医科：医学、口腔学、药学、药剂学、生物药学、保健等专业。

Ⅶ．家务：家务学、食物学、儿童学、住房学、生活学等专业。

Ⅷ．教育：幼师、小学师范、中学师范、保健师范、特殊师范（包括音乐、美术、书法护理、保健体育）、聋哑师范、高中师范等专业。

Ⅸ．艺术：美术、造型、设计、雕刻、艺术、音乐、作曲、声乐、器乐、指挥、乐理、摄影、电影、表演等专业。

Ⅹ．体育：包括体育、武术、健康学等专业。

诊断方法是：

①对 1～45 问题逐一比较 A、B 两句，在喜欢的句子下面画○，无法说清的画“△”；

②画○者 2 分，画△者 1 分。分别填入上表中。

③将职业兴趣得分表中Ⅰ～Ⅹ的各竖栏的得分累计起来，分别填入各行下面的合计栏中。如果填写正确，10 个合计格中的总和应为 90 分。

④依据兴趣范畴表评判，9 与 10 中间的粗线表示一个界线，其右是你“感兴趣的范畴”，12 与 13 中间的粗线以右表明是你“特别感兴趣的范畴”。

在完成以上的兴趣及感兴趣的职业的测试之后，你应静下心来，思考一下所属的兴趣类型，展现一下这一类型的景象，并在大脑里感受一下，是否真正符合你的品味，接下来，再将所感兴趣的职业充实一下内容，比如这一职业所需的工作知识、能力以及工作的环境，工作条件等等，是否是你真正所向往的。

三、职业气质测验

本测验 60 道题目，可帮助你确定自己的气质类型。回答这些题目时，应实事求是，怎样想的或怎样做的就怎样填写。看清题目后，请赋分。你认为最符合自己的情况的记 2 分；比较符合的记 1 分；介于符合与不符合之间的记 0 分；比较不符合的记 -1 分；完全不符合记 -2 分。

1. 做事力求稳妥，不做无把握的事。
2. 遇到可气的事就怒不可遏，想把心里话说出来才痛快。
3. 宁可一个人干事，不愿很多人在一起。

4. 到一个新环境很快就能适应。
5. 厌恶那些强烈的刺激，如尖叫、噪音、危险镜头等。
6. 和人争吵时，总是先发制人，喜欢挑衅。
7. 喜欢安静的环境。
8. 善于和人交往。
9. 羡慕那些善于克制自己感情的人。
10. 生活有规律，很少违反作息时间。
11. 在多数情况下情绪是乐观的。
12. 碰到陌生人觉得很拘束。
13. 遇到令人气愤的事，能很好地自我克制。
14. 做事总是有旺盛的精力。
15. 遇到问题常常举棋不定，优柔寡断。
16. 在人群中从不觉得过分拘束。
17. 情绪高昂时，觉得干什么都有趣；情绪低落时，又觉得干什么都没意思。
18. 当注意力集中于一事物时，别的事物就难使我分心。
19. 理解问题总比别人快。
20. 碰到危险情景时，常有一种极度恐怖感。
21. 对学习、工作、事业怀有很高热情。
22. 能够长时间做单调、枯燥的工作。
23. 符合兴趣的事情，干起来去、劲头十足，否则就不想干。
24. 一点小事就能引起情绪波动。
25. 讨厌做那种需要耐心、细致的工作。
26. 与人交往不卑不亢。
27. 喜欢参加热烈的活动。
28. 爱看感情细腻、描述人物内心活动文学作品。
29. 工作、学习时间长了，常感到厌倦。
30. 不喜欢长时间谈论一个问题，愿意实际动手干。
31. 宁愿侃侃而谈，不愿窃窃私语。
32. 别人说我总是闷闷不乐。
33. 理解问题时常比别人慢些。
34. 疲倦时只要短暂的休息就能精神抖擞，重新投入工作。
35. 心里有事，宁愿自己想，不愿说出来。
36. 认准一个目标就希望尽快实现，不达目的，誓不罢休。
37. 和别人同时学习、工作一段时间后，常比别人更疲劳。
38. 做事有些莽撞，常常不考虑后果。
39. 别人讲授新知识、技术时，总希望他讲慢些，多重复几遍。
40. 能够很快地忘记那些不愉快的事情。
41. 做作业或完成一件工作总别人花的时间多。

42. 喜欢运动量大的剧烈的活动，或参加各种文体活动。
43. 不能很快地把注意力从一件事转移到另一件事上来。
44. 接受一个任务后，就希望把它迅速完成。
45. 认为墨守成规比冒险强些。
46. 能够同时注意几件事情。
47. 当我烦闷的时候，别人很难使我高兴起来。
48. 爱看情节起伏跌宕、激动人心的小说。
49. 对工作抱认真严谨、始终如一的态度。
50. 和周围的人关系总是相处很好。
51. 喜欢复习学习的知识，重复自己已掌握的工作。
52. 希望做变化大，花样多的工作。
53. 小时候会背的诗歌，我似乎比别人记得清楚。
54. 别人说我“出语伤人”，可我并不觉得这样。
55. 在学习生活中，常因反应慢而落后。
56. 反应敏捷，大脑机智。
57. 喜欢有条理而不甚麻烦的工作。
58. 兴奋的事情常使我失眠。
59. 别人讲新概念，我常常听不懂，但是弄懂以后就很难忘记。
60. 假如工作枯燥无味，马上就会情绪低落。

确定气质类型的具体方法是：

（1）将每题得分填入下表相应“得分”栏内。

（2）计算每种气质类型的总分数。

胆汁质	题号	2	6	9	14	17	21	27	31	36	38	42	48	50	54	58	总分
	得分																
多血质	题号	4	8	11	16	19	23	25	29	34	40	44	46	52	56	60	总分
	得分																
黏液质	题号	1	7	10	13	18	22	26	30	33	39	43	45	49	55	57	总分
	得分																
抑郁质	题号	3	5	12	15	20	24	28	32	35	37	41	43	47	53	59	总分
	得分																

（3）气质类型的确定：如果某气质类型的得分明显高于其他三种，均高出 4 分以上，则可定为该种气质类型。此外，如果该气质类型得分超过 20 分，则为典型型。如果该得分在 10 ~ 20 分之间，为一般型。若两种气质得分相近，差异小于 3 分，又明显高于其他两种达 4 分以上，可判定为两种类型的混合型；同样，如果三种气质得分均高于第四种，而且很接近，则为三种气质的混合型。

当然，在你是混合型的情形下，你的职业选择面应广一些，你的可塑造性会随之增大，你可以参考所混合的气质类型所适应的职业领域，然后做出职业选择。

四、职业性格测验

性格测试是从日常生活态度来了解人的性格倾向的。外向性的人性格特征是Ⅰ为活动性；Ⅱ为协调性；Ⅲ为开放性；Ⅳ为现实性；Ⅴ为柔软性为主轴而构成的。

	Ⅰ	Ⅱ	Ⅲ	Ⅳ	Ⅴ
1. 性格开朗、喜欢聊天	—				
2. 能够马上融入新的环境		—			
3. 经常同朋友产生借贷关系			—		
4. 与其率先考虑能否成功，倒不如先干着看				—	
5. 工作上在要点上得到指示就足够了					—
6. 发生事故不惊慌，能想办法摆脱困境				—	
7. 不重视外表，更重视内在			—		
8. 闲暇时，喜欢和大家一块嬉戏打闹		—			
9. 和谁都能轻松交往	—				
10. 与其制定计划，更喜欢付诸实干		—			
11. 行动时先动身后动脑			—		
12. 别人认为自己为他人服务的精神旺盛				—	
13. 房间的门一般敞开着					—
14. 认为处世要“先发制人”				—	
15. 能同时做两件事情			—		
16. 听别人说话，脑子里会不断涌出新主意		—			
17. 如果害怕失败便什么也不做	—				
18. 和朋友谈话时旁若无人		—			
19. 认为人生需要互相提携			—		
20. 认为“人生靠运气决定”是无稽之谈				—	
21. 有诸多事该做时，不知该从何处着手					—
22. 对别人的请求不予拒绝				—	
23. 心里存不住话，不吐不快			—		
24. 吃东西先从好吃的开始吃		—			
25. 能边说话边做总结归纳	—				
26. 马上可以领会新工作的要领		—			

	Ⅰ	Ⅱ	Ⅲ	Ⅳ	Ⅴ
27. 必需的东西大多能用钱买到			—		
28. 认为“朋友的朋友即是我的朋友”				—	
29. 经常帮人出主意					—
30. 喜欢忙				—	
31. 空闲时不知如何打发时间			—		
32. 别人认为自己会照料别人		—			
33. 写信不打草稿	—				
34. 学问如何对实际生活无补就毫无意义		—			
35. 比起旅行社集体导游，要想单独旅行			—		
36. 知道行不通时，马上改变方法				—	
37. 首先从十拿九稳的事情做起					—
38. 看到别人干错事马上提醒他				—	
39. 对社会上发生的事非常关心					
40. 喜欢冲锋在前大刀阔斧地干事，但对处理善后事宜却不擅长		—			
41. 别人认为自己可爱	—				
42. 说话时视对方态度，随时调整自己的语气、态度等		—			
43. 看到电视中精彩的体育节目，会情不自禁地拍手叫好			—		
44. 过路口时，红灯亮却没车来时就穿过去					
45. 认真听取别人的劝告					—
46. 很有灵性				—	
47. 自杀者即使有理由也是傻瓜			—		
48. 很受孩子们欢迎		—			
49. 常常受到老人们的善意相待	—				
50. 人生充满惊险才有趣		—			
得　分					

①读完 1 ~ 50 各问题后，认为“所言极是”者计 2 分，认为“全非如此”者，计 0 分，“不置可否者”，计 1 分。分别纵向计算Ⅰ ~ Ⅴ的得分，记入得分栏内。再把Ⅰ ~ Ⅴ的得分合计起来，即得到总分。

②总分在 70 分以上为行动型，40 分以下者为非行动型，41 ~ 69 分者可视为倾向不明。

本章小结

■本章关键词：

就业观念　就业目标　参照系

■问题思考：

1. 为什么说“先就业”在大学生职业生涯发展过程中具有重要意义？
2. 大学生应该如何确定自己的职业目标？

第三章 就业流程

仓促上阵，那是缺乏准备，必败无疑；临阵磨枪，那是被动的准备，胜算不大；只有运筹帷幄，注重每一个细节，才能胜券在握。在每次作出重大决策或实施重大决策之前，你应该有意识地问一问自己：准备好了吗？

——刘刚

本章概要

本章重点讲述就业市场、就业途径和就业规程等三方面内容，具体包括大学生就业市场的类型、特点和发展趋势，五种不同就业途径，大学毕业生就业管理部门的职能、工作流程，大学毕业生就业程序及用人单位的招聘程序等。

实例思考

在某校举办的小型招聘会上，毕业生小李的父母亲在招聘会尚未开始时，就早早地到会场打听单位的情况。招聘会开始很久以后，小李才姗姗来迟，并由家长陪同前往用人单位摊位前面谈。面谈过程中，小李发言的时间还没有其父母多，结果谈了一家又一家，最终仍一无所获。

思考：

小李的失败说明了什么？毕业生就业之前需要具备怎样的能力和意识，需要做哪些准备？

第一节 了解就业市场

大学生就业市场是大学生找工作、用人单位选人才的场所，是毕业生就业所涉及的各种关系的总和，其主体是毕业生和用人单位。大学生就业市场是随着我国经济体制改革、劳动人事制度改革、大学生就业制度改革的不断深入和发展逐步建立和形成的。随着就业市场的逐步规范，大学生就业市场形成了不同于其他就业市场的类型和特点。

一、大学生就业市场的类型

大学生就业市场按其外在表现形式可分为有形就业市场和无形就业市场。有形就业市场是指有固定的场所、具体的时间和地点、特定的参加对象等的就业市场。无形就业市场主要指毕业生联系工作不受特定的时间和空间限制，依据个人意愿自行选择，没有具体的时间、地点和固定的场所。它是无形的，但又是客观存在的。

目前，有形就业市场从举办形式看主要有以下几种：

一是单个学校举办的毕业生就业市场。它是针对本校毕业生的专业特点和服务行业，以招聘会、洽谈会的形式，邀请与其密切相关的用人单位参加，主要为本校毕业生就业服务。

二是学校联办的毕业生就业市场。它是指两所或两所以上高校联合举办的毕业生就业市场，主要是为克服就业市场规模小、单位少、效能差而实行的强弱联合或强强联合。

三是企业自办的毕业生就业市场。它是由大型企业和企业集团举办的，以招聘本企业所需要毕业生的就业市场。

四是政府主管部门主办的毕业生就业市场。一种是省、市、区主管毕业生就业部门组织各高校所设立的大学生就业市场；另一种是地方人事主管部门所设立的人才市场。

有形就业市场从举办类别看主要有以下几种：

一是分科类毕业生就业市场。主要是地方毕业生就业主管部门从用人单位和学校两方面考虑，从市场细化的角度出发，把理、工、农、医、师等学科类的毕业生分别集中起来，与相应的用人单位双向选择。

二是分层次毕业生就业市场。主要是指招聘单位对学历层次的要求不同而形成的研究生就业市场、本专科毕业生就业市场等。

三是分行业毕业生就业市场。它是由中央部委主管毕业生就业部门主办的主要为本系统、本行业毕业生和用人单位服务的就业市场。

当然，就业市场随着市场经济的发展已呈现出多种多样的形式，用一种分类标准来划分尚有其局限性，从目前的现状看，有的有形就业市场已同时具备几种就业市场的特性。

有形就业市场的作用是显而易见的，无形就业市场在毕业生就业过程中的作用也越来越明显。近年来，随着信息化建设步伐的加快，教育部、中央其他部委、各地方和学校在此方面都作了积极的努力和探索。除教育部出台了高校毕业生就业信息管理和决策系统外，各地方、各高校为了进一步完善无形市场的建设，都建立了自己的毕业生就业信息网站和就业信息库，加强了就业信息的交流，实现了信息资源的共享。毕业生和用人单位通过计算机网络进行双向选择，大大提高了效率，节省了物力、财力。有的地方和学校还积极研究、探索开展网上招聘和网上择业的模式，并且开始尝试网上远程的视频面试。相对于集中的大型人才市场，网上双向选择既节省毕业生和用人单位的时间又节省了财力物力。这种新型的网上互动交流，有望成为今后毕业生就业求职的一种主渠道。

二、大学生就业市场的特点

大学生就业市场经过了多年的发展，逐步形成了以下几个特点。

（一）群体性

每年全国有几百万毕业生走出校门、走向社会，这些毕业生不是孤立的、分散的，

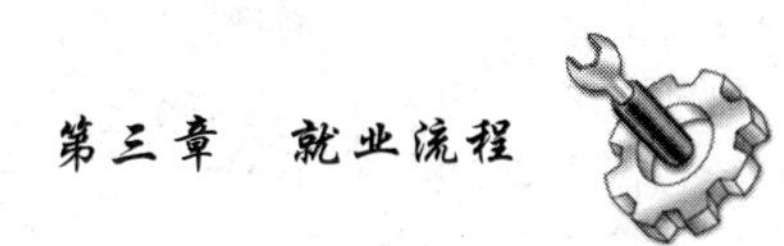

而是集体的、聚合的。随着我国高等教育扩招步伐的加快，将会有越来越多的毕业生涌入到就业大军中去，具有鲜明的群体性。

（二）时效性

毕业生一般在每年6月底前离校，在此之前，大多数毕业生应落实到具体单位，其时间紧、任务重，且相对集中，具有很强的时效性。近几年，随着就业竞争的日益加剧，高校毕业生就业洽谈活动的日程正在逐渐提前。

（三）需求多变性

毕业生就业市场受整个社会政治和经济的影响较大，其需求与经济和社会发展成正比。随着中国加入世界贸易组织，经济的全球化进程加快。可供毕业生选择的就业岗位会越来越多，同时新的职位也会不断涌现。

（四）形式多样性

毕业生就业市场形式灵活、多样，既有有形的，也有无形的；既有规模大的，也有规模小的；既有综合的，也有分类的；既有区域的，也有部门的；等等。

（五）初次性

毕业生初出校门，多为第一次择业，即是初次就业。因此，毕业生要根据毕业生就业市场特点，从自己的实际出发，选择不同的市场来就业。同时，市场是变化的，毕业生的就业策略和期望值也应随市场的变化而变化。当市场需求大时，毕业生可提高期望值，好中选优；当市场需求较小时，毕业生应降低期望值，低中选高。当然，劣与优、低与高都是相对的，毕业生可酌情做出判断。

（六）竞争性

毕业生就业市场中的竞争是激烈的。大学毕业生必须清醒地意识到这一点。一旦进入市场，就是一场知识的竞争、能力的竞争、素质的竞争，危机意识是不可缺少的。当然，大学生也应该有待业的准备，因为暂时待业，对社会、对个人、对市场都是一种调节。面对政府机构精简、企业转轨，每个大学生都应有找不到工作的心理准备，这是市场给我们上的第一课。

三、大学生如何利用就业市场

（一）有形就业市场的利用

有形就业市场是毕业生与用人单位双方交流的平台，通过有形市场双方可以互相交流最终达成一致，毕业生落实就业单位，企业招聘到满意员工。据统计，大学毕业生通过有形就业市场找到工作单位的占70%以上。因此，大学毕业生就业过程中要充分利用好有形市场。参加就业市场，毕业生首先要准备好个人简历，如果参加综合型人才市场要尽可能多准备几份。个人简历包括自荐信、学校核发的推荐表、学习成绩单以及求学期间的获奖证书。其次，要注意就业市场举办的时间、地点和招聘对象。毕业生可以通过报纸、杂志、网站、学校信息窗等途径了解，也可以向学校就业部门的老师咨询。参加招聘会前，应先掌握参加招聘会单位的具体情况，各单位所在位置，先和适合自己的用人单位洽谈，避免大海捞针。洽谈时务必记住用人单位的联系方式、地址以便会后与这些单位取得联系。

近年来，高校大学生就业指导中心和高校毕业生就业双选会的作用日益明显，高校就业指导中心在长期开展就业活动的过程中，已经与一些用人单位形成了良好的合作关系，拥有固定的用人群体，这些单位基本每年都要来参加学校举办各种形式的招聘会、信息发布会，他们已成为毕业生就业的固定客户，双方达成了一种默契的合作关系。大学生要充分利用这些资源，及时找到适合自己的用人单位。

（二）无形就业市场的利用

信息技术的日益普及、计算机网络技术的发展和应用，为就业市场的迅速发展提供了必要的条件。大学生就业市场网络化正日益走进我们的生活。目前，几乎每个高校都建立了自己的就业信息网，除提供就业指导方面的知识、技巧外，更重要的是提供大量的就业信息，同时网络技术的快速发展，也使大学生足不出户即可获取全国各地的用人信息，实现了资源共享的最大化。在就业市场中使用计算机网络技术，可以方便学生与用人单位之间的沟通，实现真正意义上的全国联动，形成实际意义上的大市场，对毕业生和用人单位都做到了省时、省力；同时对高校就业工作人员来说，也起到了资源互通、共享的作用，加快了信息资源的整合。大学毕业生如果能充分利用就业信息网，所获取的就业信息就会成倍增长，就业成功的几率也会迅速增长。目前已有部分高校开始尝试网上招聘活动，并取得了一定成效。随着网络信息技术的发展，相信网络就业必将成为一种全新的就业模式。大学生应充分认识到这一点，利用好网络这个无形市场，多方获取就业信息，把握就业机遇，达到求职的目的。

四、大学生就业市场的发展趋势

随着我国改革开放的深入和社会主义市场经济的不断完善，以及大学生就业市场化的进一步发展，今后几年大学生就业市场将呈现以下发展趋势。

（一）供求形势发生变化

近年来，大学毕业生数量迅猛增加，然而社会的有效需求在短期内却增速有限，由此带来的直接影响是供求关系失衡，市场逐渐由卖方市场转变成买方市场。同时，随着我国经济与国际的接轨，人才国际化的步伐加快，用人单位对毕业生的要求也越来越高，许多企业下岗分流、机关事业单位的减员增效及成人高等教育的飞速发展，使得就业竞争更加激烈，用人单位对毕业生越来越挑剔。这样一来，势必造成部分专业、少数毕业

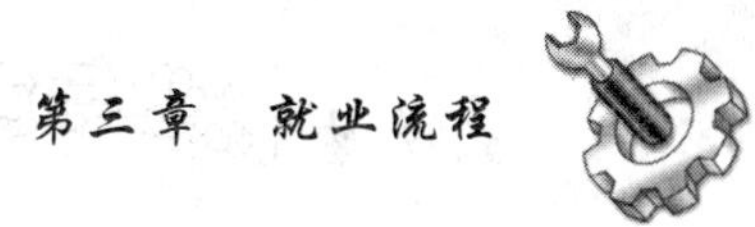

生供过于求，形成了求职难的状态，部分毕业生因此暂时待业也不足为怪。

（二）无形市场加快发展

由于科学技术的飞速发展、人才争夺的加剧、计算机网络技术的广泛应用、择业自由度的增大，毕业生除利用有形市场直接洽谈外，更多地将通过在不见面的远程情况下进行择业。网络、传真、电话等会越来越显示出在择业方面的巨大活力。毕业生可以通过网络查询用人信息，并进行自我推销，也可以在远程情况下与用人单位见面交谈。许多学校已经建立了自己的就业信息网络，为毕业生与用人单位双向选择提供更加方便的条件。

（三）就业市场更加规范

近年来，在大学生就业市场运行过程中存在着不少问题，就业市场行为不规范，市场制度不健全。诸如非法职业介绍机构随意插手毕业生就业市场，招聘、应聘中的弄虚作假，供需双方的轻率违约，合法权益得不到保护，各种乱收费现象及某些招聘活动中的非公开、非公正行为的存在等问题严重干扰了大学生就业市场的正常运行。然而，今后几年随着我国社会主义市场经济的不断发展和完善，大学生就业市场也将进一步完善，并不断向规范化、法制化迈进，公开、公正、公平竞争的良好择业氛围将会逐步形成。同时，就业市场将常年开放，并与其他人才市场形成互补。今后几年，随着大学生就业市场的发展，未来大学生就业市场不仅具有有效配置毕业生资源、交流供需信息的功能，而且具有就业指导和服务功能，即包括就业指导、服务、咨询、推荐就业、就业培训及就业测试等功能。

（四）宏观调控将进一步加强

通过市场机制实现毕业生的最佳配置是大势所趋，但要实现人才的合理流向控制，还离不开宏观调控手段，尤其是在向关系国计民生的国有骨干企业、重点教学科研单位、国防、军工及边远、艰苦地区输送优秀人才方面，今后国家将会加强以市场为导向的宏观调控的力度，积极地引导、吸引毕业生到这些地区和单位就业。

第二节　掌握就业途径

在劳动力走向市场的时代，一条职业信息就意味着一次就业机会。如果不知道哪些用人单位在招聘人才、需要什么样的人才，那怎么能找到适合自己的工作呢？对于社会经验不足的大学毕业生来说，寻求一条便捷的求职之路就更为重要。在信息十分发达的今天，供给职业信息的途径非常多，我们只要做一个有心人，眼观六路，耳听八方，要谋求一个职位其实并非难事。

一、网上求职

在互联网出现之前，人们寻求工作主要是通过参加人才招聘会、查找报纸分类广告、朋友推荐等几种方式。但是，当互联网这种交互大众传媒出现以后，人们的求职方式发生了变化。自1997年以来，越来越多的人才供需信息登上了互联网，用人单位和毕业生可以利用信息网免费发布需求信息和自荐材料。无论何时何地，只要能上网，求职者就可以直接把电子求职信发到在互联网上刊登招聘启事的公司，也可以把个人履历刊登在网页上，等待用人单位向你发出邀请。

实践证明，网上求职具有传统求职渠道所不具备的明显优势：①随时随地可以发简历，在时间上能超前一步；②随时随地可以对简历进行更新、修改；③可以把自己漂亮的简历直接发送到用人单位的信箱，不再使用附件；④许多用人单位可以通过搜索引擎或者其他途径在网上找到你；⑤弥补纸质简历的不足，表现更全面，可以给面试官更完整的展示，图文并茂，让色彩帮你说话；⑥形式多种多样，可以在短时内变换简历，与众不同，比别人多一种制胜的武器。但要真正方便、快捷地在网上求得一职之位，还得掌握一定的策略。

（一）明确意向，全面收集相关招聘信息

网上求职第一步是明确自己的求职意向，包括自己的专业方向、职位目标、求职区域等，意向明确后再开始在有关人才网站上收集信息，查看网上与自己专业有关的招聘信息，如有自己感兴趣的职位，就记下该单位人事部门的E-mail地址和网址（如果有的话）。如果该单位有自己的Web站点，则可到它的网站上仔细了解其内部情况，然后再决定是否通过E-mail将自己的简历发过去。

（二）找准目标，恰当发送求职信息资料

许多网上求职者往往患有一个通病：将一份相同的求职材料向不同的公司投送，并以此谋求不同的职位。其实这种做法是十分不妥的，申请的职位不同，则对求职者的要求便不同，那么简历的侧重点也就应有所不同；另外，不同的公司具有不同的招聘风格，求职材料若是千篇一律，显然无法投其所好，从而被人忽略也就很正常了。所以，网上求职者在发送求职材料时，一定要做到具体情况具体分析，随机应变，有的放矢，这样你才有可能从众多的求职者中脱颖而出，从而获得面试的机会。

（三）注重细节，密切关注求职反馈信息

在通过互联网求职时，为了使你的个人资料得到应有的重视，不至于淹没在成批的电子文件中，你应该注意以下几点：

（1）网上求职时主要精力应该放在拥有人才数据库的招聘网站上，把你的简历放在他们的数据库中。因为用人单位会来这些网站浏览和要人。总的来说，应该让用人公司带着明确的目的来找你，这要比自己向大量公司无目的地发送个人简历有效得多。

（2）有选择地向公司发送你的简历也是可以的，为了使公司了解你申请的是哪个职位，并对你有更多的印象，发简历的时候，都应该写一封求职信并同时发出。发任何简历都应该写求职信，这是被许多求职者忽略的原则。同时，求职信中的关键词也是很重要的，有些公司通过关键词搜索来寻找符合他们条件的人选。

（3）不少求职者把简历和求职信以附件（Attachment）的形式用 E－mail 发给公司，但收件人有时却无法打开附件，并且由于病毒的威胁，很多公司有可能直接将附件删除，这样你的努力便白费了。因此不要用附件的形式发简历和求职信，除非你知道这家公司接受某种形式的附件。同时，在你的电子邮件里创建并保存一个求职信样本，这样稍加修改你就可以用它来申请其他职位。

（4）有些求职者在将简历发给公司后总是不注意询问结果，其实这是不受欢迎的，因为许多公司每天都会受到 100 封甚至更多的个人简历。一般来讲，每隔 2～3 周向求职公司询问一次比较合适，询问的时候，你还应该表示你对该公司的职位仍然感兴趣并且再简短介绍一下自己的专业特长和工作经验。

（5）谨防网上骗子。网上求职和现实求职一样，都有上当受骗的可能。尤其对于一些需要交纳报名费和培训费的招聘信息，要格外小心，一定要注意辨别真伪，以防受骗。

（6）要养成良好的网络个人信息安全习惯。在个人求职信息的注册登记时，要选择正规的门户网站，切忌到处随意登记注册，这样你的联系电话、身份证号码、电子邮件地址等注册信息很可能被人用作他选。若是在公共场所上网，在离开时切记注销登录，以免被他人利用。

二、媒体求职

媒体求职主要是借助有关毕业生就业的杂志、报纸、广播或电视等媒体向社会推荐自己。这种方式覆盖面宽，易达到“广种博收”的效果。部分长线专业、非通用专业或有特殊专长的毕业生采取这种方式往往会收到意想不到的效果。不同的媒体，由于其传播途径、受众范围、播发时间间隔、时效性的不同，因而推荐成功率不尽相同。

（一）广播和电视媒体

广播和电视媒体是一种新兴的大众媒体，其影响面大，受众广泛，但要受到播出时间和接受间隔的限制，有时会给求职者造成时间上的延误，不能及时反映招聘信息，而且留存时间短暂，不易保留备用。

（二）报刊

报刊是一种传统性的大众媒体，特别是报纸，它的优点很突出，发行量很大，信息传播及时，购买方便，而且便于保存备查，因此，许多用人单位认为花几百元钱就可以通过报纸（或杂志）刊发招聘广告是一种省钱又省时的招聘员工的渠道。对于求职者来说，花几元钱买几份有一定影响的报纸也是一种省钱的求职方式。不过报刊媒体也有缺点，主要是广告篇幅有限，求职者对用人单位的经营情况了解甚少。

目前，各级各类报刊上的招聘广告很多，只有你仔细浏览报刊随处可见，一般综合性报纸在某些版面每天都刊登有招聘信息，有的定期开设专版；还有一类专业性的报纸，刊登的招聘广告就更多。据有关方面统计，有50%以上的成功求职者是通过报纸广告获得企业的招聘信息的。因此，学会有效地阅读招聘广告将会对成功求职起到事半功倍的效果。

一般说来，有效阅读招聘广告，应当学会下列三部曲：

第一，走马观花。

每个求职者应当根据自身的能力和水平，大概粗略地扫描一下招聘广告，争取发现“目标”和就业机会，尤其是不能错过篇幅较小的招聘广告，因为大幅招聘广告固然容易引起人们注意，但却由于应征人数太多而使录取机会大大降低，经验告诉我们：小的招聘广告中的就业机会反而较之大的招聘广告中的就业机会多得多。

第二，仔细阅读。

在发现就业目标之后，就应仔仔细细地阅读该招聘广告。通常招聘广告由企业介绍、招聘职位的描述及要求和应聘的办法等三部分构成。许多企业往往会花费一些笔墨来介绍企业的构成、背景、产品、规模等；招聘职位的描述及要求包括空缺职位名称、名额、性别、年龄要求、学历要求、相关工作经验背景要求、技能要求，有的还说明待遇福利等，这一部分是企业招聘的重点；应聘的办法包括应聘的期限、应聘所需的材料要求、求职信的通讯地址及邮编等，以及其他一些附加说明。上述这些内容均应在阅读时一字不落地看清楚，确实认定有一或两个职位适合本人申请应聘要求后才进行下一步工作。

第三，认真推敲。

在通过仔细阅读的过程并发现同本人的自身定位颇为吻合的就业机会后，再逐一研究下列问题，如该企业是什么性质的企业？规模有多大？该企业生产的产品是什么？在市场上的知名度如何？与同类产品相比较是否具有竞争力？该企业是否频繁刊登招聘广告？同一职位的招聘广告是否经常出现？该职位对应聘人员的要求本人是否真的完全符合？该企业所处的地理位置如何？交通是否方便？通过回答这些问题，可以了解到该企业今后的发展前景，以及企业的招聘实质是内部人员经常“跳槽”导致职位空缺还是由于规模扩大所致等。在慎重认真地完成了上述问题并再次确定本人的求职愿望之后，才按照有关要求准备应聘材料。最后提醒求职者：剪下应聘的招聘广告并妥善保管，把寄出求职信的日期和申请职位等内容记录在案，以便日后查阅。

现在报刊上的招聘广告铺天盖地，有的时候按照招聘广告上的联系方式发去一封求职信应征，却如同石沉大海，杳无音信，在等待中往往丧失了许多其他的工作机会。因此大学毕业生在求职时一定要警惕虚假广告。首先，要注意广告的篇幅及位置。不少财大气粗的企业为了显示实力，广告会故意刊登得很大，特别引人注目。相反，有些小公司的广告则篇幅很小，有的甚至刊登在中缝里。其次，要注意广告的内容及措词。一般说来，刊登招聘广告也是为了宣传企业形象，故而大的机构往往会不惜笔墨在广告起首处大肆描写一下企业背景、成立年限、目前的业务状况等；然而有一些广告却写得“犹抱琵琶半遮面”，起首便“躲躲藏藏”地来上一段诸如“一家名列前茅的跨国公司”，并且不透露企业名称，这些则极有可能是猎头公司所为。最后，要注意广告的频率及职位要求。如果一家企业的招聘广告频频曝光，并且招聘的职位经常重复，不管这类企业是不是大公司都得留意。

总之，媒体求职有利有弊，求职者若是掌握了其中技巧，那么这也不失为一条好的求职途径。

三、通过职介机构求职

现在越来越多的人倾向于借助职业介绍所和人才服务部门谋取高薪职位，随着就业的逐步市场化，这是一种必然趋势。当大学毕业生刚刚走出校门，对于如何求职还是一片茫然时，求助职业介绍机构不失为一条便捷的途径。

（一）了解职业介绍机构

求职者如何充分利用职业介绍机构实现就业呢？这首先要求求职者要对职业介绍机构有一个基本的了解。职业介绍机构是多种多样的，不同类型的职业介绍机构，其特点、职能、权限也是不同的，了解这些知识，有助于选择恰当的职业介绍机构。没有求职经验的大学毕业生们更需要了解这些基本的常识。职业介绍机构的主要类型有以下两种。

1. 职业介绍所。它是指由劳动部门根据工作需要设置的职业介绍服务机构，名称统一为职业介绍服务中心和职业介绍所，属事业单位性质。具体职责是执行国家劳动就业政策，提供劳动力供求信息，进行职业介绍，开展就业指导与咨询，组织劳务交流活动。

2. 人才服务中心。它是人事部门设立的人才服务机构。主要是为专业技术人才和管理人才流动、大中专学校毕业生就业服务。人才服务中心的主要职责是：①为求职的专业人才进行求职登记；②为用人单位提供人才资源信息，推荐各类人才；③组织人才招聘会，促进人才交流；④受单位或个人委托开展人事代理业务，负责代理人事关系，包括存放档案，档案工资调整，职称评定，毕业生转正定级等；⑤进行人才培训；⑥为大中专学校毕业生就业提供服务。

（二）如何利用中介求职

大学毕业生第一次求职，往往没有经验，没有耐心，在求助于那些职业中介公司时，通常都比较被动，因而有时很难找到一份自己十分满意的工作。如何有效地求助于中介公司对于大学毕业生是十分重要的。

首先，要选准目标。一开始，可以看看报上哪一家职业介绍所刊登的广告和你的志趣较为相投，如果有的话，便可以去那里投寄一份求职登记表。最好能找到与你专业相关的职业介绍所。其次，多给自己几次机会。如果没有什么特殊理由，即使对职业介绍所介绍的职位没太大兴趣，也不妨互相见个面认识一下。无论如何在现今的社会，人面广也是个人的一项资产，说不定哪天也能派上用场。最后，假若你有意与哪家职业介绍所联系，你需要做的事情是：第一，要靠直觉和胆识，明察暗访，从中了解该机构的营运情况，判定是否可以成为合作的对象。第二，要谨慎行事。不要放过条约的每一个字句，特别是该介绍所收取佣金的方式。与职业介绍所签下条约前，一定要看清楚佣金的缴纳方式。若发现某一条款暧昧不明或不合理，一定要设法要求修改。第三，要勤于联系。如果你已和职业介绍所接上了头，徒然在家里等待“猎人”上门是一种消极的做法。第四，要提高警惕。一些非法、违法的职介机构既无工商部门核发的营业执照，又无劳动部门签发的许可证，非法经营，以假乱真；招摇撞骗，手段卑劣，诈取钱财；还有一些社会职业中介机构无视物价和劳动部门的规定，乱设收费项目，收费项目繁多，大学毕业生要练就一双慧眼，多了解、多比较，才能避免上当受骗。

总之，职业介绍机构是架在求职者和用人单位之间的一座桥梁，它以专业作业的形式，集中了大量的供求信息，有效解决了个体信息封闭、不连续、不共享的缺陷，从而表现出自身特有的优势，因而成为求职者重要的求职途径。

四、借助人际关系求职

现代社会是一个关系社会，关系就是财富，具体到求职来说，关系可能就是就业的机会。求职者要明白，在我们这个注重人情、关系而劳动力市场尚不够规范的现实社会，求助人际关系网实现就业不失为一条有效的途径，也是明智的选择。特别对刚跨出校门的大学毕业生来说，其掌握职业信息的途径有限，可选择的职业范围十分狭窄，这时就要学会充分利用人际关系的信息传递功能，即这里所说的“关系网”，为自己开辟出一片广阔的职业选择天地。

（一）编织“关系网”

求助人际关系求职的首要工作就是编织你的关系网。在平时学习、生活、社交活动中，做一个有心人，将凡是你所认识的人，不管关系亲密程度如何，都要有意识地纳入你的关系网内，多多益善。不要先入为主，以为某些人可能没有用而将其排斥在网络之外，说不定你认为起不了什么作用的人恰恰能给你带来机会。关系网络越大，获得的信息就越多，找到称心如意工作的机会就越大。

在求职择业即将到来之际，大学毕业生应该将平时建立起来的各种交往和联系的关系网，如电话本、名片册、校友录、同乡录，以及参加各种会议和学习的名册找出来，进行分类整理，重新排列组合，以便有重点有针对性的寻求帮助。具体可以分为以下几类：

- 同学、校友、老师（小学、中学、技校、大学等）；
- 自己的朋友（幼时交往的、现在结交的）；
- 自己的亲友（父母、兄弟、姐妹等）；
- 个人生活和学习过程中接触过的各种各样的人。

将这些人员分类后，便可列一个表，以便自己对人际网络中的成员资料有个粗略了解。通过你建立的这种人际关系，可以争取得到他们的各种帮助：如直接给你介绍工作，告诉你可能存在的求职机会，转告他的朋友谁有可能介绍工作，提供能够帮助你的各种信息等等。

（二）巧用“关系网”

无论在中国，还是外国，“关系网”都是求职的重要途径之一。为了提高求职的成功率，求职者在利用人际关系网求职时应注意以下几个问题：

1. 确定合适人选

当人们遇到困难时，大概首先想到的就是找亲戚帮助。亲戚之间大都有血缘或亲属关系，这种特定的关系决定了彼此之间联系的亲密性。作为亲戚，只要你有求于他，一般都会竭力救援。如果你找工作遇到了挫折，可别单枪匹马地孤身奋战，多往亲戚那边想一想，看是否能找到得力之人。

其次，所要求助的人应是与自己关系密切的人，如自己的老师、领导、同学、朋友等。老师能够利用老同学、自己的学生、科研伙伴、协作单位的关系，获得针对性强的求职信息，但这些信息往往比较注重毕业生的学业成绩、在校表现等综合素质，对优秀生比较适应。另外这类信息经过筛选后传递给学生，可靠性较大，而且与毕业生的就业意向和所学专业较为吻合，因此，毕业生应加强和老师沟通，增进师生友谊，争取他们的帮助，从而获得更多的就业信息。

而同学关系非常纯洁，有可能发展为长久、牢固的友谊。因为在学生时代，人们年轻单纯、热情奔放，对人生对未来充满浪漫的理想，而这种理想往往是同学们共同的追求目标。加之同学之间朝夕相处，彼此间对对方的性格、脾气、爱好、兴趣等能够深入了解。因此，在同学中最容易找到合适的朋友。毕业后的同学可以继续联络，虽然彼此的工作领域不同，但可以将焦点对准目前的现状。即使对方在学生时代与你交往平淡，你也可以主动地加深与其交往的程度。如果你很幸运地找到凡事均极热情的同学，相信他会提供方便，助你一臂之力。

另外，中国人有着强烈的乡土观念，对同乡人有一种天生的情不自禁的热情，尤其是到外地上学或谋生时，这种同乡之情就更加强烈了。同样，在求职时，若能恰当地利用同乡关系网，说不定你会得到一个意外的惊喜。

2. 考虑人选知名度

所求助的人在社会上要有一定的知名度，至少要在你所选定的求职单位中有一定的知名度，令人尊敬，特别是对求职单位有较大影响；求职单位的负责人对你所求助的人也很熟悉。这些人位高权重，消息灵通，能得到别人的信任。他们往往也是最高主管的心腹、政府高官或高级顾问。各行各业、每家公司都有这样的人存在。如果能与他们结识，让他助你一臂之力，不但能知道最新消息，他们通常也会教你如何去探询各种信息网络。

3. 介绍基本情况

在所委托的人到求职单位之前，求职者有必要详细地向其介绍自己，如关于自身现有职业素质、兴趣爱好等。从文化、技术知识结构到职业兴趣、爱好，从职业性格到职业能力等，都要如实地向其介绍。

4. 明确求职目标

要把自己所要选择的职业单位告诉被委托者，并把自己对这个单位所了解的情况转告给被委托者，使其能更多了解求职单位的情况，以便有针对性、灵活地帮助你。

5. 表白委托缘由

在择业中托人求职的原因是多方面的，有的是因被委托者在社会上有一定的声誉；有的是想让被委托者先为自己探探路子，先看看求职单位用不用人，以便决定自己到不到这个单位求职。

6. 选择委托方式

可以先由被委托者一个人前往求职单位介绍求职者的情况。也可以随被委托者一同前往，由被委托者引见、介绍，但主要由求职者自我介绍，被委托者进行帮助补充或纠正；或者是在求职谈话处于冷场时出来说些打破僵局的话。如果被委托者不便出面，也可以自己单独前往。

对于委托具有一定地位的人，可以征得他的同意，请他写个条子给求职单位领导，只要写明"兹有某某前去找工作，请予接待，拜托"即可，不必详细介绍自己，个人详细情况留待自己作介绍。也可以请他打个电话给求职单位的领导，也不必作具体介绍。总之一定要让求职单位知道被委托者知道求职的事；否则，不但帮不上忙，甚至会起反作用，求职单位甚至会认为你是在"招摇撞骗"。

7. 注意求助态度

俗话说"在家靠父母，在外靠朋友"。交朋友是件轻而易举的事，也是你找工作的好来源，努力从中过滤，运用智慧联系他们，利用他们，每个人只要肯下功夫，建立起一层又一层金字塔似的人际关系，一定可以得到有用的"情报"，从而为自己求职获得更多机会。

对求职者来说，如何求助别人推销自己是一项非常重要的技巧。如果运用得不好，效果会适得其反。所以，在择业时，一定要有分寸感。有些人求人，要么就只知重礼相谢；要么就以为别人帮忙是理所当然，给人一种冷漠感。其实这都不利于帮助他们选择职业。既然是托人家办事，就要尊重人家的意见，要有诚挚的谢意。不管事情办成与否，最后都应对人家表示诚挚的谢意。

五、毛遂自荐求职

大学毕业生求职的途径很多，而最直接的方式莫过于毛遂自荐法。大学生们在求职过程中，为了让用人单位认识自己、了解自己、选择自己，就必须想方设法来恰当地宣传自己、展示自己和推销自己，只有这样，才能有机会获取面试通知。

自我推销的方法有很多种，以下做一些简单的介绍。

（一）参加现场招聘会

近年来，各地都会定期举行场面火爆的各种类型人才招聘洽谈活动，这是一种用人单位和求职者双方在同一时空直接进行交流洽谈的集市招聘形式。招聘会上供需双方直接见面洽谈，双向交流，反馈及时，也省略了中间环节，增加了洽谈成功率，节省了宝贵时间。另外，职业信息集中，求职者在招聘会上可以同时和多家招聘单位见面洽谈，选择的余地大。对于表现出色的优秀者，这种形式便于展示自己的风采，容易给人留下深刻印象，被当场录用的机会很大。因此，作为求职者，一旦获悉这方面的信息，不妨亲自到现场看看，说不定会得到意外的收获。

同时，在参加现场招聘会时应注意几个问题：①招聘洽谈会是由谁主办的？如果是由劳动人事部门举办，参加洽谈会的用人单位应该手续齐全，一旦出现问题，可得到合理解决。②事先应注意带好有关证件、证书，因有些单位需要查验这些证件。③注意衣着整洁，谈吐清楚，并做到简明扼要。④认真仔细，切忌“走马观花”。⑤是否准备好了一份独特的求职材料和现场表现。

（二）电话求职

这种方式完全是求职者与用人单位之间的一种语言交流，双方没见面，所有的信息都只能通过对方说话的语音、语调等细节来获得。电话求职对求职者来说尽管存在无法让对方见到自己的仪表、气质、看不到精心设计的求职材料等缺点，但在信息通讯发达的今天，这仍是许多人愿意采用的一种自荐方式，毕竟这是最便捷的求职途径。

在电话求职时，有必要注意一些礼仪，讲究一些技巧。如：①把握电话求职的条件。电话求职常用于求职者和用人单位已经有了初次接触，因此双方沟通起来比较自然，也容易找到更多的话题，使谈话能够顺利进行下去。②选择合适的通话时间。打电话的时间应选在上午 9 点到 10 点较为合适。不要在刚刚上班或临近下班的时间打电话；也不要在周一或周末打电话；电话交流的时间不要太长，也可根据对方在电话中的语气和反应情况适当掌握时间。尤其是自我介绍的时间，力争在两分钟内结束。③注意音量、语气和语速。打电话时要控制音量、语气和语速，根据环境条件来控制通话音量，合理判断，大小适中；语气要平和、沉稳，语速要稍快于正常说话，也可以委婉地询问对方对自己音量、语速的感受。最根本的目的让对方在短时间内知道求职者要表达的信息。④讲究文明礼貌、用语规范。在有限的通话时间里，只讲该讲的话，问该问的问题。注重双方的身份，文明礼貌，彬彬有礼；使用普通话，语言简练、清晰；通话结束时不忘致谢。

（三）上门求职

这种方法也叫“闯见访问法”，即敲开那些令你感兴趣的单位大门，直接去公司应聘。使用这种方法，必须首先坚定这样一种信念：就是被访问单位中一定有自己要寻找的单位，并且访问的单位越多，成功的机会越大。但是现在几乎所有的用人单位都有严格的时间观念，接待应聘者一般只在规定的时间内进行，所以除非你做好了充分的准备，并已得到了招聘者的许可，才能上门推销自己，否则极有可能被拒之门外。还要注意的是，这种方法会受到时间和经济条件的限制。

（四）书面求职

这种自荐方式的核心便是准备一份独一无二的求职材料，这也是本章在下一节要讲述的重点内容。

常言道：条条道路通罗马。不错，一个目标是可以通过各种不同的途径去实现的。

找工作也一样，求职途径越多，成功率也就越高。大学毕业生只要平时注意捕捉信息，收集信息，并运用多条渠道发送信息，就一定能叩开理想职业的大门。

第三节　熟悉就业规程

一、大学毕业生就业管理部门的工作流程

大学毕业生的就业管理机构，大致由三部分组成：

全国主管大学毕业生就业的部门是教育部，各省、市和中央各部委的有关部门分管本地区、本部门的大学毕业生就业工作；各高等学校和各用人单位负责本校毕业生就业的具体事宜和本部门接受、安置毕业生的具体事宜。其工作流程大致分五步：

（1）教育部对年度国民经济发展和国家重点建设工程情况开展调查研究，制定相应的政策，从而确定年度的就业工作意见。各省市、中央有关部委按照文件精神制定本地区、本部门所属高校毕业生就业工作的意见。这项工作一般在毕业生毕业前的半年内基本进行完毕。

（2）教育部在每年的 10 月份左右向各地区、各部门提供下一年度的毕业生资源情况，包括毕业生所在的学校、所学专业以及毕业生来源地区等。各用人单位向教育部提供需求信息。教育部还负责向社会及时通报毕业生资源情况和需求情况，并适时组织毕业生供需信息交流工作。

（3）各地区、各部门和各高校的就业管理机构在每年的 11 月中下旬至下一年的 5 月份，采取多种形式召开由学校和用人单位参加的“供需见面”、“双向选择”大会和开办毕业生就业市场，为毕业生求职择业创造条件，提供服务。毕业生在学校的指导下可直接参加这类活动。凡在这种“供需见面”、“双向选择”大会上和毕业生就业市场上签订的就业协议书，均系有效合同，双方必须履行。如果有一方反悔，不按合同规定执行，将视为违约，要负违约责任（协议书上注明违约责任）。学校将生效的协议和落实的就业建议计划于月底报主管部门审批，经调整、平衡后以正式计划下达。

（4）各高等学校在完成全部教学计划以后，按照国家统一要求，在 6 月中下旬开始办理毕业生报到证，一般从 7 月 1 日开始派遣毕业生。

（5）派遣工作结束后，各级就业主管机构对当年的毕业生就业情况进行总结。教育部汇总全国毕业生就业计划并连同毕业生就业情况报告国务院。

近几年高校毕业生就业，基本上都是按上述程序进行的。具体到各高等学校，就业工作的程序也大致相同。毕业生就业工作是具有连续性的，送走上一届，紧接着就着手下一届的工作。一般说来：各高校大约每年 10 月份左右，就要按照地方主管部门的要求核准来年的毕业生生源情况，并开始向用人单位发出征集需求信息的函件。待用人单位在学校规定的时间内将需要毕业生的情况返回学校后，学校将及时向本校毕业生公布国家发布的就业信息及学校收集的需求信息。毕业生在学校允许的范围内将利用各种途径，包括利用网络以及学校、地方及行业组织召开的“供需见面”、“双向选择”活动和毕业

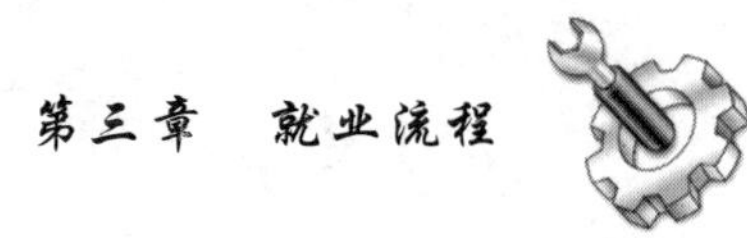

生就业市场与用人单位及时沟通洽谈，并在此基础上签订就业协议书。对在学校规定的时间内未找到工作的，学校将给予及时的、必要的指导，但不是包办代替。学校派遣毕业生的时间一般在7月份，派遣后的遗留问题处理则可以延续到当年的年底。

二、大学毕业生就业管理部门的职能

（一）省高校毕业生就业管理部门的职能

近年来，随着高校毕业生就业指导工作的深入开展，各级地方政府的教育主管部门都设立了高校毕业生就业办公室（或就业指导服务中心），负责高校学生的日常管理工作。其主要职能是：

（1）根据高校毕业生就业工作的政策，制定具体实施意见。

（2）指导高校和用人单位的毕业生就业工作，并为其服务。

（3）组织管理当地高校毕业生需求信息的登记、发布和供需见面、双向选择活动。

（4）组织实施当地政府委托的高校毕业生资格审查，负责高校毕业生的报到签发、调整和接受工作。

（5）受委托协调当地高校毕业生就业过程中的争议。

（6）为高校毕业生提供人事代理（目前仅有部分地区实施）和就业服务等。

总之，大学生可以从省就业办公室（就业指导服务中心）至少可以获得以下三个方面的服务与帮助。

- 准确的政策信息。
- 宽广的需求信息。
- 得力的就业培训。

（二）学校毕业生就业工作部门的职能

目前，各高校均设有负责大学毕业生就业日常工作的部门——学生就业办公室或学生就业指导中心。其面向毕业生的主要职责是：

（1）负责本校毕业生的资格审查，及时向教育部或当地政府主管部门报送毕业生资源情况以及就业方案。

（2）开展毕业生教育和就业指导工作。

（3）为学生提供就业信息、就业咨询，提供双向选择机会和推荐等服务工作。

（4）负责毕业生就业协议书的签订和签证登记。

（5）负责办理毕业生的离校手续。

（6）开展其他与学生就业相关的工作。

一般而言，各高校学生就业工作部门的工作程序是：

（1）根据上级部门的要求，制定本校毕业生就业实施办法。

（2）收集需求信息，及时向毕业生公布。

（3）开展学生就业指导和服务工作。

（4）组织校园招聘活动。

（5）根据毕业生签订的就业协议书，提出就业建议方案。

（6）组织本校毕业生的离校工作。

还有很多学校针对就业工作的实际情况，实行了校（院）、系二级就业管理，各系面向毕业生的主要职责是：

（1）针对各系情况开展毕业生教育和就业指导工作。

（2）开辟多种渠道，为毕业生提供就业信息。

（3）负责办理毕业生离校手续。

（4）配合学校开展其他与毕业生就业相关的工作。

大学生在就业期间，打交道最多的要属学校的就业工作机构。这里是信息的集散地，是学校与用人单位建立联系与沟通的桥梁和纽带。建议每一位大学生在就业阶段，多留心学校的学生就业部门在校园内设立的公告栏和网站，在那里你可以及时得到用人单位的需求信息、就业招聘活动以及新的就业政策规定等；多到学校的学生就业工作部门走走，看看最近有哪些就业活动和信息。同时，在求职就业中遇到的问题，也可以在那里得到解决，并能得到相关的就业咨询和服务。

三、大学毕业生就业程序

毕业生就业工作的一般程序，包括毕业生就业指导与服务部门的工作程序、毕业生个人的就业程序、用人单位的招聘程序。本节前面对毕业生就业指导与服务部门的工作程序作了详尽的讲解，下面详细讲述大学毕业生个人的就业程序和用人单位的招聘程序。

（一）毕业生个人的就业程序

在求职就业过程中，高校毕业生不仅需要了解就业工作运行的流程，同时自身也应当遵循合理的就业程序，以便最终达到顺利就业的目的。高校毕业生个人的就业程序大致包括以下几个步骤：

1．思想准备

选择职业的思想准备是大学毕业生在即将结束学业、选择职业、步向社会前所应有的心理准备和心理状态。包括想选择什么样的职业、准备如何去找、遇到麻烦该怎么办、如何看待就业竞争等。做好求职的思想准备应该树立六种意识：

（1）自立意识。毕业后就业是自己完成学业迈向社会的第一步，也是必经之路，是自己人生旅途中的一个重要转折点，是自己走向社会、立足社会的前提。

（2）自主意识。在职业选择过程中，自己是真正的主人，选择职业是自己的事情，应该充分发挥自己的主观能动性，尽量找一份适合自己且又愿意做的工作，而不应该去靠父母、向学校要单位。

（3）竞争意识。职业选择是一种“优胜劣汰”的竞争游戏。自己选择职业的同时，也在接受别人的选择，应该以积极的心态去迎接挑战，参与竞争，并遵守游戏规则。

（4）法律意识。选择职业既是个人行为，同时也是社会行为。我们都已长大成人，

且满18周岁，具有完全行为能力，选择职业应该诚实守信，应对自己的选择负责任。

（5）先就业再择业后创业的意识。面临着激烈的就业竞争，对于毕业生来说，当务之急是先找一个工作，而不应该过多地去考虑该工作能不能一辈子干下去，是不是最理想的。现在人们的就业观念也发生了很大的变化，认为只要通过自己的诚实劳动获得合法的经济收入就是就业，人才的交流、工作的变更，人们已经越来越习以为常了。

（6）使命意识。在考虑自身需要的同时还应考虑国家和社会的需要。艰苦行业、贫困地区、基层单位既是急需人才的地方，也是培养和造就人才的地方，大学毕业生应该把建设伟大祖国的历史使命勇敢地承担起来。

2. 了解就业政策

高校毕业生就业是一项政策性很强的工作。了解国家有关就业政策是高校毕业生求职就业的关键一步。有人曾经形象地比喻求职择业中不熟悉就业政策的高校毕业生如同不懂比赛规则而上场的运动员。的确，面临求职择业的毕业生们，如果不首先了解国家以及有关部门的就业政策而盲目地去选择职业，那么很可能事与愿违，或事倍功半，甚至处处碰壁。

教育部每年都会根据国民经济发展和国家重点建设情况，制定当年的就业工作意见。各地区、各部门、各高校也会结合本部门实际据此制定相应的工作细则。毕业生必须按照这些政策来规范自己的求职择业活动。

毕业生了解就业政策的办法和途径是多样的。一方面学校会通过就业指导课、就业指导讲座等向广大毕业生公布、宣传国家及有关地区、部门的就业政策；另一方面，毕业生在面向社会求职择业之时，也要主动向学校了解当年国家、地区、部门在高校毕业生就业方面的具体政策规定。

3. 自我分析

求职就业过程中，知己知彼才能百战不殆。我们应该联系自身实际，理智地进行自我分析。自我分析的内容包括以下几点：

（1）综合素质、能力的自我评测。如学习成绩在全专业中的名次，自己的兴趣、特长、爱好、潜能等。

（2）分析自己的性格、气质。一个人的性格和气质对所从事的工作有一定的影响，如果能从事与自己性格、气质相符的工作，也许更容易出成绩。我们可以用一些测试表对自己的性格、气质进行一定的分析。

（3）自己在择业过程中具有哪些优势、哪些劣势，自己如何扬长避短。

（4）问一问自己究竟想做什么，即自己想在哪一方面有所发展，想成为什么样的人才，换句话说，即自己的满足感是什么，价值标准是什么。

理智地对自己进行剖析，在就业中至关重要。如果你不清楚自己有何优势、有何劣势；不分析自己真正想要什么、能干什么，会导致就业过程中的盲目从众或举棋不定、患得患失，同时也会影响到今后的工作。

“当局者迷，旁观者清”，这话对处于就业过程中的大学生同样有效。有时我们确实很难清醒地认识自己，了解自己。这时我们不妨与父母、老师、同学、朋友谈谈心，从他们那里得到对自己的中肯评价和有益的指点。

4. 确定目标

（1）制定目标。高校毕业生选择职业首先应明确自己的目标，重要的是要弄清楚“自己最想干什么”和“什么才是自己心目中理想的职业”这两个问题。与此同时，应考虑自身的兴趣所在及试图实现的价值观。

（2）分析自己的实力，明确目标与现实之间的差距。目标与现实之间常常隔着差距，明确自己的目标也应仔细分析自己的优缺点，应将目标放置于现实环境中，客观地考虑“目前我能做什么”、“目前自己欠缺什么”，做到心中明确差距所在。

（3）确立目标。明确目标与现实之间的差距后，下一步的问题即怎样缩短差距，为尽可能缩短差距找出最合适的途径。通过冷静的分析，确立今后自己“可能实现”的目标。

5. 材料准备

选择职业的途径一般有：各种形式的招聘会、人才集市、广播电视、报纸杂志等新闻媒体的招聘启事等。无论参加哪一种招聘活动，作为毕业生本人，都必须借助必要的载体，向招聘单位如实、全面、系统、及时地介绍自己，这个载体就是我们通常所说的求职材料。求职材料是毕业生的自画像，也是敲开用人单位大门的“敲门砖”。求职材料的好坏直接关系到自己能否被录用。一份高质量的求职材料应该建立在对自己正确认识和对用人单位充分了解的基础之上。一般来讲，求职材料包括这样几个方面的内容：

（1）求职信。一般而言，求职信要从“名”、“特”、“优”上做文章，塑造个人形象。写求职信要注意针对不同的用人单位投其所好，最好事先能深入了解招聘单位以及所要招聘工作的情况，在客观分析自己的基础上，找出能够吸引招聘者的条件，还要注意把自己的优点放在显眼的地方。求职信中最主要的内容是要明确表示自己对该项工作的认识以及自己要求从事这项工作较强烈的愿望，能让招聘者一目了然你的意图。

（2）毕业生双向选择推荐表。这是学校向社会、用人单位推荐毕业生的唯一书面正式材料，一般用人单位比较重视推荐表的内容。推荐表一定要妥善保管，不得私自涂改、弄虚作假。

（3）个人履历表。如自己的成长经历，历年来任职、学习、受表彰等情况。

（4）一些附件，主要是指一些国家承认的有效证书，如英语等级证书、计算机等级证书、各种获奖证书、公开发表的论文等等。

准备求职材料的一般原则和要求：①真实性；②权威性；③针对性；④艺术性；⑤创造性（独创性）。充实、真实的内容，加上漂亮的封面，你的求职材料基本上就准备好了。

6. 收集处理就业信息

对面临求职就业的毕业生来说，最关心的莫过于能及时获得较多的就业信息。从一定意义上来讲，谁能拥有更多、更有效的就业信息，谁就赢得就业的主动权。需要强调指出的是，就业信息不仅仅是指具体用人单位的需求信息。需求信息固然是重要的就业信息，但是，诸如国家和地方制定的有关毕业生就业的方针、政策、法规，不同部门、不同行业在国民经济和社会发展中所处的地位、作用和发展势头，某一个用人单位的性质、人员结构、经营状况、发展前景、工作环境，毕业生就业的一般程序等，也都是重要的就业信息。眼睛只盯着具体的需求信息，即使这类信息搜集得再多，也很难使你做出全面、准确的判断。就业信息搜集的渠道是很广泛的，这里向大家列举几种：

（1）各高校的毕业生就业部门。学校的毕业生就业指导办公室（或就业指导中心），作为高校毕业生就业工作的职能部门，与中央有关部委和各省市的毕业生就业主管部门以及有关用人单位保持着经常、密切的联系，国家和地方有关就业政策、规定、各地举办“双选”活动的信息、有关用人单位的介绍材料及需求信息等，学校的主管部门一般都能及时掌握并发布。他们提供的信息无论是数量还是质量，都有明显的优势，可信度高。这应该是同学们获取就业信息的主渠道。

（2）各级毕业生就业主管部门和就业指导机构。县级以上政府部门都成立了专门的毕业生就业指导机构和人才交流中心。每年教育部都要制定毕业生就业的有关方针、政策，各省、市的主管部门也要相应地制定实施意见；教育部和各地的毕业生就业指导机构，也要开展信息交流和咨询服务，这也是毕业生获取就业信息的重要渠道。

（3）各级、各类“双向选择”、“供需见面”会。这类活动有的是由一个学校或者多个学校联合举办，有的是由一省或几省联办，也有的是各市县单独举办，通过参加这类活动，毕业生不仅可以直接获取就业信息，而且还可以抓住时机、当场拍板，签订协议，是一种比较简捷、有效的途径。

（4）有关新闻媒介。毕业生就业作为社会普遍关注的热点问题，近年来也引起了新闻界的普遍重视，有关就业政策、热门话题讨论、招聘广告等也常有报道。此外，教育部学生司和毕业生就业指导中心主办的《中国大学生就业》及各地有关的报刊、杂志等，都可能为毕业生提供相当的就业信息。

（5）通过各种社会关系获取信息。要利用血缘、亲缘、地缘等关系，如家人、亲朋好友、同乡、校友、老师、同学等，获取尽可能多的就业信息。本专业的老师比别人更清楚你适合到什么单位就业，他们往往在科研协作中与对口单位有着广泛的接触。校友大多在对口单位工作，对所在单位情况了如指掌，通过他们可以获得许多具体、准确的信息。家长和亲友对你的就业则更为关心，他们与社会的方方面面有着广泛的联系，也可以帮助提供一定的就业信息。

（6）利用社会实践、毕业实习或业余兼职获取信息。同学们通过与社会的接触，加强了与有关单位的联系，增进了彼此间的了解，便于直接掌握就业信息，如果两厢情愿，那是再好不过的就业机遇。

（7）网络。随着计算机网络的发展与普及，越来越多的用人单位通过网络向社会发布本单位的需求情况。

信息收集以后，还必须加以整理、筛选、利用，对自己有用的，要抓住机遇，主动出击，争取与用人单位面谈的机会。而对自己作用不大的信息，应及时地向周围的同学介绍，资源共享。对信息的筛选、使用要注意以下几点：要坚持及时、有用的原则。信息一旦过时，将失去其价值，只有适合自身需要的，才是有效的；要对信息的可信度进行必要的论证，要对信息的实用性进行客观的分析；不要轻易放弃任何一条信息，也不要轻易上当受骗。

7. 投递材料、参加招聘会

应聘主要有两种形式：一是毕业生本人去用人单位面谈、应试；另一种是毕业生在学校和各级地方就业指导管理部门举办的毕业生就业市场应聘。无论哪种方式，均要以用人单位录用为最终目的。

8. 参加笔试、面试，接受用人单位考核

接受考核要做到“四要”和“四忌”：

“四要”是指：第一要着装整洁、大方、得体，既要适合自己的身份、适合时令，又要适合所要应聘工作的职业特点；既要体现自己的个性，又不要落入俗套。第二要事先对应聘单位及应聘岗位有所了解，不能一无所知。你应尽可能多地了解这个机构的生产和服务的范围，它的管理方式、企业文化和交流方式等。你可以通过调查、阅读这个机构的资料、和该行业的朋友或者该机构的雇员交谈等途径得知这些详情，切勿被认为你对所求职的机构一无所知。第三要善于利用自己的肢体语言。第四要把握用人单位的用人心理。

“四忌”是指：第一忌草率行事。对自己所应聘的单位及岗位一无所知，盲目上阵，回答用人单位提问草率、随便，毫无诚意，轻率答应用人单位的一些不合理的要求。第二忌过多地讲条件，把自己看得很高，刚与用人单位接触便单方面提出一些诸如票子、房子、位子之类的要求，以致引起用人单位的反感。第三忌把自己摆在被审问的位置。有的毕业生把找工作，用人单位看得很神秘，认为自己是去求人家，因此处处小心谨慎，谨小慎微，把自己放在被审问的位置。第四忌拿关系来吹捧。有些毕业生在接受面试时为了抬举自己，摆了一大堆关系来，从而引起用人单位的反感。

9. 签约

通过双向选择，毕业生确定了用人单位，对方也明确表示录用后，毕业生就可以和用人单位签订由教育部统一制定的协议书。就业协议书的内容以及签订协议书应注意的问题在第六章将作详细的介绍，这里不再赘述。

10. 文明离校与报到就业

签订就业协议书后，接下来的要进行的是毕业鉴定，办理离校手续。毕业生在离开母校奔赴工作岗位之际，既有对学校、老师和同学的依依惜别之情，又有对未来生活的美好憧憬，还夹杂些对未来的几分不安，有一种相当复杂的心境。作为青年人，总要想方设法宣泄和表达这种复杂的心情，关键是应选择有益向上的活动，给母校和老师留下真情和眷恋，给人生留下一个美好的回忆。文明离校是对新一代高校毕业生应具有的精神风貌的基本要求，广大毕业生应该把良好的学风留给在校的学生。

毕业生办理完离校手续后，就持《报到证》在规定的期限内到就业部门或用人单位报到。

（二）用人单位的招聘程序

了解用人单位的招聘程序，并把自己的择业活动调整到与用人单位的招聘活动较为一致的步调，有利于择业活动的有效进行。用人单位的招聘活动要经历如下程序。

1. 确定需求和招聘计划

用人单位根据自身的建设和发展状况，确定当年需要招聘毕业生的岗位、人数和条件等，同时将根据要求制定详尽的招聘计划。

2. 发布需求信息

用人单位在确定了需求信息后会及时向外发布，以传递给大学毕业生。其主要渠道如下：

（1）向政府教育主管部门所属高校毕业生就业指导中心登记；

（2）向高校毕业生就业工作部门登记；

（3）在自己的网站上发布消息，供学生上网浏览；

（4）通过电视、报纸、广播等媒体发布需求信息。

3. 举办单位说明会

为了在大学生中进行广泛宣传，一些用人单位（主要是企业单位）还会到学校举办单位说明会，介绍单位的建设、发展情况、人才需求情况及发展机遇、用人制度和企业文化等，并回答大学生们关心的各种问题。单位说明会是大学生全面了解招聘单位的好机会。

4. 收集生源信息

用人单位要招聘到优秀的大学生，需要广泛收集学生信息。收集学生信息的主要渠道如下：

（1）从政府教育主管部门所属高校毕业生就业指导中心及高校就业工作部门获取学生信息；

（2）参加供需洽谈会（招聘会或就业市场）收集学生信息；

（3）在网站上收集学生信息；

（4）通过学生的自荐获取学生信息；

（5）有的学生通过报纸杂志等媒体所刊登的“求职广告”，这也是用人单位获取学生信息的渠道之一。

5. 分析生源资料

对收集到的学生信息进行分析处理，初选出符合自己条件的学生，以便进行下一轮筛选。一般而言，用人单位注重的学生资料包括性别、专业、知识水平、综合能力及素质。

6. 组织笔试

为了考核学生是否具备在本单位工作所需的基本知识、能力和素质，一些用人单位以笔试的形式选拔学生。对于笔试时间、地点、出题范围，用人单位会提前通知。

7. 组织面试

面试是许多用人单位考核毕业生综合素质的最后一关。有的用人单位还组织几次面试，每次面试参加人员及考核的侧重点各不相同。

8. 签订协议

用人单位经过各项考核后，决定录用毕业生，这时必须签订就业协议书。有些用人单位还会同时与毕业生签订用人劳动合同，明确双方的责、权、利。

9. 上岗培训

每一个用人单位对新员工都有一套培训计划。各单位培训的形式有所不同，但其目的都是一致的，即通过培训，让新员工了解企业的创业精神、规章制度和企业文化，让其掌握技能，成为一名称职员工；使新员工尽快适应新的工作环境和生活环境，尽快融入新的集体中。

【案例】

在一次招聘会上，北京某外企人事经理说，他们本想招一个有丰富工作经验的资深会计人员，结果却破例招了一位刚毕业的女大学生。让他们改变主意的起因只是一个小小的细节：这位女大学生当场拿出了两块钱。

人事经理说，当时，女大学生因为没有工作经验，在面试第一关即遭到了拒绝，但她没有气馁，一再坚持。她对主考官说："请再给我一次机会，让我参加笔试。"主考官拗不过她，就答应了她的请求。结果，她通过了笔试，由人事经理亲自复试。

人事经理对她颇有好感，因她的笔试成绩最好，不过，女孩的话让经理有些失望。她说自己没工作过，唯一的经验是在学校掌管过学生会财务。找一个没有工作经验的人做财务会计不是他们的预期，经理决定收兵："今天就到这里，如有消息我会打电话通知你。"女孩从座位上站起来，向经理点点头，并从口袋里掏出两块钱双手递给经理："不管是否录取，请都给我打个电话。"

经理从未见过这种情况，问："你怎么知道我不给没有录用的人打电话?""您刚才说有消息就打，那言下之意就是没有录取就不打了。"

经理对这个女孩产生了浓厚的兴趣，问："如果你没被录取，我打电话，你想知道些什么呢?""请告诉我，在什么地方我不能达到你们的要求，在哪方面不够好，我好改进。""那两块钱……"女孩微笑道："给没录用的人打电话不属于公司的正常开支，所以由我支付电话费，请您一定打。"经理也笑了，"请把两块钱收回，我不会打电话了，我现在就通知你：你被录用了。"

有人问："仅凭两块钱就招了一个没有经验的人，是不是太感情用事了?"经理说："不是。这些面试细节反映了她作为财务人员具有良好的素质和人品，人品和素质有时比资历和经验更为重要。第一，她一开始便被拒绝，但却一再争取，说明她有坚毅的品格。财务是十分繁杂的工作，没有足够的耐心和毅力是不可能做好的。第二，她能坦言自己没有工作经验，显示了一种诚信，这对从事财务工作尤为重要。第三，即使不被录取，也希望能得到别人的评价，说明她有直面不足的勇气和敢于承担责任的上进心。员工不可能把每项工作做得很完美，我们接受失误，却不能接受员工自满不前。第四，女孩自掏电话费，反映出她公私分明的良好品德，这更是财务工作不可或缺的。"

【点评】

大学毕业生们对自己的才华往往看得很重，这并没有什么不妥，但成功的求职不仅仅是有才华就够了，还有比才华更重要的东西。两块钱虽小，但从侧面反映出一个人的人品和办事风格，经理作出了很明智的选择，虽然这个女大学生没有工作经验，但她可以通过学习来克服自身的不足，一个人的人品很重要。这也给毕业生一个很好的启示，首先要把自己的素质提高，有了良好的素质，即使没有工作经验，你也可以以这种魅力

和精神赢得认可，并且把工作做好。

本章小结

■**本章关键词：**

就业市场　就业途径　就业规程　就业管理部门

■**问题思考：**

1. 学校毕业生就业工作部门的工作职责有哪些？
2. 毕业生实现就业的途径有哪些？程序是怎么样的？
3. 简述用人单位的招聘程序。

第四章　就业准备

凡事预则立，不预则废。

——《礼记　中庸》

本章概要

本章从用人单位对毕业生要求的实际出发，着重论述了毕业生自身素质的准备及就业信息的收集和处理，以帮助大学毕业生充分做好就业准备，从而顺利就业，实现人生的抱负和理想。

实例思考

毕业生小何因为火车误点，待他赶到某地人才交流会会场时，已是下午3点多钟，他真是懊丧极了。要知道，他这次专程到某地是冲着A单位来的，A单位在他心目中向往已久，他曾经投过一份材料给该单位人事部负责人，该负责人曾表示对他的材料很感兴趣，并请他务必参加某月某日在某地举办的人才交流会，到时现场见面后可决定是否签约，可这次偏偏自己却迟到了，实在不凑巧。此时，会场内不少单位已录满人员，撤摊而去，剩下的单位也在整理材料准备收场，他很快便看见A单位的摊位空空如也，心里顿时凉了半截，开始漫无目的地在场内瞎逛。突然，B单位的摊位令他眼睛一亮，该单位他也曾向往过。因为他的一位老乡（本校研究毕业生）就在B单位工作，且干得很不错，家乡父老对他是赞不绝口。只因为自己学力层次不够，未敢冒昧联系，今天既然来了，不妨试试看吧。他郑重其事地递上自己的一份材料，主动做了自我介绍，并说明了今天晚来的原因。凭着自己事先对该单位有一定了解，他与负责招聘的同志谈得非常投机。最后该负责同志指着手头一堆材料说："初步人选已定，不过我们会考虑择优录用的。"一周之后，他意外地得到了B单位的正式面试通知，一个月不到便签订了正式协议。真是"山重水复疑无路，柳暗花明又一村"。

思考：

1. 如果小何在找工作之前，不了解单位的招聘要求，没有充分的准备，他能顺利找到工作吗？

2. 如果小何没有收集相关信息，不了解多种就业信息，他能成功吗？

在求职过程中，有时会因为一些无法抗拒或无法预测的客观因素造成信息失效，机会丢失，碰到这种情况，一定要沉着、冷静，随机应变，在不利之中挖掘信息、寻找信息。以上案例中的小何虽然在求职过程中暂时失利，但由于他各方面准备充分，平时积累了一定的信息，很快变被动为主动，及时把握住了新的机会。如果不是事先对B单位有所了解，很有可能，他这次将空手而归。因此，毕业生千万不能因一时的不利而垂头丧气、偃旗息鼓，而应在平时努力提高各方面自身素质，做好充足的准备，在就业信息积累的基础上，积极、主动地寻找新的机会，所谓“东方不亮西方亮”，机会总是垂青有准备的人。

第一节　了解用人单位对毕业生的要求

在求职择业的现实环境中，用人单位所属性质和发展方向存在较显著的差异，各种类型的单位提出的招聘要求会不同，同一单位设立的不同岗位也存在不同的用人需要。作为高校毕业生的需求方，用人单位需要什么样的人才与毕业生的成功就业息息相关。因为现在的就业过程是双向选择、自主择业的机制，毕业生只有符合用人单位的招聘条件，求职时才能谋求到理想职位。因此，毕业生应充分了解用人单位的招聘要求和用人心理，根据自身的实际情况，从各方面不断充实自己，尽快地缩短个人与单位用人标准之间的差距，为早日谋得一个中意的岗位作好充分的准备。

一、职业道德要求

（一）坚定的思想政治素质

1. 较高的政治思想觉悟和高尚的品德

从多年来大学生的就业情况看，用人单位普遍喜欢政治思想素质好、品德高尚、遵纪守法的毕业生。优秀毕业生、优秀学生干部、三好学生、优秀团员、学生党员备受青睐便是最好的证明。可以说，学生在校期间应积极从事学生工作和社会实践，培养自己的工作能力，那么在未来就业时就会被用人单位所看重。因此，高等院校毕业生必须具有良好的政治思想素质即具有坚定正确的政治方向和信念，对社会、对祖国、对人民的高度责任感以及高尚的思想道德素质和精神境界，具有正确的世界观、人生观和价值观等。

2. 强烈的事业心和责任感

事业心足指干一番事业的决心。有事业心的人才会热爱事业、热爱生活，才会开拓进取、刻意求精，才会把自己的理想、志趣与需要融化到平凡的工作中去，从中感到无穷的快乐。责任感就是要求把个人利益同国家和社会的发展紧密联系起来，树立强烈的历史使命感和责任感。许多用人单位在招聘时，首先看中的是毕业生不讲报酬、吃苦耐劳的敬业精神，而对那种“开口就问工资报酬多少”的大学生十分反感。另外，许多大学毕业生动不动就提问题、讲条件、讲待遇，自以为是，好像他一上岗就能为单位创造奇迹，这样的大学生是不易被用人单位接受的。用人单位需要的是为单位做贡献、创财富的毕业生。当然，不是就业单位不考虑员工的生活条件、报酬待遇，只是有主有次的问题。这就要求毕业生把以自我为中心的观念调整为以就业单位为中心。就业单位与自身相融合共同发展的观念，才能在就业道路上一路通畅。

3. 高尚的人格魅力

人格魅力不仅是一种表率作用，而且是非权力影响下的潜在的精神熏陶。它包括坚忍的意志，顽强的信心，明确的目标，决断的魅力；豁达的性格，广博的爱心，宽容的胸怀；稳定的情绪，乐观的心态，能经受各种挑战、舆论的压力和紧张的工作节奏；能用理智判断，调节自己的行为。

4. 新型的管理思维

大学毕业生或多或少都要参加管理工作。管理工作最需要知识、智慧和人品。管理不仅是设计制度来约束人的过程，而且还包括管理者自身人格魅力发挥作用的过程，这个二重过程相互作用，才能保证管理目标的成功实现。该过程可以用公式表达为：A + B = C（A. 制度、规则；B. 管理者的人格魅力；C. 成功的管理实践）。

（二）全面发展的身心素质

1. 健康的体魄是人才的物质保证，是全面发展所必备的条件

毛泽东在青年时期就曾强调："体者，载知识之车而寓道德之舍"；"体强壮而后学问道德之进修勇而收效远"；"德智皆寄于体，无体是无德智也"。健康的身体素质是从事职业劳动所必须具备的条件。特别是现代社会，工作高效率，生活快节奏，对从业者的身体素质要求越来越高。没有健康的身体素质，就不能实现为社会做贡献、为单位创造价值的社会责任，更谈不上实现自我价值。

2. 良好的心理素质是人才的内在潜能

一个人如果仅有生理的健康而无心理的健康，那并不算完全健康的人。21 世纪是知识化、信息化时代，青年学生不仅面对高强度、快节奏的紧张学习、工作和生活，而且需要处理社会交往、友谊、爱情以及个人与集体等错综复杂的关系，还要面临越来越多的挑战和竞争。只有具备良好的心理素质，才能经受住失败和挫折，并尽快从失败和挫折的阴影中解脱出来，以良好的精神状态再次投入到工作中去。

二、知识能力要求

（一）全新扎实的知识素质

1. 扎实的基础知识

基础知识是知识结构的根基。大学毕业生无论选择何种职业，无论向哪个专业方向发展，都少不了扎实的基础知识。近年来，尽管科技发展迅猛，知识更新加快，但更新的绝不是基础知识。基础知识是知识更新的原动力，正如目前的高考科目设置，"3 + X"中的"X"可以是变数，但语文、数学、外语这个"3"是不变的。特别是随着我国加入WTO、世界经济全球化步伐的加快和社会主义市场经济体制的不断完善，大学毕业生就业已不可能再像以往那样"从一而终"，职业岗位随时变动的情况不可避免。要适应这些变化，大学生就必须有扎实宽厚的基础知识。著名的数学家苏步青教授讲过一段极为深刻的话。他说，现在的学生一进大学即分系、分专业，由于急于求成，急于专业化，学生仅学到限于本专业的一些基础知识，只能“单打一”，将来毕业后适应性很差，只会守住自己的一个“小摊子”，换一个方向（更不要说换专业）就晕头转向，不知所措，这怎么能适应四化建设的需要呢？大学教育的根本点，是要扩大学生的知识面，把基础知识的面拓展得尽可能宽一点，这样学生就有了“后劲”。

2. 精深的专业知识

大学毕业生毕竟是高校培养出来的从事专业性较强工作的中高级应用型人才，因此专业知识应是其知识结构的核心部分，也是科技人才知识结构的特色之所在。所谓精深，就是说大学生对自己所要从事专业的知识学习要有一定的深度，不仅要有量的要求，更要有质的要求，对概念体系、理论体系、研究动态等都要有深入的了解，同时要兼顾其他相关知识领域。专博相济，以博促精已成为当前对高科技人才的重要要求。

3. 其他相关知识

现代各类职业都要求从业者的知识“程度高、内容新、实用性强”。“程度高”是指知识量大、面宽；“内容新”是指从业者的知识结构中应以反映当今科学技术发展状况的新知识、新信息为主；“实用性强”是指从业者的知识在生产、工作中有很强的实用价值。市场经济的发展进一步强化了企业及其员工的社会化功能，任何一个企业或其员工都不可能再像以前那样只单一地面对少数几个部门和经常打交道的几个人，他们必须面对整个社会，不断与“市场”打交道，并根据“市场”这张晴雨表来不断调整自己的行为。正因为如此，尽可能多地掌握一些技能的员工就更为用人单位所看重，这也就是除专业知识之外掌握一技之长，诸如计算机操作、外语表达、驾驶、公关、书法、绘画、体育等技能的大学毕业生求职更易成功的原因所在。

（二）善于创新的能力素质

1. 创新能力

21 世纪的人才必须具有开拓创新的精神，必须具有立足于本职工作基础上的创造性思维与创新能力，这是新世纪的人才最重要的素质之一。

2. 学习能力

21 世纪是科技的社会、知识的社会、终身学习的社会，作为 21 世纪的人才，不仅要肯于学习，还必须善于学习，具有学习能力，能及时地、高质量地吸取掌握一切人类文明的优秀成果。不具有学习能力的人将成为社会的落伍者。当今社会的重大特征是学科交叉、知识融合、技术集成。这一特征决定每个人都要提高自身的综合素质，特别是科技素质。

3. 合作能力

良好的人际关系是事业成功的重要条件。美国行为学家卡耐基认为，人生事业成功 80% 在于人际交往。因此，良好的人际关系是我们事业成功的重要保证。毕业生步入社会后，是通过群体活动谋求一种协调。融洽相处可以和众多的同事一起共同创造一种和睦的气氛。现在，在工作中往往要求众人彼此合作，不善于交流的人是不便和别人沟通的，从而对集体活动常常采取拒绝的态度，感情淡漠，不懂得关心体谅他人，凡事喜欢自作主张，这显然会影响集体的工作成效。

4. 竞争能力

新的世纪固然需要合作，但同时也充满着竞争。所以，在合作中的人才要具有较强的竞争能力，否则就不是真正意义上的合作。合作能力本身也包含有竞争的能力。

5. 适应社会的能力

现实社会不同于学校，一些大学生在学校时的“远大理想”可能与社会的现实存在一定距离，从而产生不安或不满情绪。导致这一现象的真正原因是毕业生缺乏适应社会的能力，因为他们对真实的社会生活作了简单的或片面的估计，形成反差，便产生不适。要改造社会，创造业绩，首先要适应社会。当然适应社会不等于消极等待，更不是无原则地苟同消极落后的东西，甚至同流合污，而是要用积极主动的态度去接纳现实，消除消极现象，实现当代大学生的社会责任。

6. 实际操作能力

实际操作能力是知识转化为物质的重要保证，是高级应用型技术人才必备的一种实践技能。随着社会的不断进步，用人单位对人才的基本标准有了很大变化，外语和计算机越来越成为两种重要的工具。往年英语四级的标准提高到了六级，计算机二级提高到了三级。不少用人单位在招聘现场要求用英语填写简历或进行英语对话。用人单位为什么要抬高“门槛”呢？一位知名企业人事处负责人认为，中国加入世界贸易组织（WTO）后，企业的用人标准只会越来越严格。英语是国际贸易的通用语言，计算机则是技术开发和应用以及电子商务的基本手段。所以，今后大学毕业生这两项能力一定要过关。

【案例】

国外一家公司准备聘用一名公共关系部部长。经笔试筛选后，只剩下8名考生，等待专业技能考试。考试限定每人在两分钟内对提问做出回答。每一名考生进入考场，主考官都说：“请把大衣放好，在我面前坐下！”其实考场内除了考官使用的一桌一椅外，什么也没有。考试时的具体情形是：有两名考生不知所措，两名考生急得掉泪。另有一人，脱下大衣，搁在考官的桌上，然后说：“还有什么问题吗？”这五名考生被淘汰了。

剩下的三名考生中，有一名听主考官说完后，环顾室内，先是一愣，随即脱下大衣，往右手上一搭躬身施礼轻轻说：“这里没有椅子，我可以站在您的面前，等待回答下一个问题吗？”考官的评语为：“有一定应变能力，但创新、开拓不足。彬彬有礼，能适应严格的管理制度，可用于财会、秘书部门。”另一名考生的回答是：“既然没有椅子，就不用坐了，谢谢您的关心，我愿知道下一个问题。”考官评论说：“守中有攻，可以培养先对内、后对外。”最出色的一位考生的表现是听主考官说完后，眼睛一眨，把自己候坐的椅子搬进来，放于离考官一米处，然后脱下大衣，折好放在椅子背上，自己在椅子上端坐。当“时间到”的铃声一响，他即站起来施礼，道声“谢谢”，便退出室外，把门关上。考官的评语是：“不说一词而巧妙回答了试题，性格富于开拓精神，加上笔试成绩上佳，可以录用为公关部长！”

【点评】

在21世纪里，现代企业最需要的不仅仅是个体上优秀，或只拥有某方面特质的“狭义”的人才，而是能够全面适应21世纪竞争需要的，在个人素质、学识和经验、合作与交流、创新与决策等不同方面都拥有足够潜力与修养的“广义”的人才。最后一位考生

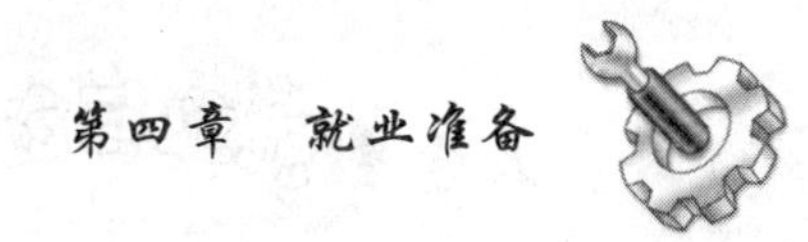

的成功应聘说明，毕业生应充分了解用人单位的招聘要求和用人心理，根据自身的实际情况，从各方面不断充实自己，尽快地缩短个人与单位用人标准之间的差距，只有这样，才能早日谋得一个中意理想的工作岗位。

第二节 毕业生自身素质的准备

当前，用人单位在选人、用人时不仅仅看重学生的学历、专业，而且强调大学生胜任工作岗位的素质。一个人的思想道德素质、知识能力素质和身体心理素质如何，将决定他在求职择业时的自由度和获得职业岗位的层次。就业的准备不仅表现在毕业择业时，而且贯穿在学生生活的始终。因此，大学生应自觉地把大学生活同求职择业乃至将来的职业生活紧密联系在一起，努力做好就业的各方面准备。

大学生自身素质是其求职择业的基础。大学毕业生要想在求职择业中处于主动状态，获取理想的就业单位，就必须全面提高自身素质，及时掌握择业过程中的新变化和新特点。大学生择业自身素质的准备包括思想道德素质准备、知识能力素质准备及身体心理素质准备等。

一、思想道德素质准备

某国内知名企业，在招聘条件中明确提出：应聘大学生最好是中国共产党党员或争取入党的积极分子、优秀学生干部；诚实守信的品质；良好的团队协作精神；脚踏实地、认真负责的敬业精神；吃苦耐劳精神；热心社会工作、具有合作意识、为人正派……

上述案例说明，用人单位首先在“择人”，即审视毕业生的思想政治素质和人品。一般而言，社会对大学生在校期间的政治进步与荣誉十分看重，甚至将这种进步与荣誉作为衡量学生思想道德素质的硬性指标。因此，大学生应该注重自己思想道德素质的提高。

（一）树立科学求实的职业理想

职业理想是大学生选择职业类型与区域的原动因素，求职择业的一切都以此为基本出发点。要做好求职择业的思想准备，首先要解放思想，转变观念。不打破旧的思想，就不能纠正思想误区，树立新的就业思想。现在，统包统分的就业制度已经基本上被新的就业制度代替，上大学已不是就业的保证，而只是提高自身素质的途径。目前，一些大城市和高层次用人单位的人才需要经过多年的补充已逐渐饱和，大学生的就业需求已经明显呈现下降的趋势。中小城市、乡镇基层单位、非国有企业已成为接收毕业生的广阔渠道。可是，有些学生依然存在“水往低处流，人往高处走”的传统观念，存在“父母在，不远游”的家庭观念，存在“人不亲土还亲”的故乡观念。这些就业观念严重地妨碍了大学生提高适应新的就业形势的能力。大学生中常见的择业思想误区主要有以下一些。

主次不分：部分大学生以选择一个好地方为目的，择业以地域为主而非以事业为主。

无自知之明：有的人不知道自己属于哪种类型，不知道自己适合干什么，不适合干什么，缺乏必要的自我分析能力。有的人觉得自己什么都能干，给个市长、县长也照样能当，却不知道这些职业应具备什么样的知识和能力。

鼠目寸光：只顾眼前利益，忽略职业的发展前景。

物质至上：信奉“钱不是万能，但没有钱却万万不能”的信条，求职择业以金钱为主要衡量标准。

树下乘凉：想依靠父母的关系网得到工作和生活上的照顾，忽视自身素质的锻炼和提高。

大学生必须纠正这些不正确的思想，适应新的就业形势的需要，树立科学求实的职业理想。大学生的职业理想，应该是大学生对未来职业的一种强烈的追求和向往，是对未来职业的规划和构思。科学求实的职业理想应具备以下几个条件。

（1）把生活看做是一个劳动过程。当你确立依靠自己的劳动创造自己的未来时，就会使自己的职业理想建立在一个客观现实的基础上，就会努力创造条件，不断追求，使职业理想不断升华，人生更显光彩。

（2）把热爱家乡与热爱祖国紧密地联系在一起。这看似与职业理想关系不大，其实它是树立职业理想的基本思想条件。当你从心底里统一了“两个热爱”时，你就会把个人的职业理想与祖国的命运、父母的企盼、家乡的发展联系在一起，从而把个人的理想与平凡的职业联系在一起。有了这样的职业理想就一定会有高尚的职业道德。

（3）正确地评价自己的职业理想，客观地看待社会发展条件与实现个人职业理想的关系。其实一个人可能一生都在寻求自我职业理想的实现，但客观地认识社会发展水平和实现自我职业理想的条件，就是一个主观见之于客观的过程。只有当理想与现实达到一致时，职业理想才能成为现实。正确的职业理想形成后，就会在选择职业时不以个人喜好为目的，不受非现实的理想所干扰，不为个人得失和名利所诱惑，就能正确地做出职业选择。

（二）树立艰苦奋斗的职业思想

诚信是中国传统道德的重要范畴，与人交往，最重要的就是诚信。丢掉诚信，就失去与人交往的基础，没有交往基础，人就不能在社会中立足，可以说，“诚信”，是用人单位选择优秀毕业生的首要标准。大学生往往对自己今后将从事的职业有着很高的期望，然而四年寒窗苦读下来并不是人人都有骄人的成绩，为了找到一份理想的工作，有的人就选择了制造假成绩，假证书；还有的人求职时已与用人单位签订了劳动合同，但之后遇到更好的选择时随意毁约，撕毁就业协议。这些不诚信的行为，不仅本人给用人单位留下不良印象，也会影响到其他毕业生的就业工作，最终只会使整个就业形势越来越严峻。只有树立诚信就业意识，才能赢得他人尊重，并找到一份真正属于自己适合自己的工作。

什么是敬业精神？敬业精神就是一个人对自己所从事的职业的忠诚和热爱，包括工作热情、工作作风、工作方法等。敬业就是要热爱本职工作，忠于职守，对社会负责，对人民负责，保证工作质量，对技术精益求精，能团结协作，能公平竞争。对于即将进入社会的大学生来说，树立敬业精神是准备进入社会思想成熟的标志之一。大学生是否具有敬业精神关系到其今后的职业生涯能否顺利、能否成才、事业能否发展的一系列问题。在高校毕业生就业制度已经发生重大变革的形势下，具有敬业精神已成为社会对高校毕业生素质的新要求，因此，大学生要树立良好的敬业精神，把良好的敬业精神作为准备就业的必要条件。

人生的过程都是艰苦奋斗的过程。准备求职的大学生，必须有面向基层、艰苦创业的思想准备。基层工作尽管比较艰苦，工作、生活条件和环境相对较差，但由于缺乏人才，急需大学毕业生去开拓、去创业，因而大有用武之地。据一些高校近年来的毕业生成才情况的追踪调查报告显示，工作出色、成绩显著的毕业生大多出自基层，大多是从基层艰苦奋斗，成长起来的。可以说，基层是毕业生成才的沃土，“宝剑锋从磨砺出，梅花香自苦寒来”。没有艰苦的锻炼，没有工作经验和能力的逐渐积累，又哪里能够做出前所未有的成就和担当重要的责任呢？大学生只要真正深入到基层当中，扎扎实实地工作，肯定会大有收获。

（三）树立市场竞争的职业意识

随着大学生就业市场国际化逐步形成，培养具有国际竞争能力的高级专门人才的优良品格就显得更为迫切。大学生必须确立市场竞争意识，才能与之相适应。邓小平同志曾经说过，科学技术是第一生产力。大学生在学校所学的各种科学文化知识，将来能否转化为生产力，是否能产生经济效益，这在很大程度上取决于大学生自己是否具有市场意识。因为，无论你的专业知识如何扎实精深，设计出来的产品不管有多先进，如果缺乏市场意识，不能转化为受社会欢迎的商品，仍然产生不了经济效益，你的成绩以及你本人依然不会被社会承认，依然难以对社会做出贡献。可以说，具有市场意识是当今社会对人才的必然要求，是大学生走出象牙塔的明显标志之一，是大学生自身能够迎接挑战，跟上时代潮流的标志之一。

竞争意识作为当代人优秀的个性品质之一，受到用人单位的广泛关注。要适应双向选择的人才市场要求，竞争意识培养不容忽视。人才竞争包括两个方面：一是用人单位对人才的挑选，能者用，能者上；二是人才本身在求职择业过程中，要获得理想的职业，就要凭自己的实力战胜竞争对手。择业素质中的竞争能力既表现在毕业生的素质实力即“硬件”（如毕业生的思想、品格、成长阅历、工作能力、学业成绩、专业水平、身体条件等）上，也表现在择业活动能力即“软件”（如获得信息能力、自荐能力、应答礼仪等）上。这两者是择业成功不可缺少的重要因素。不仅如此，在就业之后，也会面临众多的挑战者。要想胜任工作，取得丰硕成果，就必须敢于竞争，善于竞争，在竞争中调动自己的内在潜力，增强工作和社会活动能力。

二、知识能力素质准备

某高校一位工科大学毕业生在大学学习生活中，除认真学好文化课外，课余时间几乎都花在拆、修电视机，修电路开关等实践性工作上。学校的大型活动，院系的联欢晚会都少不了请他担任音响设备的总控制。他在担任声像协会会长一职之后，把悄无声息的协会搞得红红火火。在毕业联系就业单位时，该同学拿着全国电子设计竞赛二等奖、省电子设计竞赛一等奖、全国数模竞赛二等奖及各类竞赛获奖的证书，叩开深圳华为的大门，并且就职于他十分喜爱而通常由博士生、硕士生占据的技术开发部。该同学在回顾大学生活时总结道："在大学四年的最大收获，就是给自己提供了充分锻炼能力的机会。"

从上述案例可以看出，决定求职择业成功的因素很多，但最重要的应是求职者的知识结构与能力。随着时代和社会的进步，人们对人力资源的开发越来越重视，用人单位在挑选人才时，对应聘者的科学文化水平和知识结构要求越来越高。一个人的科学文化水平的高低，知识结构是否合理，是否具备相应的实践能力，决定其在求职择业时的成功率和相应的职位层次。要想有所作为，大学生应该从早确定择业目标，自觉地把大学学习同今后的就业紧密地联系起来，建立起合理的知识结构，培养科学的思维方式，提高实践能力，以适应职业岗位的要求。

（一）完善知识结构

现代社会职业岗位对求职择业者的知识结构、文化素质的要求越来越高，用人单位为适应现代社会发展的需要，为在市场经济的激烈竞争中，求得生存和发展，就必须要合理配置自身企业的人力资源，因此，就知识结构而言，一方面对知识结构的多样性，要求越来越多；另一方面，对知识结构的实用性的要求也越来越强。

1. 国家机关、事业单位工作人员的知识结构要求

在国家机关担任公务员、党的机构从事党务工作的人员、事业单位机关工作的人员，一般根据不同的职业岗位层次，要求具备不同的知识结构。现阶段，最低职位的文化水平要求是大专以上，随着现代化社会进程加快，对上述人员的文化水平的要求将越来越高。对上述人员还要求有相关的业务知识，主要是与本职岗位有密切关系的业务知识，要掌握有关法律、经济、行政、管理等基础知识；还必须具备适应本职岗位需要的各种能力，即理解能力、判断能力、决断能力、创造能力、开发能力、表现能力、协调能力、涉外能力、指导能力、统率能力、调查研究能力及语言文字表达能力等。

2. 工程技术人员的知识结构要求

我国现阶段对从事工程技术工作人员的知识结构要求，主要有：牢固掌握专业基础知识；掌握现代专业知识；有解决极其复杂技术的能力；能够客观地对问题进行分析和判断；有系统的思维和抽象概括能力；能够选择最有效的方法和最新的设备和材料来解决问题；能够提出改进材料和设备的方法；有全面、周密的计划和组织能力；有具体分析困难和解决困难的能力等。

3. 对社会科学工作者的知识结构要求

作为一个社会科学工作者，应该有一个比较完善的知识结构体系，无论研究什么学科，都应该具有三个层次的知识结构：一是具有本学科的专业知识，包括本学科的概念、体系、理论体系、研究工具、基础资料以及了解本学科的历史演变，研究本学科的现状和它们的发展前景。二是要有相关学科知识，以经济学为例：包括哲学、政治学、法学、历史学、数学和有关的技术科学，这些都是相关学科。在一个学科中，由于研究的问题不同，相关学科也不一样，如经济学中，研究生产力布局的，一定要掌握经济地理知识，而研究货币政策的就不一定要掌握经济地理知识。三是非专业知识不一定要求过多，但是必要的知识应该具备，如语法修辞知识、逻辑学知识等。专业知识是从事科学研究的基础，相关知识是专业知识的必要延伸，非专业知识决定一个人的知识面，专业知识不牢固，似懂非懂搞研究工作是不行的；相关知识不够，会限制专业知识的引申和发挥，非专业知识太少，难以开阔思路，启迪创造性思维。

4. 经营管理人员的知识结构要求

从事经营管理的人员其知识结构应该是：能够深刻领会党和国家的各项方针、政策，并能够适应改革开放的经济形势；具备创新意识和精神；有高度的事业心和责任感；是本行业的生产技术骨干，且有比较宽广的知识面；具有较强的综合能力，果断的指挥能力、较强的控制能力、能及时发现问题，善于捕捉信息、沟通信息；具有良好的决策能力；较强的公关、社交、谈判能力；处理问题灵活机动、能随机应变。

5. 自然科学研究人员的知识结构要求

对于从事自然科学研究员知识结构的要求是：有雄厚的基础理论知识和较深的专业知识；有较强的逻辑思维能力和判断能力；善于发现问题，有较强的科研定向能力和创造能力；有较强的表达能力；有较强的计算机应用能力和科技鉴别能力；有较高的外语水平及掌握国外信息的能力。

6. 对军事人才知识结构的要求

军事工作是流血的政治职业，相对于其他行业来说，军事人才的结构有其特殊性。首先是要有高度的政治素质，随时准备以生命和鲜血捍卫祖国的领土安全，反对侵略保卫和平；其次是有高度的组织纪律，必须做到有令必行，有禁必止，保持高度的集中统一，才能完成各项战斗任务；再其次，由于现代科学技术的高度发展，很多当代的高科技技术都首先运用到军事上，因此军事人才必须要有较高的科学技术知识，才能驾驭高科技技术武装的军事技术装备。

7. 财会人员的知识结构要求

随着我国社会主义市场经济制度的逐渐建立和完善，社会对财会人员基本素质的要求越来越高，一般都要求他们具备熟练的专业知识，又要有较宽的知识面，熟悉与本职工作有关的政策、规章制度、法律，同时还要有一定的经济学、营销学和采购学等方面的知识，要诚实可靠、不得以权谋私、营私舞弊，并有较强的公关社交能力。

8. 文艺人才知识结构的要求

从事文学艺术的工作人员，是指从事文学创作、文艺表演、文艺理论研究等方面的专门人才。对这一类人才的知识结构要求是：要有良好的道德品质，用马列主义的世界观和文艺观，正确地观察社会，反映社会，全心全意为人民大众创作，以优秀的作品鼓舞人民、教育人民、引导人民。同时还必须具备各种专门文艺表演技能，必须掌握广博的社会知识、文艺史，文艺理论等，以及具有较丰富的生活阅历。

9. 涉外工作人员知识结构的要求

涉外工作主要包括对外政治、对外经济、对外科技、对外贸易和对外文化交流与往来。对从事这些工作的人员知识结构的要求是。具有较高的政治素质、热爱祖国、掌握外交政策、自觉地维护祖国的利益和尊严，严格遵守外事纪律、保守国家和企业的机密；要有广博的知识、精通古今中外的政治、经济、文化、风土人情、风俗习惯等；精通对外业务；要有较高的外语水平；熟练掌握从事对外政治、对外经济、对外科技、对外贸易、对外文化交流与往来工作的具体涉外业务；在对外交往中，要有较好的礼仪仪表，注意对外礼仪、社交礼节，自我形象要整洁美观、朴素大方、彬彬有礼、落落大方，等等。

10. 公关工作人员知识结构的要求

在社会主义市场经济环境下，公关工作越来越受到人们的重视，而且从事此项工作的人员也越来越多。对公关工作人员的知识结构要求主要有：要以自己的人格魅力征服公众，在公关活动中，要给人们留下真诚、热情、可信的好感；靠自己高尚的人品去赢得社会公众的了解支持和爱戴。公关人员必须把本单位、本企业的形象放在第一位，要善于学习、善于分析判断、善于把握机遇、为领导提供高质量的决策信息；要有广泛的社交能力。干练的办事能力。善于与各种人员打交道。要能写会说，能写就是有较高的文字写作表达能力；会说，就是要有较好的口才。

大学生应加强认识，不断拓展自己的知识视野，完善知识结构，以适应现代化社会职业岗位的要求。

第一，合理的知识结构是担任现代社会职业岗位的必要条件和人才成长的基础。广博的知识视野，是人才适应社会岗位，应变环境的文化基础。现代社会的职业岗位，所需要的不仅仅是知识结构合理，而且要求适时拓展自己的知识视野，达到终身教育、终身学习的境界。只有这样，才能根据当今社会发展和职业的具体要求，发展自己、完善自己，拓展所学到的知识，有所创造，适应新情况，解决新问题。择业者知识结构的合理与拓展源于在校期间是否打下了宽厚、扎实、系统、严谨的知识基础及专业技能功底。大学教育的根本一点，就是要扩大学生的知识面，把基础知识面尽可能拓宽一点，这样学生才会有“后劲”。随着社会行业、职业结构调整速度的加快，大学生无论是选择职业还是适应工作性质的变动，都离不开宽厚扎实的基础知识的储备。

第二，掌握 技之长，等于获取了竞争特殊专业岗位的入场券。 般情况下，大学生毕业后将要从事专业方面的工作，因此，专业知识是大学生知识结构的核心部分，也是受过高等教育的人才知识结构的特色所在。经验表明，那些具有特殊技能准备的毕业生，往往根据社会对人才评价的资格化倾向要求，不断充实和完善自己，使自己的资质也逐步融于社会化、客观化、公平化、国际化的评价标准之中。如不少毕业生在校期间就开始参加相关资格考试，与国家有关部门陆续在全国范围内开展专业技术、资格考试制度相适应，既作为择业的专业资格凭证，又为今后从事专业工作，评聘技术职务奠定了基础。目前，一技之长的资格证书已经日渐被广大专业技术人员和用人单位所接受。

第三，掌握现代管理和人文社会知识，为适应社会岗位的全方位要求奠定基础。现代化的社会，需要大学生具有一定的社会知识、经济管理知识和人文知识。目前不少大学生普遍存在知识面太窄的问题。因此，大学生应利用专业学习的空余时间，多读一些社会科学、管理科学方面的书籍，拓宽知识面，开阔视野，从而提高竞争力。

第四，适时吸纳、储备大容量的新信息、新知识，为拓展就业空间创造条件。现代

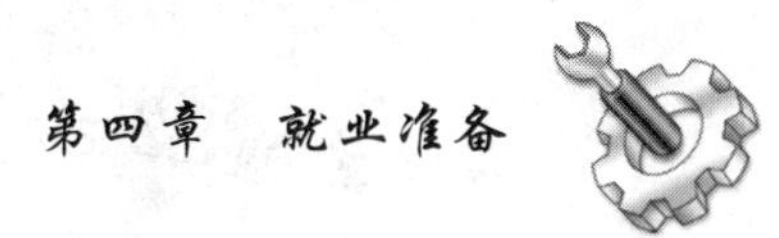

科学技术发展迅猛，如果只掌握本专业现阶段的知识，很难适应社会需要。大学生要利用在校学习的宝贵时间，充实自己，在知识的宽度和深度上下工夫延展，关注科技发展前沿信息，关注最新行业发展动态，涉猎现代科学书籍，使自己具有专业眼光，具有前瞻性和先进性思维方法。这样就能跟踪国际科技发展的步伐，为自己的择业拓展广阔的空间。

（二）锻炼实践能力

知识的积累并不等同于能力的积累。要将知识升华为能力，必须做出巨大的努力。大学生在完成学习任务的前提下，应争取更多地培养一些适应社会需要的实际应用能力。大学生应具备以下一些基本能力：

1. 自我学习能力

自我学习能力是现代人独立自主完整、准确、系统地获取新知识的最基本、最重要的能力，是一种对新知识的接受、转化和应用的能力。在高速发展的当今社会，任何一个人也不可能掌握全部的知识和能力，一个人的学习能力直接决定了他未来的发展潜力。“今天不在工作中努力学习，明天要在学习中努力找工作”，因此持续学习是必要的也是必需的。例如，UT 斯达康、欧莱雅等众多知名企业十分重视应聘者是否具备良好的学习能力和强烈的求知欲。因为刚毕业的新人往往不具备直接进行业务操作的能力，基本上都要经过系统的培训。自我学习能力显得尤为重要。大学生在大学期间要做到主动学习、探索性学习，使学习成为一种习惯和生活方式，不断提升自我学习的能力。同时，在自我学习能力培养的过程中掌握学习的普遍方法，因为掌握了学习的方法，也就等于一生随时随地都可以学习，才能适应当今知识不断更新的要求，才能取得人生和事业的成功。

2. 适应能力

适应能力是根据客观情况的变化，能随机应变地适时调节行为的能力。现代社会是复杂多变的，要保证自己从学校到社会的顺利过渡，应在学校期间就着重提高自己的社会适应能力。学校教育是基础教育，走上具体工作岗位以后，有些知识用不上，有些知识不够用，有的要从头学起，这就需要大学生具有根据工作的需要去调整自己的知识结构、能力结构以及行为方式的能力，在学校就要尽快地培养自己适应社会的应变能力。

3. 实践动手能力

实践动手能力是大学生对所从事的专业的动手能力、操作能力以及解决工作中实际问题的能力。参加社会实践，如助工、助研、助管、助学活动和各种实践环节都是有益的能力训练机会。它不仅是对学生智力和能力的一次检验和训练，也是培养和锻炼自学能力、综合运用能力、实际动手能力、创造性思维能力、独立开展工作能力的系统训练。通过这种训练，可以增加其对未来工作环境、工作性质、工作要求以及自己所学专业应用范围的全面了解，从而发现自己的长处与不足，明确适应未来工作学习努力的方向。大学生在校期间要努力提升实践动手能力，注重学以致用，积极参加“三下乡”等社会实践活动，不断提高自身的实践能力。

4. 解决问题能力

在注重经济效益的市场经济中，每一个用人单位都希望自己所招收的员工能很快胜任工作，并在工作中取得好的成绩。不少大学毕业生，说理论可能会有一整套，一旦需要做具体事情时，却无从下手，解决实际问题的能力较差。这就需要大学生努力培养做事的能力，也就是完成自己岗位的具体工作的能力。大学生应该通过组织或参与各种校园内外的活动，积极主动承担各种事务，在工作中逐步学会独立面对困难、解决问题的能力。这样才能满足用人单位对自己的要求，将来获得良好的发展机遇。

5. 开拓创新能力

创新能力是指用已经积累的知识，通过不断的探索研究，在头脑中独立地创造出新的思维、提出新的见解和做出新的选择的能力。它包括发现问题、提出问题、发现规律的能力，创造性地分析问题和解决问题的能力，发明新技术、创造新产品的能力，提出新思想的能力等。对于大学生个人，创新是赢得成功的一个必要保证，创新能力是每个大学生都应该努力培养的能力。大学生应在学校期间通过积极参与创业计划大赛、课外科技作品竞赛、科研训练计划、科普节、科技文化月等活动，为自身创新能力的培养、提高创造条件、拓展平台，为今后工作当中取得更大成绩、更好发展奠定基础。

6. 与他人协作能力

信息时代的社会分工越来越细，某个工程或者是某个项目通常需要若干人通力协作才能完成。许多用人单位都尊崇“员工就是合伙人”、“单位就是大家庭”的管理理念。他们并不强求每个员工工作能力都非常强，但一定要有团队协作精神和能力，服从团队利益。因为任何单位的发展需要的都是团队的力量，而不是个人英雄主义。如果一个人没有很好的团队合作意识和协作能力，很难被用人单位选择乃至将来有所发展。大学生在学校期间既要注重独立办事能力的培养，也一定要注重培养自己与他人协作的能力。因为只有善于与别人合作，善于整合资源，才能发挥自己的能力，才能把事情做好。

7. 表达能力

表达能力是指以语言或其他方式展示自己思想感情的能力。它是交流思想、交流情感的基本素质，故又称为语言文字沟通能力。人们在日常学习、工作、生活中，要交流思想、讨论问题、互通情况、阐述观点等，不注意表达能力的培养，有再好的见解和办法，表述不确切、不清楚，也会直接影响才能的施展。因此，在工作当中，最有成效的人往往是那些懂得如何表达信息和思想，并得到别人理解与支持的人。表达能力主要包括口头表达能力和书面表达能力。口头表达能力要求语言流畅，具有灵活性和艺术性；书面表达能力要求文句的逻辑性、艺术性和条理性。大学生在大学期间要通过参加主题班会、演讲、辩论比赛、竞选自荐等各种活动，不断加强自己表达能力的锻炼。

8. 沟通能力

并不是会演讲或辩论就是沟通能力强。沟通能力是把事情跟人说清楚的能力，它不仅包括表达能力，也包括听的能力。还有就是能不能对别人产生有效的影响。因此，一般来说，培养自己的沟通能力应从两个方面努力：一是提高理解别人的能力，二是提高表达能力。具体来说，就是要做到以下几点：第一，要仔细想想自己最有可能会在什么场合，与哪些人沟通；第二，需要客观地评价自己是否具有良好的沟通能力；第三，要问问自己，我的沟通方式是否合适，是主动沟通还是被动沟通。大学生在学习期间应该积极寻找机会进行此方面的学习和自我培训，学会主动去了解他人的心理状态，积极调

节自己的沟通方式，以使自己的沟通能力不断提高。

9. 人际交往能力

人际交往能力是指以社会认可的方式，妥善处理人与人之间的关系，并与他人和谐共处、共同发展的能力表现。生活、工作中需要与许多人交往，在交往中难免会产生矛盾。作为大学生，只有具备较强的人际交往能力，善于处理各种人际关系，才能在工作中充分施展自己的才能，为自己事业成功提供重要条件。大学生在大学期间应该提高自己人际交往的能力。一方面，要提高自身修养，学会尊重他人，要换位思考；要学会既能干大事、又能做小事的本领，不能妄自尊大；要学会处理具体问题既坚持原则又不失灵活。另一方面，要积极参加各种社会活动，在工作交往、组织活动中不断锤炼，逐步增强与人交往的能力。

10. 组织管理能力

组织管理能力是指成功地运用管理者的知识和能力影响机构的活动，并达到最佳的工作目标，包括计划能力、组织实践能力、决断能力、指导能力和平衡能力等。大学生毕业后尽管不一定都从事管理工作，但是个人在将来的工作中都会不同程度地需要组织管理才能，这是现代社会对人才提出的新要求。在目前毕业生就业市场上，具有一定组织工作能力的大学生受到用人单位的普遍欢迎。许多单位挑选大学生时对是否担任过学生干部、担负过社会工作较为感兴趣。因为，在现代科学技术已经综合化、社会化、协作趋势日益加强的今天，任何工作都有一个组织协调的问题。组织管理和团队协作水平的高低，已经成为一项工作、一个单位工作好坏的重要因素。大学生将来无论从事何种工作，都离不开一定的组织管理。因此，大学生在校期间应积极参加社会活动，尽量做些社会工作，不断增强自己的组织工作能力，以利于今后的发展。

11. 信息处理能力

现代知识经济社会里，信息作为一种重要的资源和财富越来越受到人们的重视。信息不仅是经济社会发展的动力，也是个人竞争成败的关键。软件的发展、网络的产生、虚拟技术等的广泛应用，使信息的传递非常迅速，而且数量极大。面对大量的信息，大学生不仅要有信息选择能力、信息判断能力，还要有综合信息和分析信息的能力。在利用信息的同时，还必须注意信息的真实性与实效性。在信息时代，信息的价值取决于信息的实效性。大学生在学校期间应做个“有心人”，努力培养自己捕捉信息、观察事物以及分析处理的能力。

12. 承受压力能力

走上社会的压力主要来自工作量的增加、工作节奏的加快和技术革新的加快等。大学生踏入社会，很快会面临诸多的困难和挫折，面临完全不同于学生时代的学业压力。是否具有良好的抗压能力，是许多用人单位看重的能力，也是个人发展能否顺利的重要条件。大学生在校期间，通过主动承担工作、担负责任来培养自己面对困难、面对压力的能力，培养自身面对挫折时乐观坚韧的品格，调整心态，历练心智，不断增强抗压能力，以适应将来社会的要求。

13. 可转移能力

可转移能力是基于行动的一种能力，是指分析、写作、推理、管理等。在高效快捷的信息时代中，任何一个企业和个人都不是一成不变的，他们随着时代的变换会有“潮起潮落”。在这一运动过程中，每个人一生不可能就只从事某一种职业。在企业和行业不断更新交替的今天，我们个人的学习技能和个人特质也必须不断更新。而要想成功地适应这一不断运动的社会，人的能力也必须处于“运动”之中，而这个“运动”的能力就是我们所说的可转移能力。

那么，大学生应该怎样来锻炼培养适应择业需要的实践能力，开发自己的能力呢？一般认为有以下几种方法：

第一，大学生应重视实践能力的培养与锻炼。实践能力的培养要从进入大学校门时做起。参加社会实践，如助工、助研、助管、助学活动和各种实践环节都是有益的能力训练机会。它不仅是对学生智力和能力的一次检验和训练，而且是培养和锻炼自学能力、综合运用能力、实际动手能力、创造思维能力、独立开展工作能力的系统训练。通过这种训练，可以增加其对未来工作环境、工作性质、工作要求及自己所学专业应用范围的全面了解，从而发现自己的长处与不足，明确自己未来工作学习的努力方向，培养和提高自己分析问题和解决问题的能力。

第二，积极参与社会公认的能力训练与实践。参加各种资格考试仅仅是一种能力训练。各种各样的证书及反映自己能力的材料被大学生们形象地称为“护照”。据某省人才交流中心统计，在有记录的求职大学生当中，有40%拥有两门以上专业证书，有36%拥有社会事务兼职证书，有80%拥有优秀学生干部、模范团员和优秀党员证书，没有表明个人能力材料和证书的学生几乎没有。因此，在校大学生的能力训练实践尤为重要。

第三，打破陈规旧习，自我承认，树立信心。传统会束缚人们的思想，现行的“灌输式”的教育，也严重扼杀了人们的求知欲望。如果想提高自己的能力，挖掘更大的潜力，就要破除限制自身发展的陈规旧习，让新的经验和信息输入。假如你完成了一件了不起的工作或者工作做出了相当不错的成绩，但是没有得到你的主管和上级的表扬，这时只要你自己觉得不错，你就肯定它，确认自己的高质量和创造性的感觉。常常有这样一些人，学习和工作成绩都一般，由此而认为自己的智力有问题，因而常常自卑，缺乏自信，其实是自身和潜在能力没有开发出来。牛顿、巴尔扎克、雨果及黑格尔等著名人物，小的时候都被认为是不太聪明的，但他们后来都成为世界名家。他们的潜能是后天才开发出来的，由此可见，要想发挥自己的潜能，每个人都必须自信，要相信自己是有能力的，这样才能通过自身的努力将能力充分地发掘出来。

三、身体心理素质准备

某高校一名学生学习成绩不错，所学专业也是目前社会上急需的，但他在双向选择招聘会上与用人单位洽谈时，由于缺乏自信心和勇气，表现出战战兢兢的样子，连走路都变了形，让用人单位形容成“走路像鸭子一样”。该学生表现出强烈的畏惧心理，使用人单位感觉该学生缺乏竞争意识，自卑心理太重，其结果导致该生被许多用人单位婉言谢绝。

通过这个案例，可以看出，大学生要想在求职竞争中取胜，除了做好思想道德素质、

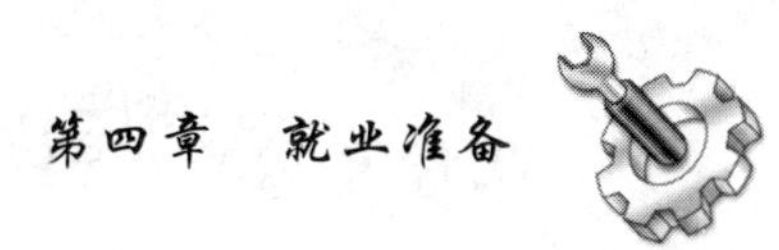

知识能力素质等方面的准备外，还应具有良好的身体心理素质。

（一）增强身体素质

身体素质是人的素质的基础和载体，其重要性人人皆知。然而，由于大学生是一个由青年人组成的精力充沛、生命旺盛的群体，多数人没有经过大的病痛折磨，健康状况不成问题。故身体素质问题往往被忽视，在大学学习期间要注重身体锻炼，要注意养成良好的生活卫生习惯。在就业市场上，学生的身体状况已成为用人单位考察求职者的基本条件。

1. 加强体育锻炼，增强身体素质

人类的身体素质最早是通过劳动得到发展的，但是随着社会的发展和科学的进步，人们认识到劳动对人体素质发展的影响已有一定的局限性，而体育锻炼才能更好地促进人体素质的全面发展。一方面通过以发展身体素质为核心的教育过程，承担着人体完善发展、增强体质的重任，并与德育、智育、美育、劳动教育密切配合，实现共同培养全面发展人才的任务；另一方面则通过健身、健美、医疗、卫生为目标的身体锻炼，以及创造优异的成绩和提高运动技术水平为目标的竞技运动，达到人体自我完善、挖掘人体内在潜力，并充分发挥其在建设物质文明和精神文明中的特殊作用。当今社会，体育的功能不断增加，在其最本质的功能——健身功能上，又增加了许多非本质功能，包括教育、娱乐、政治、经济、军事等功能，对个人及社会的影响也越来越大了。大学生进校以后，必须接受体育教育，自觉参加各项竞技运动和进行身体锻炼，因此在此使用“体育”的广义概念，与锻炼合用，泛指一切体育活动。现阶段我国高校体育的目的是：“以身体练习为基本手段，培养大学生的体育意识，增强学生体质，增强学生的身心健康和体育能力，养成自觉锻炼身体的习惯，促进学生德、智、体全面发展，使之成为有理想、有道德、有文化、守纪律、体魄健全的社会主义现代化事业的建设者和接班人。”大学生通过大学阶段体育的各种组织形式得到了教育，对增强自身身体素质应有充分的认识。

2. 在丰富多彩的校园生活中增强身体素质

积极参加社会实践，磨炼意志品质。在大学四年的时间里，每天除了专门用于上课等时间外，还有可由大学生个人自由支配的闲暇时间。在这些闲暇时间里，同学们可以广泛涉猎与成长目标有关的知识，发展广泛的兴趣爱好，参加社会实践活动，磨炼意志品质，陶冶情操。

培养从事创造性活动的能力与意志品质。创造性活动要求人们自觉确定目标和支配行动，克服困难以实现目标。其中“目的性”是意志的最重要的特征。崇高的目标能够激发人们巨大的攻坚动力，从而做出创造性的成就；“顽强性”则是创造性人才必备的一种可贵的意志品质，古今中外的科学家、政治家都具有百折不挠的精神；“果断性”表现在能够迅速而又深思熟虑地选定目标；“自制性”则表现在能够排除一切干扰，面对任何打击，甚至身处逆境而不动摇。所有这些品质都须后天磨炼。在校大学生可以通过参加各种社会实践活动，增强能力，磨炼意志。

科学用脑，劳逸结合，积极地锻炼和休息，以增强身体素质。常言道：“一张一弛，文武之道”。大学四年充满了欢乐、轻松，也充满了紧张、烦恼。大学生要学会如何调节好身心负担，以适应学习、工作、生活的需要。在积极锻炼身体的同时，更要注意保证充足的休息，以恢复体力，达到增强身体素质的目的。

大学生们正处于长身体、长知识的关键阶段，学习任务重，各人身体基础状况又不大相同，因此要通过体育课程的学习及课外锻炼，自行摸索一套适合自身的体育运动方法与内容，注意劳逸结合，避免出现异常疲劳与不能恢复性机体劳损。男生通过自检心跳、呼吸次数及运动状态表现来考察运动量合适与否；女生可通过自检心跳、呼吸、月经周期及运动状态表现来考察运动量是否合适，将学习、锻炼、休闲、娱乐有机地结合起来，塑造健康体魄，练就过硬的身体素质，为将来的事业、生活打下良好的身体基础，为祖国现代化建设贡献全部的力量！

（二）提高心理素质

良好的心理素质是建立在人的健康体魄之上的特定行为倾向特征。大学生求职不仅需要知识和技能，更需要健康的心理准备。做好就业心理准备不仅可以使大学生在择业期间能够保持良好的心态，而且可以适时调整自己的心理目标和行为，能够有效促进就业。

1. 角色转换准备

对于绝大多数学生来说，大学阶段过的是一种单纯而有保障的生活，学习、生活、交际、娱乐都较有规律。在这样的环境里，容易萌发浪漫的情调和美好的理想，但这样的生活与现实社会自然存在一定的距离。几年大学生活即将结束，在离别母校踏上社会之前，最重要的就业心理准备，就是要转变角色。所谓转变角色，主要是指由一个“天之骄子”的大学生转变为一个现实的社会求职者。抛开浪漫，抛开幻想，认识自己所处的真实地位和“严酷”的社会现实，实事求是地面对就业这样一个现实。要想正确地选择职业，就必须转变角色，不能把学校、家庭、亲友及同学所给予的关心、呵护、尊重当成是社会的最终认可。而要摆正自己的位置，客观、冷静地进入求职状态，认识社会，了解社会，以自身的实力，积极主动地去应对社会需要。在选择社会职业的同时，也接受社会的选择，正确地迈出人生这关键的一步。

2. 认识自我

(1) 气质、性格。个性特征包括气质、性格、智能。由于个性特征左右着个体的行为表现，因此个性特征的职业适应倾向也是十分明显的。就业前如何选择职业，要根据自身的个性特征来决定。气质和性格往往对人选择职业和事业成功有很大影响。是何种气质、性格的人，在知觉速度或思维的灵活程度上是快还是慢，在意志努力或情感发生上是强还是弱，心理活动是倾向于外部还是倾向于内部，是认真负责还是轻浮粗心，是活泼热情还是好静羞涩，是机智敏捷还是呆板迟钝，是沉着冷静还是冒失鲁莽，是勇敢爽朗还是怯懦沉默，是镇定自信还是疑虑自卑，是温柔细致还是暴躁粗心，是刚毅实干还是办事拖拉，是喜欢安静还是喜欢热闹，等等，都有很大不同。如黏液型气质者较为适合流水线的工作，而抑郁型气质者不适合做推销员。性格和智能也与择业密切有关，它们往往是在某一职业中能否适应及有所成就的因素。个性特征的自我了解可通过科学的心理测试等方式。全面了解自己的心理特点是选择职业的重要前提。

（2）兴趣、爱好。兴趣是爱好的推动者，爱好是兴趣的实行者。人们对职业的选择往往从自己的兴趣爱好出发，这就更需要认真分析自己的兴趣爱好。例如，在工作、学习之余，是爱好读书还是闲逛、聊天？是爱好钓鱼还是跑步、打球？是爱好摄影还是绘画、书法？是爱好舞蹈还是音乐？是爱好种花种草还是饲养小动物？是爱好打扮还是美容？通过对自己的认识来了解自己的兴趣和生活习惯，以此来进一步定位职业兴趣。这是在求职择业前必须考虑的因素。

（3）能力、特长。能力、特长应包括教育和培训的程度，因为教育和培训可以转化为能力、特长。能力是求职择业以及事业成功的重要保证。能力包容的内容很多，主要有两个方面：一是思维能力；二是工作能力。思维能力主要包括思维的独立性、抽象性、敏锐性、广阔性、批判性、创造性、灵活性等诸方面；工作能力主要包括言语表达（包括外语）的能力，写作的能力，计算的能力，学习的能力，劳动的能力，专业的能力，发明创造的能力，等等。如果是重新谋求职业者还应分析自己的社会实践经验、工作成绩和能力不足，以便在求职时扬长避短。

（4）生理特征。在求职择业时必须正确认识到自己性别、年龄、身体健康、胖瘦、高矮，甚至面貌等生理方面的因素。例如，体质较差，难符合繁重体力、强压力的工作要求；有些行业也会对其容貌有限制，如教师、服务行业；有些工作，个人生理特征不能胜任的，这在求职择业前必须明确认识到。

【案例】

毕业生小李是独生女，聪明漂亮，是家里的掌上明珠。从小受宠的她养成了依赖心理，什么事情都听当官的妈妈的，自己缺乏主见。就是上了大学，虽然学习刻苦努力，成绩优秀，但依赖心理仍然没变。她的口头禅就是"我妈妈说"、"我妈妈要我这样的"。她经常打电话给妈妈，要妈妈来给她洗衣、晒被，妈妈也每求必应。大学四年下来，大家都习惯了，她自己更没觉得有什么不妥。

要找工作了。一天夜里，同学们纷纷谈论自己的想法。有的同学想去银行，有的想去外企，有的想考研，还有的想出国留学。唯独小李没有发表意见。于是同宿舍的小张问她："小李，你想找什么样的工作？"小李一时答不出来。是呀，她可从来没有考虑过这么重大的问题。小张开玩笑道："你还是明天问问你妈妈吧。"大伙一阵哄笑。小李也不好意思地跟着笑了。对，明天问问妈妈，看自己适合干什么，找什么样的工作。

第二天一大早，小李就给妈妈打电话。妈妈要她找银行证券公司，对女孩子比较适合，收入也不错。因此，小李忙做有关准备：做简历、写求职信、查信息，全部是针对银行证券公司的，至于其他单位，她一概不闻不问，哪怕是与她所学专业对口需要工业会计的单位。好不容易有一家银行来学校招聘。小李参加面试。一位经理问她："你为什么要到我们单位工作？"小李回答说："我妈妈希望我到银行工作。我妈妈说……"经理一听，差点忍不住笑出声来。当场就决定拒绝她。后来，小李又参加一次面试，遭受同样的命运。她真不知道自己为什么被别人拒绝。

两个月下来，小李一无所获。时间不觉到了3月，离签协议的时间不到两个月了。小李连忙又给妈妈打电话。妈妈一面安慰她不要着急，一面给她分析。要她找一个外企，因为外企工资高，可以学到很多管理经验，以后再到国企也有发展的基础。于是小李又开始全身心地投入外企的应聘准备。无奈，时间太晚，外企早已结束了招聘工作。几次碰壁，失望而归。转眼到了5月初，眼看着同学们大都签了协议，而像她那样还没有着落的所剩无几。这下她真正着急了，心急火燎地向妈妈打电话求助。妈妈没法，只好亲自来到省城找自己的老领导帮忙。幸好小李成绩还算比较优秀，终于被一家国有企业接收了。

小李就业的不顺利，原因不是她学习成绩如何，而是她自己从来没有考虑过这个问题，她不知道自己适合做什么工作，想找一个什么样的单位。因为她已经习惯于一切依赖妈妈，听从妈妈，妈妈说什么单位好，她就找什么单位。这样，她自己没有明确的就业目标，完全听命于人，依靠等待，当然就找不到工作了。要不是妈妈亲自出马，小李恐怕就要待业了。

【点评】

小李的情况有一定的代表性，像她这样的大学生绝非个别。他们在找工作的时候，缺乏自己的主见，没有自己明确的就业定位。往往是听人家说哪个单位好，自己就往哪个单位投简历，完全是无的放矢。究其原因，一是存在严重的依赖心理。他们多是独生子女，从小一贯受宠，自理能力很差。二是缺乏自我认识，在就业问题上，他们没有对自己的兴趣爱好、工作意向、今后的发展方向、自己适合做什么或能做什么等等，进行认真思考，因此，在找工作时就没有明确的目标。三是容易受到别人的干扰，自己不能坚持自己的观点，人云亦云。此外，复杂多变的社会因素，也影响大学生确定自己的就业目标，选准自己的就业定位。

当今的时代，是开放竞争的时代。要求每一个人都具有强烈的主体意识、自立意识，要敢于并善于独立思考、自主选择、确定目标、开拓进取。任何唯命是从、缺乏主见的依赖心理、等待心理，都是与时代发展要求格格不入的。每一个中国青年都要勇敢地承担起自己肩负的责任，为此，大学生首先必须做到能对自己负责。

第三节　就业信息的收集和处理

就业信息是指所有能够为择业者提供就业岗位或就业机会的信息，主要包括国家经济发展趋势、人才市场供需形势分析、毕业生供需信息发布及调查等方面。例如就业政策、就业机构、劳动力供求状况、国家发展规划、劳动用工制度、人事制度等。

就业信息不仅是大学生职业选择的前提，而且贯穿于职业决策的全过程。在这个过程中，无论职业目标的确定、求职计划的设计，还是决策方案的选择，就业信息的搜集和处理都是不可缺少的基础。信息的可靠性、准确性、及时性、全面性、决定着择业决策中人的思维的深度和广度，决定着决策的科学性以及大学生对决策的满意度。可以说，择业决策的过程实质上是一个与择业有关的信息搜集、处理、转换的过程，就业信息关系着择业的成败。谁及时掌握大量可靠的就业信息，谁就能目光敏锐、行动果断，获得求职的主动权。如果信息缺乏或者错误，就会行动迟缓乃至错失良机。就业信息在大学生求职过程中有着举足轻重的作用，它贯穿于职业决策的始末。

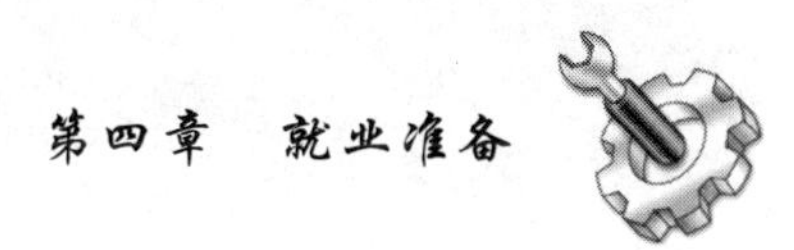

一、就业信息的内容及作用

就业信息作为信息的一种形式，有它固有的特性。毕业生在收集就业信息过程中，要注意把握就业信息的特性，掌握适度原则，保证自己收集的信息广而不散，深而有度，确保顺利就业。

（一）就业信息的特性

1. 真实性

就业信息的真实性是指就业信息的发布者、来源渠道和信息的内容是真实的、合法的和可信的。就业信息只有保证其真实性，才能够使用。由于信息的来源渠道很多，传递方式不同，往往影响信息的真实程度。在当前毕业生就业市场尚不十分规范的情况下，虚假的就业信息或不准确的就业信息往往会使一些毕业生受到误导，求职未成，白白消耗大量的时间和精力，贻误求职择业的最佳时机。因此，毕业生要努力做到既不道听途说，又不闭目塞听，面对扑面而来的就业信息，一定要冷静分析，认真比较，明辨真伪，增强判断求职信息真实性的能力。

2. 有效性

就业信息的有效性强调的是就业信息本身对于求职者必须具有指导意义，必须是可用的。就业信息应该真实、全面、准确地反映用人单位的招聘意图，不能含糊其辞、避重就轻，否则容易使求职者产生错觉，造成误导。大到国家或地方制定的各种就业政策，小到用人单位根据自身用人计划所发布的用人信息，都要体现其有效性。就业信息的有效性要求毕业生善于从众多的就业信息中发现那些对自己有用的信息，因为用人单位发布的信息要适应众多的求职者，而对于毕业生本身，每个人的条件和要求都不尽相同，因此要按照自己的择业意向和职业理想，从纷杂的信息中认真筛选，仔细分析，对于一些不是十分清楚的信息要及时与用人单位取得联系或请教别人，搞清用人单位的准确信息，以免与所求职业相差太远，甚至上当受骗。

3. 时效性

时效性是信息本身很重要的特性之一。许多信息都有时间要求，在规定的时间内是有效的，过了一定时间，就失去了它的意义和作用；而就业信息的时效性更强，即便是在信息公布的有效期内，如果用人单位完成了自己的招聘计划，这一单位公布的就业信息自然就失效了。因此，毕业生在收集、整理、使用就业信息时一定要注意信息的有效时间，在得到自己认为有价值的信息后，尽可能在第一时间对信息做出应有的反应，避免使重要的信息在自己的手上成为“昨夜星辰”。

4. 全面性

就业信息既要向求职者传达用人单位对所需专业、所求人才的要求，也要向求职者展示自身的业务状况、发展前景和所能提供的薪资水平等情况。只有这样才能使毕业生有可能获取到自己所需的尽可能多的有用信息，也只有这样的信息才是有指导意义的。作为毕业生，在获取就业信息时，一定要注意保证自己关注的行业乃至地区经济形势等大的背景信息的全面、翔实，微观上要保证自己心仪的企业或单位本身的各种信息尽可能完整、全面深入。

（二）就业信息的内容

就业信息的内容通常应包括以下几个方面：

1. 就业政策

十几年来，为了促进大学毕业生充分就业，国家和各级政府、各部门以及高等学校都制定了相应的政策，它是毕业生求职择业的前提和基础，因此，一定要仔细学习，领会这些信息的精髓，为择业提供政策依据。在国际国内人才竞争日益激烈的背景下，为了筑巢引凤、吸引人才、构建人才高地，各地区、各行业都在不断制定并修改自己的人才政策，营造有利于大学毕业生就业的政策环境。

2. 就业形势

就业形势是一个比较宏观的概念，一般包括以下几个方面：①国内外经济发展总体状况及趋势；②本届毕业生就业市场总体形势、供需比例与结构；③所选城市或地区的经济状况、对人才的吸纳水平和人才市场的供求行情；④所选行业及领域的经济发展状况等。就业状况在任何时候任何地方都与经济和社会发展水平密切相关，一个国家每年毕业生就业情况在很大程度上直接反映了当时国家经济和社会发展的水平、速度与潜力。经济和社会发展势头强劲则毕业生就业形势良好；反之，经济和社会发展滞缓则毕业生就业困难。产业结构的调整、地区经济的发展和就业市场阶段性供需结构的形成等也能比较清晰地反映在毕业生就业市场的冷热变化上，还出现了所谓“冷门行业”、“热门行业”以及“冷门地区”、“热门地区”等现象。例如国家实施振兴东北老工业基地战略，对东北地区经济的发展起到明显的拉动作用，现代制造装备业使得东北地区“重振雄风”。但这些都是相对的和动态的，毕业生就业不应该仅仅盯着“热门”，而应当以市场需要和自己的专业特长为重，有志之士更应当看到偏“冷”的行业和地区不仅相对容易进入，而且往往能获得更高的起点和更广阔的发展空间。

3. 就业需求

所谓就业需求主要是指整个社会为各专业毕业生提供的就业岗位及其数量。毕业生应了解本校、本专业毕业生在社会上的需求状况以及需求状况的变化情况，并依据其受欢迎程度及时调整择业期望值，做到有的放矢。而了解用人单位的需求信息，对于毕业生选择什么样的单位、能否成功就业有着最直接的影响。一般来讲，毕业生应该分宏观和微观两个层次对社会需求进行充分了解和认真分析。宏观上要了解社会总体需求，其中关键的是毕业生所倾向的行业和地区的社会需求情况，主要包括：①行业状况和未来发展前景；②此行业在本地区经济活动中的地位；③地区经济和社会发展状况及发展前景；④本地区对人才的需求和重视程度；⑤本地区、本行业人力资源现状等。微观上要了解用人单位的岗位招聘信息，主要包括：①需求人才的数量和具体要求；②单位的性质及在行业、地区中的地位以及发展前景；③用人单位的发展历史以及目前的硬件设施、发展规模、经济效益、职工收入状况及其他福利待遇；④用人单位人事管理制度、人才使用情况，例如工作几年方能考研、劳动合同签订年限等；⑤用人单位的管理体制、岗位设置，职工培训机会，个人发展前景等情况；⑥用人单位的地理环境、文化生活、办公条件等；⑦用人单位的联系方式，如通信地址、联系电话、邮政编码、联系人、传真、电子邮件等。

4. 其他信息

如新兴行业的有关信息，有关报考国家公务员、报考研究生的信息，团中央、教育部、财政部、人事部发起的"大学生志愿服务西部计划"，等等。

（三）就业信息的作用

信息的价值在于会用则有、不会用则无，因此，要学会综合分析，深入思考，善于发现并利用信息的价值。在社会主义市场经济条件下，信息是一种重要资源。当今社会是信息社会，一个人拥有的信息量的多少，往往成为决定事业成功与否的关键。

1. 就业信息是职业选择的基本前提

随着毕业生就业工作的进一步市场化，用人单位择人与毕业生择业的自主权已得到进一步的强化，通过政府职能部门配置人才智力资源已经成为人们在教科书上加以点评的历史。当然对用人单位和毕业生来说，在其各自自主权得以加强的同时，也要萌生等量的危机感。对毕业生而言，如果不占有准确可靠的需求信息，他们就无法稳妥把握自主择业的主动权，实现职业理想就会变成一句空话。

2. 就业信息是择业决策的重要依据

要想使自己的择业决策具有更多的科学性，毕业生必须要及时了解并掌握国家大的就业方针、各地方及行业的就业政策、自己所属院校的就业细则，有关的就业机构、具体职责等，当然，更为主要的还有用人单位的需求信息。在这些信息的占有量上如果存在缺陷，毕业生取舍决策的科学性、准确性就要大打折扣。

3. 就业信息是顺利就业的可靠保证

如果说你依据所占有的就业信息的量经过筛选比较、科学决策，使自己最后瞄准了一个或几个相对确定的目标，那么最终所要面临的就是求职面试了，现在几乎是所有的单位对即将接纳大学毕业生都有面试的要求。对毕业生而言，要想顺利通过面试关，就必须对用人单位的情况有一定深度的了解，这就是对就业信息深度的要求。如果在单位面试过程中只能抽象地表明一个求职的意愿，而对企业的经营方式、产品结构、市场行情及以往的历史和今后发展一无所知，那么关于你面试的结果就根本用不着主考官正面告诉你了。当然如果情况不是这样，那你就有理由多抱几分成功的信心和希望。由于涉及就业成败的因素是多方面的，把握就业信息的深度，并不必然地决定你能被录取，如果是其他方面的原因被淘汰，那你就必须及时地做出别种选择，当然新的选择依然需要就业信息。

分析总结历年来的毕业生就业情况，凡是求职择业比较顺利、对就业单位感到满意的毕业生，大都拥有一定数量的有效就业信息。反之，就业态度不积极、不注意掌握必要就业信息的毕业生，在求职择业过程中确实是"难于上青天"，而且对就业单位不满意的也较多。例如某校一位2002届毕业生，由于在10～12月份就业的黄金时期忙于考研，忽视了对就业信息的获取与处理，再加上错过了就业的最佳时机，匆忙中选择了某铝业公司，到单位报到后马上感觉不满意，毕业不到 1 个月就准备改派。类似这样的例子很多，广大毕业生在就业过程中，一定要高度重视就业信息的作用。

二、就业信息的获取渠道

就业信息的形式，内容及其传播的途径多种多样，纷繁复杂，想要科学有效地获取所需要的信息绝非易事。就业信息具有其固有的特性，毕业生在获取就业信息时一定要把握就业信息的特性，掌握获取就业信息的方法，从各个方面采集就业信息，全面了解就业信息的内容，合理使用有价值的就业信息，使其在毕业生择业过程中发挥最大的效能。

（一）就业信息的采集要求

在就业信息采集的过程中，不仅要注意量的积累，而且要注意质的提高。这里强调几点，希望在采集信息时引起注意。

1. 利用就业信息的动态性

采集信息在时间上要注意其动态性，宜早不宜迟。谁获得信息越早，谁就越主动。而且就业信息的时效性特别强，在一个好的信息面前，如果优柔寡断，犹豫不决，就可能被别人抢先一步。

2. 认识就业信息的广泛性

采集信息在内容上要注意广泛性，在空间上要注意全面性。要广取博收，通过各种渠道广泛全面地搜集信息，不能只注意自己最想去的地区和最向往的单位的信息，而对其他地区和单位的信息弃置不顾。凡是可供就业选择的信息都要注意搜集，然后加以分类整理，只有这样，才能为职业选择提供更广泛的范围。

3. 把握就业信息的准确性

在信息质量上要力求准确无误。准确无误的信息才有价值，搜集信息时，不仅要对用人单位的地址、环境、生活待遇、发展前景、联系电话、邮政编码、联系人等准确掌握，同时对用人单位及应聘岗位的工作概况也要有所了解，以避免求职的盲目性。

（二）就业信息的采集方法

1. “行业优先”采集

这种采集信息的方法强调了行业特性。毕业生获取的信息主要以自己所学专业及其对应的，所倾向选择的某个行业为主，围绕选定的行业获取相关的企业信息、行业现状及发展前景等。

2. “地域优先”采集

这种采集信息的方法体现了地域特性。毕业生获取的信息以自己所倾向就业的地域为主。在以地域为主要参考进行信息的搜集时，毕业生可以从以下几个层面考虑：第一个层面，可以将地域粗略划分为诸如东部、西部、沿海、内地等不同的区域；第二个层面，可以将地域划分得更细一些，比如说可以按照东北、西北、华北、华中、华南等地

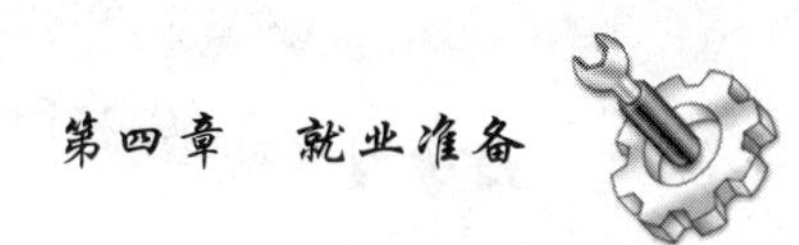

理区域进行划分，也可划分成江浙地区、珠江三角洲等；第三个层面，可以把择业的目标区域具体到省份或中心城市，比如有些毕业生在择业时就把自己定位在“入沪”“进京”等非常具体的中心城市。

3. “志趣优先”采集

这种采集信息的方法凸显了毕业生的能力特长和兴趣爱好等主观意志，在采集就业信息时充分考虑自己的志趣，而不以行业或地域为重，这种采集就业信息的方法体现了当代年轻人张扬个性、关注自我感受的特点。比如，有的毕业生希望自己将来从事管理工作，有的毕业生希望自己将来创业经商，那么他们在获取就业信息时就会更加关注企业管理和市场营销等方面。

4. “一网打尽”采集

这种采集信息的方法充分保证了所获信息的全面性。采用这种方法采集信息时，可以将各种信息尽可能多地搜集起来，先不考虑行业、地域和个人的志趣，然后按照一定的标准进行筛选。

上面介绍的这四种采集就业信息的方法各有利弊。采用前三种方法采集信息时，针对性比较强，有可能利用有限的时间和精力采集到对自己有用的信息，但是存在着信息面窄的不足，难免有失偏颇。而采用第四种方法采集的信息广泛，但由于涉及面太广，分拣和甄别有用信息会很浪费时间和精力。但若能将这四种方法有机地结合起来，互为补充，效果会更好，毕业生可根据自己的实际情况加以选用。

（三）就业信息的采集渠道

采集就业信息应力求做到“早”、“广”、“实”、“准”。所谓“早”，就是采集信息要及时，要早做准备，不能事到临头再去抱佛脚。所谓“广”，就是信息面不能太窄，要广泛收集各个方面、不同层次的就业信息。有的同学只注意根据自己预先设定的目标获取有关地区、行业和单位的就业信息，使自己放弃或忽视了有关“后备”信息，在求职遇挫时感到无所适从，造成被动，这种情况是应予避免的。“实”，就是获取的信息要具体，用人单位的地址、环境、人员构成、生活待遇、发展前景、对新进人员的基本要求、联系电话等各方面信息尽量掌握得多。一方面，用人单位需要的是什么层次、什么专业的人才在生源、性别、相貌、外语水平等方面有什么特殊要求，都要搞准；另一方面，用人信息也和商品信息一样，具有很强的时效性，你所了解的信息是不是过期的信息，对方是否已经物色到合适人选，这些情况都要搞清楚，绝不能似是而非。

随着大学生就业模式的改变、就业市场的形成与完善以及就业中介机构、计算机网络的闪亮登场，传统的和新兴的就业信息源不断涌现。采集就业信息主要有以下几种渠道：

1. 学校毕业生就业指导部门

高校的就业指导中心或毕业生就业指导办公室，是各高校专门设置的、专职从事毕业生就业工作的机构。基于历年的工作实践，学校毕业生就业指导部门同国家和地方各主管部门以及社会各界保持着广泛而密切的联系，获得信息的针对性、准确性、可靠性均较强，并有一定的指导性，是毕业生获取就业信息的主要渠道。

它们提供的信息，就政策方面而言，无论是全国性的、地方性的还是行业的，一般都是来自政府部门；就岗位信息而言，主要是由用人单位根据高校专业设置，向上级人事部门申报的用人计划，学校通过发函、广告、毕业生推荐等方式公布的需求信息，还有一些是国家下达的指令性计划就业指标。其准确性、权威性、可信度非一般就业渠道可比，而且通过这个渠道采集的信息，及时、专业对口性强、成功率高，是毕业生最主要的信息源。

目前各高校毕业生就业工作的职能部门大都转变观念，以市场为导向，以服务为宗旨，在制定文件、公布信息、提供咨询、就业指导以及为用人单位举办各种就业市场方面都做了大量的工作，也取得显著的成效。一般而言，各个学校的毕业生就业指导部门都有相对固定的就业信息发布渠道，毕业生可以按照学校的指导，经常或定期浏览学校毕业生就业信息网、就业信息发布栏、就业信息简报等，即可获得一定的就业信息。

2. 其他社会就业服务机构

为了适应毕业生就业制度改革的需要，全国县以上各级政府一般都设立了毕业生就业指导机构，有的是教育部门主管，有的是人事部门主管，还有的是人事部门分管非师范院校毕业生、教育部门分管师范院校毕业生。这些主管部门是从总体上规划学生就业去向，进行全国性和区域性的信息交流和人才配置的政府机构，它们既是就业政策的制定者，又是就业政策的执行者，具有很大的权威性，同时它们也为毕业生提供各种服务，尤其是政策咨询服务。它们的主要职责就是制定所辖区的毕业生就业政策，向毕业生发布本地区企业招聘信息，为毕业生就业提供各种咨询与服务。他们每年都要通过各种形式为毕业生提供各种真实、可靠的就业信息。

3. 各地人才市场及就业洽谈会

各级地方政府除了设立专门的毕业生就业指导机构外，还专门设立了人才市场，定期组织人才交流会，毕业生可以通过人才市场随时掌握第一手的用人信息。同时，学校以及各地有关部门还在毕业生就业的高峰期举办各种类型、各种层次的毕业生就业双向选择洽谈会，由于这些洽谈会是专门针对大学毕业生组织的，因此相对常设人才市场定期组织的人才交流会来讲，针对性更强，毕业生和用人单位都有较强的目的性，获得成功的可能性比较大。

一般来说毕业生就业市场的信息还是比较准确的，它拥有的信息量大，专业对口性也较强，同时毕业生在就业市场还可以与用人单位直接洽谈，相互了解。现在已有不少毕业生是通过这种渠道确定工作单位的。

4. 互联网

随着人才市场的工作方式从传统的组织摊位向组织岗位信息和个人资质信息发展，并通过电脑网络提供服务，人才交流正从有形市场向无形市场延伸，从现实社会向虚拟社会扩展。网上求职的特点是信息流量大，更新快，用人单位和求职的交流便捷迅速。

通过互联网获取就业信息是毕业生在信息时代收集信息的一种高效、便利的途径，目前，基于互联网的毕业生就业服务和人才招聘市场从起步阶段逐步走向成熟，国家毕业生就业主管部门、省（区、市）毕业生就业指导服务机构和高校就业指导服务部门已经建立了三级就业信息网，并正在实现互通互联，为毕业生提供有效的就业信息。互联网具有传输信息速度快、传输量大、查询便捷、可以突破地域限制等诸多优势，毕业生在择业过程中可以充分利用网络的优势为自己服务，特别是那些人才服务网站和目标单位的网站，更应该成为毕业生择业过程中获取就业信息的首选。而且互联网强大的链接和搜索功能，可以非常方便地实现横向、纵向查询，如果有效地利用好网络资源，就能真正将就业信息“一网打尽”。

5. 新闻媒体

随着电视的普及、电信业的快速发展，新闻传播媒体也逐渐成为大学生获得就业信息的一个重要渠道。报刊、广播、电视媒体等以其信誉度高、易于大众接受等特点，成为各类企事业单位或组织介绍企业现状、发展前景和人才需求的重要工具，毕业生可以通过新闻媒体获取大量的就业信息，新闻媒体已成为巨大的信息源。另外，新闻媒体发布的一些工程、项目信息也隐含着大量职业供给信息。

6. 社会实践和毕业实习

毕业生在求职择业过程中一个很大的障碍是供求双方缺乏了解，而毕业生在校期间所从事的社会实践和毕业实习等活动，是毕业生了解用人单位，并让用人单位了解自己的很好途径。大学生寒暑期的社会实践活动单位、毕业实习单位等一般都是专业对口单位，在过去交往的过程中，个人和单位相互之间已经取得一定的了解，如果说实习单位有意招人，很可能你就是其要考虑的第一个对象。通过实习落实就业单位的毕业生每年都有不少。毕业生在参加社会实践和毕业实习时，应该力求做到与选择就业单位和确立就业意向相挂钩，注意了解你所去的行业各方面的情况，并且在社会实践和毕业实习过程中有突出的表现。如果你各方面表现非常突出，社会实践和毕业实习极有可能成为你择业成功的难得机遇。

7. 各种社会关系

个人的接触面总是有限的，拓宽社交范围会得到许多有价值的信息。亲朋好友及家人通称为“人脉”，是最直接的社交范围。在 1999 年做过的一项调查中发现，大学生希望依靠这种渠道获得职业的占 28% 左右。事实上，每年确实有不少毕业生也是如此落实就业单位的。表面上看，利用人际关系似乎不太光彩，其实，只要用人单位树立“唯才录用”的观念，毕业生采取凭实力而不凭吃请送礼的态度，通过“人脉”求职未必不是一种好渠道。

利用这种渠道通常首先列出认识的人的全部名单。朋友、邻居、老师、同学、亲戚、父母的朋友、亲戚的朋友等。先不要作任何筛选，也不要以“利用价值”高低来排出先后顺序，只是列表。因为这并不表示一定要和全部的人联络，但是如果在第一步骤没能列出全部名单，便可能因过早下决定而丧失了大好机会。其次，把上述名单中目前正在工作的人挑出来另外列一个表，因为这些人通常比那些不工作的人有更多更广的人际关系。然后设法和大家联络，使他们知道你正在找工作并告诉他们你打算做什么。可以给他们一份你的履历表，使对方觉得这是一件认真的事，应尽力协助你。在和他们交谈时，不要直接提出要他们替你找工作。应以讨教的方式询问事业方向、当地就业机会、就业市场中某些特定区域的情形、有关某些公司的概况以及你的履历表如何撰写等，避免提出超乎人家能力范围的要求。最后要经常和他们保持联系，及时了解和处理信息。这种方法虽然盲目性大，但有时候会“踏破铁鞋无觅处，得来全不费工夫”。

要特别注意利用师长和校友这一“门路”。尤其是本专业的老师，他们比一般人更了解本专业毕业生适合就业的方向和范围，在与外单位的科研协作或兼职教学中，对一些对口单位的人才需求信息了解得比较详细。而校友则大多在对口单位工作，通过他们提供的信息往往也比较具体、准确、成功率较高。

8. 其他渠道

除了上述集中获得就业信息的途径外，还有很多其他可以利用的途径，比如说通过中介机构获取就业信息的方式，通过在媒体发布自己的求职信息从而达到反向获取就业信息的方式，直接到用人单位走访获得信息的方式等，也都是非常有效、值得考虑的。就业中介服务机构大致分为下列几种：

（1）中高级专业人才的中介机构。例如，人才介绍公司、厂长经理咨询公司、猎头公司等。在国外大多是私营的营利性机构，在注册时分成两类：EPF（用人单位付费）和APF（申请人付费）。国内则有公办的，也有私营的。国际知名猎头公司的入驻和国内猎头公司的成立细化了岗位的设置，优化了高级人才的选拔。不管性质如何，事先要问清楚付费情况。这些公司的服务对象包括中、高级管理，技术人员，也包括有一定技能和工作经验的一般专业人员，以及应届大中专毕业生，要根据自己的具体情况和机构的性质审慎做出选择，一旦做出选择就要坚持听从他们的忠告。同时要将自己的学历、经验、业绩和要求如实地说清楚以便取得他们有针对性的帮助。你可主动与他们联系，进入其档案或电脑网络。你若在事业上有一定的地位和知名度，可能会收到猎头公司的来信，以打探你的意向。你虽不一定马上安排“跳槽”，但仍可保持与之联系，这一般是不收费的。

（2）再就业服务中心或机构。包括各区县的职业介绍所，以及社会各界、工、青、妇组织，慈善基金会等团体，纺织、仪器等行业也相继成立职介机构所开办的类似服务项目。这类机构大多象征性地收费甚至不收费提供中介服务。为了提高求职者的素质以适应市场需要，有的还开办免费培训班，为求职者“充电”。他们信息来源广，服务态度好，积极为求职者排忧解难。即使你是企业下岗职工、待业人员、初级技术人员或工人，他们也会一视同仁地热情接待。要注意与他们初次接触时对自己的定位应恰如其分，对工作和工资要求不能过高，要根据自己的专长、年龄条件挑选岗位。一旦在他们帮助下找到工作，先做起来再说，在取得工作经验和技能后，再另谋高就，谋求进展。

（3）涉外劳务输出公司、对外劳动服务公司。这些机构专门为境外企业介绍国内的专业技术人员或技术工人，为境内的三资企业或办事机构物色管理人员、保安、翻译、家政等人员。这些机构收费比较昂贵，因此要仔细审查其资信背景，如果确保能够成功，则收益将大大高于支出。另外，涉外业务对外语也有一定的要求，你至少要能够正确填写各类登记表格。如果有机会到外面的世界去闯一闯，不妨一试。

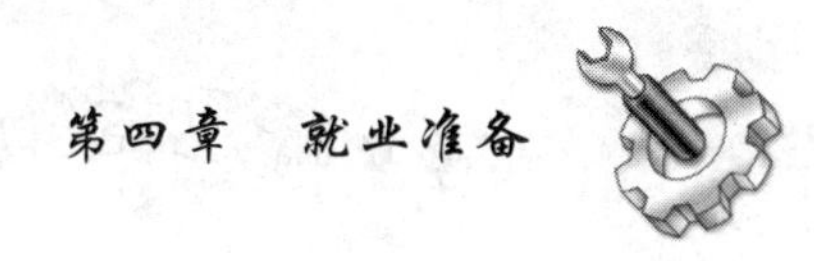

三、就业信息的筛选及使用

（一）就业信息的筛选

就业信息的采集是职业选择的基本前提和重要依据，而准确有效地筛选与使用就业信息，则是职业选择的可靠保证。

1. 就业信息分类

采集的就业信息一般包括三方面的内容：

（1）有关整个社会职业状况方面的信息。社会职业状况包括产业结构、行业结构、职业结构以及社会就业制度、就业政策等方面的基本资料，比如产业的种类，吸纳劳动力的能力，行业与职业的结构、分类和发展前景等。此类就业信息的采集渠道一般有图书馆、政府机构、劳动服务部门、网络上的有关主页、新闻媒体的有关报道等。

（2）有关特定职业的信息。这些就业信息包括特定职业的性质、任务、操作程序、资格要求、工作环境以及职业的待遇、晋升机会、就业机会信息等，就是人们通常最关心的职业信息。这些信息一般可以通过各级主管大学生就业工作的政府部门和高校、毕业生就业市场、劳动服务部门的职业手册、用人单位、新闻媒体的招聘信息、网络、参观、实习、熟人介绍等渠道获得。

（3）有关职业资格培训方面的信息。教育和培训旨在为社会输送合格的劳动者，个人为获得与特定职业相适应的职业资格，需要接受相应的教育与培训。这方面的信息主要包括提供职业教育与培训的机构、专业及课程设置、培养目标、费用、时间，以及毕业生去向与发展前景等。此类就业信息的采集渠道一般有学校、劳动服务部门、新闻媒体的广告等。

2. 筛选就业信息依据的原则和方法

由于信息的来源和获得的渠道不同，内容必然虚实兼有，甚至互有矛盾，因此，对搜集到的信息进行去粗取精、去伪存真的整理、筛选，就成为使用信息的前提。对于收集到的就业信息，应根据个人的状况，有针对性地进行排列、整理和分析，以保证就业信息的准确性、科学性和有效性。一般情况下，筛选就业信息应依据以下原则和方法：

（1）科学取舍。对所获得的一切就业信息进行分析鉴别，科学取舍。这包括对信息鉴别真伪、去粗取精，剔除过时无用的信息，保留与自己的兴趣或专长有关的部分，把与兴趣或专长无关或关系不大的信息排到一边。

（2）分清主次。在对就业信息进行取舍的同时，还要把信息按与自己相关的程度进行排序，重点信息选出、标明，并注意保存；一般信息仅供参考。如果主次不分，就会在很多并不重要的信息上浪费过多的时间和精力，也许会因此错过择业的良好时机。只有把握重点、赢得时间，才可能抢占先机。

（3）深入了解。对于重要信息，要寻根究底，调查搜集相关资料，仔细了解信息的具体内容，如某一职业岗位的历史、现状、前景、要求条件等。对待遇以及进修培训、晋级晋升要通过合适的方式侧面了解。了解得越深，分析得越透，就越能准确找到适合自己的目标。

(4) 适合自己。对信息筛选的依据就是适合自己，无论一则信息的准确性、及时性、有效性多么高，只要不适合自己它就失去了价值。好高骛远、人云亦云、迷失自我是筛选就业信息的大忌。在择业问题上，个人的愿望只是一个参照，实际操作时则要面对现实，不能图虚荣、爱面子，要量力而行，量能择业，量才定位。不切实际地对号入座，只会误导自己的发展方向。

(二) 就业信息的运用

在保证就业信息广泛搜集、翔实具体、准确无误、及时有效的前提下，对筛选出来的信息应做到以下几点：

(1) 及时运用。搜集、处理信息的目的就是为了运用信息，因此，一旦选定就业信息，就要不失时机地与用人单位取得联系，询问信息的可信度，争取面谈的机会，并备好就业材料，为下一步面试做准备。

(2) 弥补不足。根据筛选出的就业信息要求，对照自己，检查不足。如果有时间在就业前弥补，应尽快调整自己的智能结构。比如某门功课不扎实，某项技能欠缺等，就可以主动学习培训；如果毕业前时间有限，可以考虑放弃这一信息，或者择业后及时补上。

(3) 适时输出。有些信息对自己不一定有用，但对别人十分有用。遇到这种情况，千万不要抓住不放。迟迟不输出对己无用的信息是不可取的，这不仅是一种极大的浪费，而且本可以减少一个竞争对手却没有减少。当你主动适时输出对他人有用的信息时，说不定又从他人那里得到了对己有用的信息。这就是相互交流的价值，所以，不要吝啬对他人的帮助。

【案例一】　　被动等待坐失良机

浙江某单位向学校发布了要来校招聘大量人才的信息，校就业指导中心迅速公布并电话通知了各学院，各学院反应不一。有的学院书记亲自打电话与对方联系，推荐自己符合条件的毕业生；有的主动邀请对方到学院来选毕业生；有的则用特快专递寄出了学生的推荐材料。而与此同时，部分同学却在等待面试通知，认为反正该单位要来校招聘，等来了再投材料也不迟。后来，这家单位真的来了，人事部门负责人却非常抱歉地说："真对不起，其实，我们几天前就已到贵校，但刚跨进贵校校门，就被贵校某学院盛情'拦截'而去，晚上住在贵校招待所，闻讯而来的毕业生一拨又一拨，结果我们的计划提前录满了。"在场的毕业生后悔不已，机会就这样在等待中错过了。

【点评】

在求职择业过程中，机会应该说对每个人都是均等的，就看你如何把握它。各种招聘人才的信息，每时每刻经过各种渠道在发布、在传递，好比一条河流，信息是一朵朵浪花，你抓住了，就归你所有，你错过了，就无法回头。因此，只要你认准这条信息对你有用，你感兴趣，就必须主动以最快捷的方式向发出信息方做出反应，让对方知道你、了解你，才有可能看中你。机会往往就是这样被主动者拥有的。

【案例二】　　提防传销陷阱

小单是某大学2004年应届毕业生。由于自己在外地实习，无法经常参加学校举办的

校园招聘会，小单就通过网络来寻找用人信息。一天，小单在某杂志上浏览到一条招聘信息：广州某电子公司在应届大学毕业生中招聘管理人员，专业不限，待遇从优，解决广州市户口。小单一看就动心了，因为到广州做“白领”是自己梦寐以求的理想。于是小单依据网上的联系方式联系了单位，对方让其第二天就去广州面试。第二天小单就独自一人坐上了开往广州的火车。到了广州，对方接站的人并没有直接将小单送到公司面试，而是先带小单到游乐场玩了一下午，然后以天色已晚为由带他到了住地。到了住地，对方拿走了小单的手机、身份证，声称“代为保管”，并开始向小单灌输“网络销售”，小单这时才意识到自己掉入了“传销”的陷阱。当小单表示不想做要离开时，对方不同意，并加紧了对小单的看管。最后，小单还是在一位好心人的帮助下伺机逃出，并向当地警方报了案。

【点评】

近来，社会上一些不法人员和组织利用毕业生求职心切的心理，以知名企业或单位的名义招聘毕业生，或要求通过网上投递简历等方式套取毕业生的通讯地址和联系方式，然后主动与毕业生联系，以要求面试或到单位实习为由，将毕业生骗至外地，收取其证件，控制其自由，强迫、诱骗毕业生加入非法传销组织，给毕业生造成巨大损失。所以除学校要注意严格审核用人单位招聘资格，确认到校发布招聘信息的用人单位的真实性和合法性外，毕业生要尽量把学校或学院提供的需求信息和校内召开的招聘会作为求职的主渠道。从网上求职或通过其他途径获取的需求信息要注意甄别真假，投递简历前应充分了解用人单位的情况，必要时可向当地人才服务机构咨询、查实。另外，毕业生到外地求职过程中要注意自己的人身财产安全，不要轻易将手机、身份证等交予他人，不要轻易把家里电话告之他人。一旦遇到紧急情况，应沉着冷静，随机应变，设法及时与当地公安机关或学校、学院取得联系，寻求帮助。

【案例三】 警惕网上求职陷阱

为扩大应聘范围，增加受聘的概率，大四的小张在求职期间登录了许多求职网站寻找求职信息，同时也在网上登记了电话等个人信息，希望赢得更多单位的青睐。12 月底，一名自称是诺基亚东莞分公司的周助理给他打来电话，称在网上看到了他的简历，并称公司明年要在青岛成立一个分公司，只要小张到东莞通过了面试，就可以参加带薪培训，月薪 5000 元。小张听后很是兴奋，当天定好了去东莞的火车票，准备第二天前往东莞面试。由于小张的朋友小刘在求职中一直对诺基亚公司情有独钟，平时很留意诺基亚公司的对外招聘信息，但他近一段时间从未听到过类似的招聘消息。于是他登录了诺基亚公司的网站，并没有看到相关面试信息的发布。随后又致电诺基亚有关部门询问，得到的消息是该公司从来没有组织过类似的招聘。小刘这才将即将上火车的小张及时追回。后来他们从诺基亚北京总部和东莞分公司了解到，该公司根本不会去网上查找大学生个人简历再打电话招聘，已经有十几名来自青岛的大学生打来电话询问此事，还有人交了 800 元培训保证金。

【点评】

网上求职以方便、快捷等优势深受求职者青睐，网络招聘是未来的发展之路。但部分网上求职者发现，目前一些非法网站利用毕业生求职心切的心理，进行诈骗等违法活动。面对各种网络招聘的骗术，求职应聘的大学生一定要保持谨慎，以免受骗上当。首先，应该进入信誉度高的专业人才网站应聘。各教育部门的官方网站大多开办了招聘专栏，由于他们会对招聘单位进行比较严格的审核，因此发布的信息较为真实。一些大型的专业人才网站都设立了严格的审查制度，也很少出现欺诈的情况，而一些不知名的小网站则容易出现违法招聘。其次，凡是附加了报名费、考试费等条件的网站，一定要高度警惕，按规定这些费用是不能收取的。填写个人资料时，最好不要留下自己的详细住址和手机号码，一般留下电子信箱联系即可，尽可能作一些必要的保留。此外，对招聘单位的实际情况要了解清楚。投简历前，可以请自己在应聘单位所在城市的熟人，去打听这家单位的状况，或者通过工商部门、学校就业指导中心核实单位的真实性。复试时，要通过各种渠道对单位进行实地考察，以摸清应聘单位的发展前景。签订就业协议书或者劳动合同时，一定要注明双方谈妥的福利、保险、食宿条件等，这样双方产生纠纷时就不会空口无凭了。

本章小结

■本章关键词：

素质　准备　就业信息　收集　处理

■问题思考：

1. 大学生就业前应做好哪些准备？如何准备？
2. 大学生应如何收集使用就业信息？

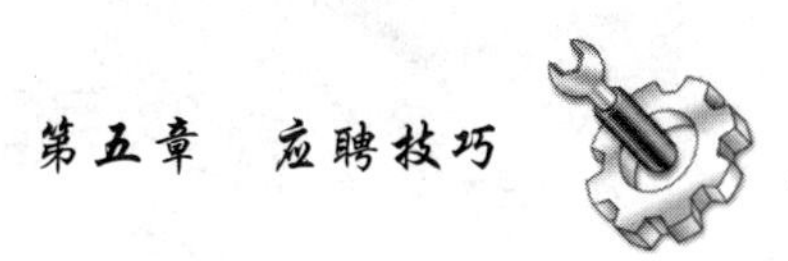

第五章　应聘技巧

销售世界上第一号的产品——不是汽车，而是自己。在你成功地把自己推销给别人之前，你必须百分之百地把自己推销给自己。

——菲利普·科特勒

本章概要

本章从求职的实际需要出发，重点阐述求职材料的准备、自荐的方式和技巧，以及参加笔试、面试的要求和注意事项，指导大学生顺利地通过就业的第一道门槛。

实例思考

杨澜——香港阳光文化网络电视有限公司集团主席。杨澜的名字，是连同《正大综艺》、春节联欢晚会一起被人们记住的。作为北京外国语大学的一名普通的大学生，杨澜在当时并没有什么惊人之举。如果没有这次机会的话，杨澜也可能会活得很优秀，但却绝不可能这么早、这么快就这么轰轰烈烈。

这个机会，是泰国正大集团结束了与几个地方台的合作，转与中央电视台共同制作《正大综艺》。双方决定，要挑选一位有大学经历的女孩子做主持人，杨澜是被推荐参加试镜的候选人之一。

在上千人的参选者中，杨澜一开始并不被人看中，虽然谈吐不错，学识丰富，气质较佳，但有的人认为她不够漂亮，所以是否用她尚不能确定。

最后确定人选的时候，电视台主管节目的领导也到场了。他们要在杨澜与另外一位连杨澜也不得不承认“的确非常漂亮”的女孩子中间选择一个，这将是最后的选择。杨澜的好胜心一下子被激起，她想：“即使你们今天不选我，我也要证明我的素质。”

这次考试两个人的题目是：(1) 你将如何做这个节目主持人；(2) 介绍一下你自己。

杨澜是这么开始的：“我认为主持人的首要标准不是容貌，而是要看她是否有强烈的与观众沟通的愿望。我希望做这个节目的主持人，因为我喜欢旅游，人与大自然亲近的快感是无与伦比的，我要把自己的这些感受讲给观众听……父母给我取‘澜’为名，就是希望我有像大海一样的胸襟，自强、自立，我相信自己能做到这一点……”

杨澜一口气讲了半个小时，没有一点文字参考，语言流畅，思维严密，富有思想性。人们不再关注她是否长得漂亮，而是被她的表现深深吸引。当杨澜再次回到那个房间，中央电视台正式录用她了。

思考：

1. 如果杨澜当初在面试过程中不牢牢地把握住机会，能在上千人中脱颖而出吗？能有她今天的辉煌成就吗？

2. 如果杨澜没有平时的知识积淀、充分的应试准备，能顺利过关斩将，应付自如吗？

求职择业是大学生职业生涯中的必经之路，也是大学生人生道路上的一次重大选择。渴望有一个好的职业，能够充分发挥自己的聪明才智，成就一番理想的事业，这是每个大学毕业生梦寐以求的事情。然而，在当今就业市场化、就业渠道多元化的形势下，怎样才能找到自己理想的职业呢？实践证明，大学生求职择业，除了应具备良好的思想品德素质、扎实的专业技术知识以及良好的身体心理素质等综合素质外，掌握求职择业的一些必备的方法与技巧也是十分必要的。

第一节　求职材料的准备

求职材料，是毕业生反映个人总体情况和综合素质的书面材料。毕业生准备求职材料的直接目的，是为了引起用人单位对自己的兴趣，使自己能够最终被录用。由于用人单位最初是通过求职材料来了解求职者的，因此，求职材料是毕业生与用人单位交流信息的载体，是用人单位透视和了解学生的窗口及决策的重要依据。所以，求职材料的质量，对于求职者谋取职位，有着不可估量的作用。

一、如何写一封完美求职信

（一）明确求职信的作用

求职信主要起投石问路的作用，能否敲开用人单位的大门，要看求职信的水平，看你在求职信中如何表现自己。如果你的求职信水平高，你就能顺利闯过求职的第一关；如果你的求职信水平不高，就会失去机会。因此，能受到用人单位青睐的求职者，往往是那些善于表现自己，使对方感到你是最适合这一工作岗位的人，这就是我们写求职信的目的。

（二）熟悉求职信的格式

求职信的格式和一般书信大致相同，即包括称呼（开头）、正文、结尾、落款。

1. 开头

在求职信的开头，要注意对收信人的称呼，求职信的称呼与一般书信不同，书写时必须正规一些，如果写给国家机关或事业单位的人事部门负责人，可用“尊敬的××处长”；如果写给企业领导，可用“尊敬的××董事长（厂长、经理）先生”；如果不知道招聘单位的负责人，可用“尊敬的×××公司人事部经理”等，并且一定要用问候语，例如“您好”等。切忌使用“××老前辈”、“××师傅”等不正规的称呼。当然也可以写通称，增加求职信的适用范围，如“贵单位领导，您好!”、“尊敬的领导，您好!”等。

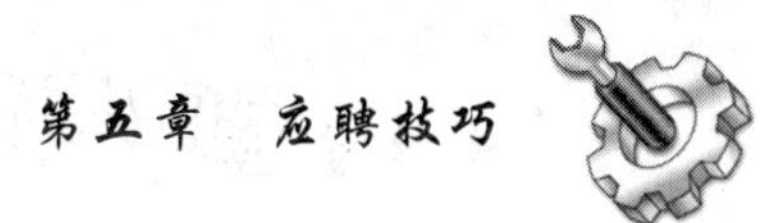

除问候语外，开头部分主要说明写信的缘由，表达求职的愿望。

2. 正文

正文部分是关键，是信的主要部分和核心内容，可以由以下四个部分构成。要求言辞力求简洁，语气不卑不亢。

（1）自我简介。自我简介是自己概要的简历，包括姓名、性别、民族、年龄、籍贯、政治面貌、文化程度、校系专业等要素，应针对自荐目的作简单说明，无须冗长烦琐。在自我简介之前还可以写出信息的来源渠道。比如“据悉贵公司正在扩大生产规模，招聘新员工，特来应聘车间主任一职”。假如你没有掌握某用人单位的需求信息，而你又非常希望到该单位工作，也可开门见山直接自荐，但必须表示出你对该单位的良好印象和你愿意到该单位工作的强烈愿望。

（2）求职目标。求职信写作的最终目的是要实现求职者所追求的目标。所谓求职目标就是要讲明求职者要到什么单位任职，任什么职。这一点必须具体明确，不能含糊其辞、模棱两可。

（3）求职理由与条件。在明确求职目标的前提下，求职信中必须充分阐明自己选中这一目标的理由，理由要真实、充足；求职条件是求职的关键，在求职信中要针对自己的求职目标向对方说明你有知识、有经验、有专业技能，还有与工作要求相符合的特长、性格和能力等综合素质方面的突出优势。总之，在介绍时要突出重点、扬长避短、立体展示、力求简明、不落俗套，起到吸引和打动对方的效果，促进求职愿望的实现。

（4）表达面谈的愿望。最后表示希望对方能给予回信，并热切地希望有一个面谈的机会。但不要给对方施加压力，也不必要过于谦虚。

3. 结尾

在求职信的结尾，一般应表达两个意思：一是希望对方给予答复，并盼望能够得到参加面试的机会，例如“盼复”、“期盼贵公司回音”等；二是表示敬意、祝福之类的词句，如“顺祝愉快安康”、“深表谢意”、“祝贵公司财源广进”等；也可以用“此致、敬礼”之类的通用词；三是要留下（别忘了）自己的详细通信地址、邮政编码和联系电话，如果让你的亲朋好友转告，则要注意联系方式方法以及联系人的姓名以及与你的关系，以方便用人单位与之联系。

4. 落款

落款包括署名和日期两个部分，署名写在右下角，要写全名，字迹要工整、清晰，切忌潦草，名字前可写上“应聘者”或“应聘人”字样。日期写在署名右下方，应用阿拉伯数字书写，年、月、日都写上。

整篇求职信要给人留下完整、正规、认真的印象。

（三）掌握求职信的要点

成功的求职信应该清楚地表明，自己愿意加盟公司，并原意为该公司事业发展奉献自己的聪明才智。要写好求职信应注意以下几点：

（1）态度诚恳，目标明确。先思考后落笔，措辞得当。确保求职信有职业风范。

（2）富有个性，不落俗套。在求职信中展示你独特的解决问题的技能，并且用特定事例加以支持。

（3）实事求是，不要说谎或者夸大其词。你在求职信中说的一切都必须能够在面试中得到支持和证实。

（4）在求职信中学习效果要多写，发表的论文要标出，证书要强调。应尽量回避负面和相互矛盾的话题。求职信的目的是要向前跨出你最好的一条腿。那些负面材料能够在面试中采用变通的方法处理。

（5）言简意赅，篇幅切忌过短或过长，以1000字左右为宜，尽量把求职信的长度控制在一页之内。

（6）用A4纸激光打印，整洁、清晰。页面占4/5页左右，设计美观。确保求职信中绝对不出现拼写、打印和语法错误。

（7）开头最为重要，如果在10秒内就能引发阅读兴趣和愿望，其效果为最佳。

（8）写求职信先要说明用人信息的来源，做到师出有名，这样用人单位主管看了会很愉快，因为这证明他们的广告宣传费没有白花；或写明信息来源于某某人，若该人在用人单位很有声望，那么你的求职信会分量倍增。

（9）如果你不愿意定做每一封信，而宁愿使用格式信件，使用敬称“尊敬的招聘主管”（不要使用“尊敬的先生”，因为招聘主管或许是位女士）。

（10）在求职信的核心部分，应表露自己乐意与同事合作共同发展的愿望，消除用人单位的后顾之忧。用人单位最怕毕业生“身在曹营心在汉”或者是“得陇望蜀”。

（11）如果没有被要求，不宜在求职信中谈论薪金。如果你要求提供薪金的历史记录和待遇要求，那么你就适度地打开这扇“窗”（例如，不能低至中等水平），并且注明这是可以再协商的（例如，如果可以的话）。

（12）最后使用敬语结束求职信。

（四）避免求职信的禁忌

求职信只有一页，不一定要精美包装，但要注意很多细节，以示对用人单位的尊重。实际上，写求职信时最要注意的有以下三点：①定位准确，突出你能做什么；②实事求是，突出你的IQ；③态度诚恳，突出你的EQ和AQ。

失败的求职信将导致求职失败，应当避免犯下面的错误：

1. 为用人单位规定义务、限定时间

如：“本人谨以最诚挚的心情，应聘贵公司的工程师一职，因为贵公司一贯尊重人才，所以盼望得到贵公司的考虑和录用。”这种写法，事实上是在强迫用人单位，因为这句话的实际含义是：“你如果不录用我，就是对我不尊重；我是人才，你必须录用我，这样才能体现出你们一贯尊重人才的原则。”

又如：“本人于6月5日要放假回家，敬请人事经理务必于6月1日前复信为盼。”表面上看，好像很客气，却在限定时间，给对方下命令，容易让人不快。

2. 自以为是、带有要挟意味

比如：“现已有多家公司要聘我，所以请贵公司从速答复。”这实际上是在威胁人家，好像在说：“我可是一位人才，别的公司都抢着要录用我，你不聘我，就是不爱才、不识才、不用才，所以从速答复。”这样会弄巧成拙，往往会激怒用人单位。

3. 企图以上压下的口气

比如：“贵公司的某某总经理要我直接写信给你”；或者“某某厅长是我叔叔，某某局长是我表哥，希望贵公司能录取我”；或者“某某领导很关心我的求职问题，特让我写信给你，请多关照”。这种求职信，人事部门看了非常反感，因为他们认为：既然某某总经理（某某领导）都有意思了，你还写信给我干什么？或者人事部门会这样认为：你拿上级领导来压我，那你去当他的助理好了，我们这里庙小，容不下你这位有后台的大仙。

（五）求职信范例

尊敬的×××先生：

您好！前几天，我在《××商报》看到贵公司的招聘广告，获悉贵公司正准备扩大业务，需招聘若干会计人员，特冒昧写信自荐。半年之后，我将从浙江××大学经济管理学院财会专业毕业，在校学习期间曾学过会计原理、工业会计、商业会计、成本会计、会计电算化、会计法、经济法等专业课，各科学习成绩优秀，连续三年获得校一、二等奖学金和“优秀团干部”等称号，并已取得会计上岗证和财会电算化证。平时我还利用课余时间经常在图书馆自学金融专业和税务方面的知识，目的是为自己将来从事会计工作打好基础。

我举止稳重，办事认真，还能写一手自认为拿得出手的钢笔字。因家庭成员中有做财务工作的，所以，耳濡目染使我从小也很喜欢财务工作。故欣闻贵公司招聘会计人员，我很高兴，十分渴望参加贵公司这次面试，希望您能给我这个机会。如果会计岗位已有比我更合适的人选，我也愿意从事贵公司的出纳员或办公室文员等工作。如蒙约期面谈，我将准时拜见。

此致

敬礼！

应聘人：×××

×年×月×日

我的联系方式是：

通信地址：××省××市××路××号

邮编：××××××

电话：139××××××××

二、简历类型和基本内容

简历（履历表），顾名思义是反映求职者个人的简要经历，是一个人生活、学习、工作的经历与成绩的概括和总结。简历是用来支持求职信的，它提供给阅读者的信息量比

求职信的信息量既大又全面，它可以证明你适合担任你所要应聘的职位。在通常情况下，用人单位都是通过简历来了解求职者在业绩、能力、性格、经验方面的综合表现后，从而决定求职者能否参加下一轮的面试。因此，从某种意义上说，简历决定着求职者的前程。

（一）简历的类型

简历可以细分许多种，为简便起见大体分为时序型、功能型、业绩型和综合型四类。

1．时序型简历

时序型简历是最传统的简历格式，一般按时间先后顺序编写学历和工作经历，通常按中国式的习惯由远及近、由过去到现在顺着写，而在国外和呈送给外资企业的简历则由现在到过去分阶段倒推排列介绍。

如果想强调过去无可挑剔的工作和学习经历，求职者可以考虑使用时序型格式。对于没有多少工作经历的大学毕业生，比较适合使用时序型简历。

2．功能型简历

功能型简历又称技术型简历，在简历一开始就强调技能、能力、资格以及成就。关注的焦点完全在于求职者所做的事情，及掌握的技能。这好像一份素质总结，首先把自己的能力素质亮点，放在重要位置，吸引人力资源管理者的注意力。

如果不想以职务、在职时间和工作经历，而是以自己的技能在求职场中取胜，功能型简历是很好的选择。作为一名毕业生，在所求工作领域中只有一点经验，则功能型简历也是不错的选择。

3．业绩型简历

业绩型简历是使他人的注意力集中在求职者的资源优势上的一种绝妙方法。业绩简历的关键是简明扼要、快速出击！一些简短而有力的成就陈述，会使一份业绩简历比长篇的细节叙述更容易使人提出问题并产生兴趣。

这种简历对专业销售人员、顶级行政人员以及那些只想让聚光灯聚焦于其整个职业生涯中少数成功事例的人很管用。

4．综合型简历

综合型简历综合了时序型简历和功能型简历的特点。这种简历也可称为个性化简历。在这种情况下，可以以功能型简历为基本结构，然后再加上各种名称作小标题，表明各项业绩都是在何处取得的。这种综合型简历有很多时序型简历和功能型简历所拥有的特点，足可以使任何一名潜在雇主满意。

（二）简历的基本内容

简历一般包括如下内容：个人资料、求职目标、任职资格、学历、工作经历、专业与成就、学术论著、课外实践活动、专业技能、外语及计算机水平、职业资格证书、社团职务、推荐人等。就特定的学生个人简历而言，包括哪些内容，应视求职者个人实际情况及简历用途酌情选用，或详或略，应因人因事而异。

1. 基本情况（个人资料）

一般应列出自己的姓名、性别、年龄、民族、政治面貌、籍贯、健康状况、婚姻状况、毕业学校、院（系）及专业，获得何种学位和资格证书等；最上面写上自己的名字，而且要加重、突出。

2. 求职目标

求职目标是表明你此次求职希望得到什么样的工作，并可展示你未来能有什么作为。要结合自己的实际情况去选择求职目标，应该考虑的因素有：专业特长、兴趣、待遇、能力、学历、年龄、性别、性格、爱好、社会习俗（其中爱好和待遇最为重要）等。求职目标是简历中非常重要的部分。很多求职者在写简历时，根本没有求职目标，这样，简历就失去了意义。所以简历中一定要有求职目标，而且求职目标的范围一定要明确，不能把不相关的职位放在一起。例如，如果你希望应聘营销经理，那么最好不要把应聘财务金融方面的职位也列在上面。

3. 学习经历

将你过去求学的情况一一列出，曾获得的学位应特别注明。包括中学、大学的名称，地点、系科、学习年限、必修与选修课程、文凭以及业余所学的专长、外语程度、计算机水平等。学习经历的陈述，要着重突出与求职密切相关的论文、证书和培训课程等。

4. 实习或工作经历

特别是要说明与求职目标相关的工作经历，一定要说出最主要、最有说服力的资历、能力和工作经历。说明的语气要坚定、积极、有力，具体的工作、能力最好有证明材料。这部分经验最能体现自己的工作能力，所以可以尽量多写些，包括校内的实践、校外的实习，从这份工作的起止日期、工作中的职责范围、突出表现和工作成果等都要描述清楚。当然，经历比较多时要把最新的最重要的放在重要的位置，这样会让用人单位感觉你的能力越来越强。特别是项目工作经验一定要放在最重要的位置。

5. 获得的奖励

包括三好学生、优秀团员、优秀学生干部、各类奖学金等。但写奖励要适度，不要一股脑儿全部罗列上去，要分类、归纳，突出重点。

6. 特长、爱好、其他技能

个人特长、技能等能起到锦上添花的作用，重点是与求职相关的内容，如果写得好的话，可以增加自己的求职砝码。

7. 证明、推荐材料、联系方式

为了证明简历的真实性，也可加进院校意见，提供证明自己资历、能力以及工作经历的证明材料和推荐人姓名、通信地址、联系方式和邮政编码等内容，其中也可包括自己的一些补充材料。例如学历证明、学术论文、获奖证明证书、专业技术职业证书、专家教授推荐信等。

总之，写简历就是在“证明”，首先是证明“我”申请了这个岗位；其次是证明“我”具备的优势能够胜任这个岗位；最后是通过详细的内容来证明“我”的优势。所以，说到底，写简历就是在证明“我行”，“我”比别人更适合这个岗位。

三、制作简历的原则和策略

（一）写作简历的三大原则

简历的样式千差万别，内容也不尽相同，大多数求职者都希望把能想到的情况全部写进简历中，但我们知道没有人会愿意阅读一份长达五页的流水账般的个人简历，尤其是繁忙的人事工作者。一份完美的简历从形式、内容和用词上都应当恰如其分地把求职者的个人情况、能力、经验、性格和特长等充分表现出来，见其文如见其人，一个人才栩栩跃然纸上。要实现这个目标，必须遵循简历写作的三大原则。

1．围绕一个求职目标

我们千万不要忘记雇主寻找的是适合某一特定职位的人，这个人将是数百名应聘者中最合适的一个。雇主们想要知道你可以为他们做什么。如果简历的陈述中没有工作和职位重点，或是把自己描述成一个适合于所有职位的求职者，你很可能无法在求职竞争中胜出。所以，要为你的简历定位，围绕一个求职目标来写。任何含糊的、笼统的、毫无针对性的简历会使你失去很多机会。

2．做好一份推销广告

最成功的广告通常要求简短而富有感召力，并能够多次重复重要信息。你的简历应该限制在一两页以内，情况介绍不要以段落的形式出现，尽量运用动作性短语使语言鲜活有力。最为醒目的做法是：在简历页面上端写一段总结性语言，陈述你在事业上最大的优势，然后在情况介绍中再将这些优势加以叙述。

好的简历要放眼未来，要让雇主相信你能创造未来，而不仅是过去的业绩。因为，未来和过去是不同的时间概念。另外，你的简历不妨增加一些现代气息，让雇主感觉到你的时代适应能力和旺盛生气。如设计个人资料的网页、整理个人成就手册等。

3．争取一次成功机会

也就是说尽量避免在简历阶段就遭到拒绝。如果你把自己置身于招聘者的立场就会明白：招聘时每次面试都需要较长时间，因此对招聘者来说进入面试阶段的应聘者人数越少越好。招聘者对理想的应聘者也有要求：相应的教育背景、工作经历以及技术水平，这是应聘者在新的职位上取得成功的关键。应聘者符合这些关键条件，这样才能打动招聘者并赢得面试机会。

记住，写作简历时，要强调工作目标和重点，语言简短，并且避免会使你被淘汰的不相关的信息。

（二）制作简历的策略和要点

1．内容简洁

招聘者一般都有很多事务要处理，所以千万不要指望他们有足够的时间读完一份冗长的简历。如果简历写得很长，可能会使招聘人读你的简历时缺乏耐心，甚至产生厌烦

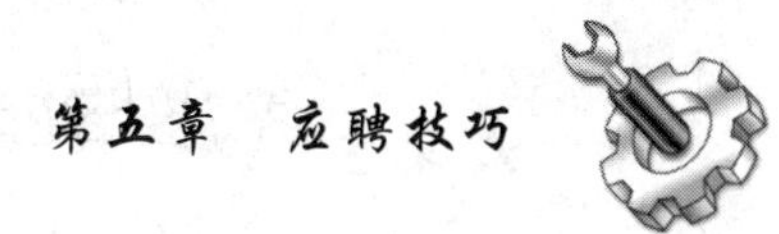

的心情，这样对求职者是很不利的。简历一般以一页为宜，如果要强调相关的工作经历，最好不要超过两个页码。

2. 语言精练

简历虽短，但却是对求职者语言驾驭能力的一种考验。冗长的简历不但让人觉得你在浪费他的时间，还能得出求职者做事不干练的结论。言简意赅，流畅简练，令人一目了然的简历，在哪里都是最受欢迎的，这种简历也是对求职者工作能力最直接的反映。

为了在有限的时间内向招聘者传达最为有效的信息。最好的办法是了解招聘单位的需求，对症下药，准确地介绍自己的相关优势。方法有三：

一是避免段落过长（每段不应超过6~7行）；

二是多用动词，省略第一人称“我”，避免过于主观的“宣布式”口气；

三是写一个长一点的初稿，仔细推敲每一个词，然后删改，删改，再删改。对于不能很好证明你工作能力的词语，删掉它。

3. 目标明确

招聘者都想知道你被录用后可以为他们做什么，因此，对自己的前途有长期、明确目标的人，更易为用人单位赏识和任用。所以，含糊的、笼统的、毫无针对性的、目标不明确的简历会使你失去很多机会。

4. 重点突出

对不同的企业、不同的职位、不同的要求，求职者应当事先进行必要的分析，有针对性地设计简历。盲目地将一份标准版本大量复印发送，效果会大打折扣。所谓突出重点，就是要根据用人单位和职位的要求，巧妙地突出自己的优势，要给人留下深刻鲜明的印象。强调以前的成功事例，一定要写上结果，只要有真实的“成就记录”，你应聘的成功把握就多了几分。另外，还应有计划地展现对求职有帮助的学历和工作经历以外的个人天赋、才华与能力。

5. 评价客观

简历中通常都会涉及对自己的评价，应当力求客观公正，包括行文中所表现出的语气，要做到八个字：诚恳、谦虚、自信、礼貌。总之，既不能妄自尊大，也不能妄自菲薄，把握好分寸非常重要。特别要避免夸夸其谈，在简历中，你千万不要简单地列举你所干过的职务，而应强调你都干了些什么。一定要使用有分量的词来强调你能干某项工作的特别技能，以及你所取得的成就和证书。有时适当坦陈自己经验等方面的某些不足，反而更能赢得好感。

6. 真实诚信

简历最基本、最首要的要求就是真实。诚实的记录和描述，能够首先使阅读者对你产生信任感，而任何用人单位对求职应聘者最基本的要求就是诚实。有一些求职者，为了让用人单位对自己有一个好印象，往往会给自己的简历造假。目前在简历上造假比较典型的有：假成绩、假证书、假经历。这些造假者，也可能短期内未被识破，但总归有水落石出的那一天，到那时，他们失去的将会更多。所以，与其费尽心机，不如老老实实，只要有真才实学，总会有属于自己的机会。

7. 消灭错误

简历是求职者的脸面，用人单位通常会以简历为窗口判断是否向求职者发出面试通知。一份高水准的简历的表现之一，就是把简历中的个性描述与全文的形式、内容统一起来。我们总是会很吃惊地看到一份简历中常常出现印刷错误、语法错误及标点符号错误，而许多负责招聘工作的人员总认为材料中经常出现错别字的人素质肯定不够高。所以，制作完简历后，要反复阅读校对，同时行文也要注意准确、规范，最好使用短语表意，以使简历短小精悍，通俗易懂。

8. 制作精致

一份好的简历，除了以上对内容方面的要求以外，版面设计和制作也是一个非常重要的因素，是真正的“第一印象”。

留白可以使页面显得干净整洁。最理想的标准是上下留白 1 厘米，左右留白 1. 25 厘米。如果把所有内容都堆到一个页面上，阅读者就会感到压抑。

你可以使用不同的文字、字形、字号，但要避免求新求异，字体的选择最好能具有专业水准。

要条理清楚，标识分明，段落不要过长，字体大小适中，排版端庄美观，疏密得当。还要注意版面不要太花哨，要有类似公函的风格，能体现出求职者的基本职业素养。

使用优质的纸张找一台高质量的电脑打印机打出一份整洁的样本，再请专业复印员用复印机复印。

如果你的字写得不错，不妨再附上一篇工整漂亮、简短的手书求职信，效果会更好。

制作完简历后，你要不断地问自己三个问题：你写的简历是否布局合理？是否干净利索而且看上去很专业？它是否充分利用了整张纸？

9. 形象展示

照片应贴免冠半身正面照片，要精心拍照，以彩照为佳。在发式、穿着、打扮上要视工作性质而定。如谋求的职业是艺术、公关、外贸等工作，在这方面就要讲究一些，以博取对方好的印象。如果是向学校、科研院所、政府机关、企事业单位求职，照片就要显得庄重、典雅、朴实一些，否则会给人华而不实的感觉。通常习惯上要将求职者的照片（小二寸证明像，有时也用四寸生活照）粘在右上角或其他适当位置。

10. 自己动手

尽管你能找到很多优秀简历的范例，但最重要的是你的简历代表你自己，而不是别人。在你的简历中展现你的技能，并用你所取得的成果证明它们。如果你写作能力差，最好请能力强的人帮个忙，但一定要让这份简历像你自己写的。

制作简历时不必拘泥格式，要时刻记住简历是你自己的简历，所以不管你写什么，只要看着合情合理就行。写简历并没有什么固定的格式。

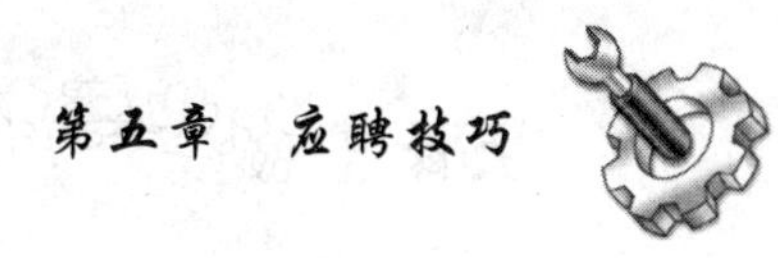

四、简历范本

刘若男

北京世纪大学 02034 信箱　邮编 100079

电话：86－10－87200679　E-mail：rnliu@tom.com

基本情况

求职意向：软件开发/网络或系统管理/企业信息管理

出生年月：1980 年1 月　性别：女　籍贯：河北石家庄

政治面貌：中共党员　健康状况：良好

毕业院校：北京世纪大学　专业：信息管理与信息系统

照片

教育背景

1997.09～2001.07　北京世纪大学信息工程学院

工学士　班级综合测评排名第五，核心专业课成绩排名第三。

主修课程：汇编语言 84 分，C 语言 90 分，操作系统 93 分，计算机网路 87 分，数据库原理 96 分，系统分析与统计 92 分。

积极参加学校管理，在校期间担任了院团委组织委员，班级学习委员，具有优秀的沟通、管理能力。

获奖情况

- 1997～1998 年　获得校三等奖学金。
- 1998～1999 年　获得校二等奖学金。
- 1999～2000 年　获得校一等奖学金。

工作经历

- 2000 年 7 月，在中国国际展览中心“2000 年国际电子商务展览会”上为台湾世纪股份有限做软件产品展示员，介绍网路应用软件《沟通大师》和《沟通精灵》，因工作耐心负责，讲解明细、透彻、专业而受到公司的好评。
- 2001 年 1 月～2001 年 3 月，独立为 Informix 公司完成技术培训教程《DATA WAREHOUSE INTRODUCTION》的翻译工作，内容准确，技法娴熟，专业知识到位，得到公司的肯定。

外语水平与 IT 知识技能

- 国家英语四级考试成绩优秀；国家英语六级考试成绩合格。
- 具有娴熟的英文阅读、写作能力，良好的英语听说能力；熟练掌握专业英语。
- 全国计算机等级考试二级合格，北京市计算机应用水平测试成绩优秀，
- 熟练使用 Office 软件，如：Word、Excel、PowerPoint、FrontPage 等，精通动画软件 3DMAX。

自我评价

- 个性坚韧，能吃苦耐劳，工作认真，有突出的钻研开拓精神。
- 为人热情乐观，兴趣广泛，适应性强，人际关系融洽。
- 有优秀的组织、协调能力，善于沟通，有良好的团队协作精神。

【点评】

本简历虽然仅有 2 页，且分量很重，给读者以大量的信息来证明自己是一名品学兼优的高素质大学生。作者用大量的实践来证明自己的才华和能力，同时也让用人单位看出在短短四年的学业生涯中能完成如此多业绩的人一定是一位个性坚韧而又精力充沛的优秀人才。

第二节　面试策略

招聘单位在看了求职者的简历之后，会根据需要进行面试，进一步了解求职者的教育背景、工作经历、职业目标、潜能、性格与兴趣等问题。对于大多数大学毕业生而言，对笔试可以说是“身经百战”，没有什么畏惧心理。但对面试则经历较少，一经面试，轻者面红耳赤，重者两腿发软，全身发颤。因此，学会面试，是当代大学生走向就业之路所面临的一个新课题。毕业生要学会在面试官面前展现出一个成功者的形象，这是求职择业成功的关键。

一、面试的内容和形式

（一）面试的内容

面试是人员选拔中最传统也最重要的一种方法，在组织者精心设计的特定场景下，面试官通过观察、提问、交谈、测试了解判断求职者的文明修养、形象、气质、知识水平、表达能力、应变能力、心理素质、敬业精神等等。目的是加深对求职者的考察，看他是否适合他们的需要。常见的面试内容包括以下几个方面。

（1）背景。主要考察毕业生的个人情况。如民族、性别、身高、视力等自然状况；

家庭主要成员及社会关系；文化程度、毕业学校、所学专业、接受过哪些培训、从事过哪些工作、参过哪些社会活动等。

（2）智商。主要考察毕业生的知识层次。所学专业课程、学习成绩、外语和计算机水平等。

业务能力：毕业论文、毕业设计、科研成果、专著以及你的实践能力、操作能力、组织领导能力、口才、文笔等。

（3）情商。考察毕业生的人生观、价值观、敬业精神、人际关系、适应能力、处理压力的能力和自我激励能力等。

（4）形象。考察毕业生的相貌、言谈和仪表等。

（二）面试的一般形式

面试的形式很多，因面试的目的、面试现场组织形式、面试中面试官采取的方式不同可以分成很多种类型。

1. 按照面试目的分

（1）筛选型面试。属初级面试，由招聘单位的人力资源部组织进行。面试官的任务是对求职者进行淘汰，而非选拔，凭借经验和规则找出你的不足之处。对此，你要从容一点，千万不要跑题或回避问题，你最好是随着面试官走，为你自荐材料中的不足或易于误解之处做出详尽的解释，回答问题要迅速、简洁，不要主动提及不利因素，不要提要求或待遇，不要自谦或怀疑自己的能力、资格。要相信你已具备能满足该职位要求的实力，并做到谦逊有礼，以便获得进一步面试的资格。

（2）决定性面试。一般由招聘单位的最高层经理和人事招聘专员共同进行，需要求职者以一种灵活的姿态来回答，目的只是要考察求职者面对压力时的反应、合作能力。通常采用小组面试，你将同时面对几个面试官，他们共同确认谁最适合工作要求，提问的难度、方式会使气氛变得非常紧张，也许会涉及个人原则和隐私问题。求职者应充分放松地自我发挥和推销，对于“过分”的问题不要过于耿耿于怀，只要不涉及自己的尊严，保持不卑不亢的原则。在最后的面试中以更加积极主动的态度进行回答，要从用人单位的角度出发确定话题，正确使用用语、称呼，言谈举止要表现出自己效力公司的决心。

（3）集训型面试。为进一步考察求职者工作技能、团队精神、学习能力的方式。公司根据需要以集训或演练的方式对求职者进行学习性或实习性的选拔和淘汰。需要特别注意，为考察你的处事方法，在面试过程中一些职务级别比你低的人也会成为你的面试官，他们的意见都左右着你能否成功，你要摆正位置，端正你的态度，对他们要显出足够的尊敬。

2. 按照面试现场的组织形式分

（1）单独面试。直接面对求职者的面试，为80%的企业所采用，时间一般为10～30分钟。其具体形式一般有以下几种：

- 一对一面试。一对一面试是目前最普遍的形式，通常多用于第一次面试，在求职者众多时，按顺序点名面试。面试问题较为有规律，求职者的注意力也容易集中，由于只面对一个面试官，所以话题的专注度加强，面试对求职者造成的心理压力也较轻。

• 连续性面试。求职者从一个办公室到另一个办公室。求职者应以饱满的热情对待每位面试官，从不同面试官的胸卡上寻找面试的重心。

• 一对多面试。这种形式是一个求职者面对多个面试官。面试场面容易造成紧张气氛，目的是考验求职者心理承受能力，以便对其客观评价，做出正确决策。求职者要保持沉着、冷静，避免紧张，每次只针对一个问题来回答，把重心集中在那个提问的面试官身上，又要顾全大局，和在场每个人进行良好的目光交流，不忽略任何一个人；如有多个问题同时提出，就选择一两个较容易的来回答，而其他问题一时不知答案的，应婉转地表明自己不清楚，回去后再详细查找的意思，切忌强词夺理。

（2）群体面试。求职者在两人以上的淘汰面试，分为“群体应答”和“群体讨论”两种类型。其具体方式一般有以下几种：

• 群体应答方式。面试官大多会对每个求职者问及求职愿望和求职动机等问题，回答时应简单扼要，否则即使很精彩也会引起反感。在群体应试时，切忌因别人意见与自己相同而简单答“我的看法与某某相同”，如此一来，会被看成“随声附和”，失去个性色彩。另外，在他人应答时，不可露出轻慢、不屑之色。

• 集体讨论方式。集体讨论方式是对求职者在风度、教养、见识、知识的灵活运用等诸方面的综合考察。对于这种类型的面试，应做好以下几点：第一，要针对问题将自己的意见归纳为几个要点，并以此展开话题；第二，要尊重他人意见，任何全面否定他人意见的做法都会留下不好的印象，若有异议，应在他人发言完毕后，叙述己见“我是这样认为的，不知对否……”第三，要注意切忌感情用事，受到反驳时，恼羞成怒，高声辩解或反唇相讥是不可取的，应表现出自己的涵养和冷静；第四，要置身于讨论之中，在集体讨论中最忌清高，漫不经心、游离讨论之外、两眼上翻、面壁静坐等都将留下不良印象。

• 小组面试。通常是由一位部门主管加一位人事主管或员工问题专家组成面试小组。小组面试一般是面试的最终阶段，求职者一次性地出现在所有面试官面前，其目的是让多名决策者在较短时内了解求职者，并考察求职者在巨大压力下的状态。当一位面试官提问时，其他面试官可以观察求职者的反应和回答。面试官的提问会井然有序，但在更多的情况下，各种意想不到的问题会同时出现。

3. 按照面试官谈话的方式分

（1）自由式面试。面试官与求职者海阔天空，漫无边际地进行闲聊，气氛轻松、活跃、礼貌，可以在进餐中进行，无拘无束，面试官与求职者自由发表言论，各抒己见。目的在于闲聊中观察求职者的谈吐、举止、知识、能力、气质和风度，也考察求职者是否具有乐观、积极、宜人的性格以及是否具有友善、信心和沟通方面的技能。

（2）问题式面试。面试官依照事先拟订的提纲对求职者进行发问，其目的在于观察求职者在特殊环境中的表现，考核其知识和判断、解决问题的能力。

（3）盘查式面试。面试官要进一步通过询问你的兴趣爱好与业余活动，澄清简历和申请表中的信息。当求职者被要求再填写一份全面的申请表格时，常常表现出不高兴。但面试官这样做的目的是通过细细盘问简历中的细节，澄清简历的真伪，了解求职者的人品。

（4）压力式面试。面试官有意识地对求职者施加压力，就某一问题或某一事件做一连串的发问，详细具体且追根问底，直至无以对答。此方式主要考察求职者在特殊压力下的反应，思维敏捷程度及应变能力。因而在面试过程中不论你遇到了多大的压力，都要通过积极、成熟、镇定与灵活的应变能力来表现出你的潜在的品质。

（5）自我评价式面试。面试官经常会要求求职者对自己的品质与个性进行自我评价。这就需要求职者真正了解自己，对自己有一个正确的评价。有些大学生写不出 15～20 个能够代表自己个性的优点，也有些学生分不清什么是自己的优缺点。

（6）知识视野式面试。面试官可能问及对广播、报纸、杂志、电视上关于环保、人权、教育、管理、经济、法律、人际关系、外交、和平与发展讨论的局部或世界性问题，以及对普通生活的种种观点。此类问题重点考察你的知识广度和深度，考察求职者的语言表达和逻辑思维能力。

（7）模拟式面试。由面试官事先设定一个情景，提出一个问题或一项计划使求职者进入角色模拟完成，其目的在于考核其分析问题、解决问题的能力。

（8）情景式面试。要求求职者回想过去生活中遇到的有趣的或最具困难的问题，从他的表述中了解他积极和消极的人性内容。这类面试最具挑战性，需要提前认真准备，否则，容易出错。

（9）综合式面试。面试官通过多种方式考察求职者的综合能力和素质，如用外语与其交谈，要求即时作文，或即席演讲，或要求写一段文字，甚至操作计算机及其他设备等，以考察其外语水平、文字能力、书面及口才表达等各方面的能力。

在实际面试过程中，为了能够选拔出真正优秀的人才，招聘者可能采取一种或同时采取几种面试方法，也可能就某一方面的问题对求职者进行更广泛更深入的考察。

二、面试前的准备

“机遇只垂青有准备的人”，在面试过程中，面对众多竞争对手，要使自己获得成功，就必须做好充分的准备。作为一名大学毕业生，求职面试时究竟该准备些什么？

（一）了解用人单位情况

应聘者面试前应对用人单位作三个方面的了解：一是单位的性质、地址、业务范围、经营业绩、发展前景、企业文化等；二是应聘岗位职务及所需的专业知识和技能要求等；三是用人单位的面试程序、面试方法、面试题型，特别是用人单位对人才的素质要求等。单位的性质不同，对应试者面试的侧重点也不同。如能了解到面试官的姓名、身份，以及他的性格、特长、爱好、面试时间和地点就更好。根据掌握的这些资料，结合自身的条件，有的放矢地采取策略，做好准备，面试的成功率就会很高。

（二）相关知识的准备

需要准备以下方面的知识：①认真阅读你收集到的用人单位信息并用心牢记。②熟知应聘岗位相关的专业知识和业务技能，回顾学过的与应聘目标相关的课程知识。③准备简单的自我介绍，列出自己曾经做过的一两件比较成功的事情，及从中学到的东西。如果应聘外资单位，最好背诵一份英文的自我介绍，同时强化一下口语交流的技巧。④熟悉自荐书的内容，以便面试中灵活地加以运用。

（三）面试材料的准备

毕业生在面试时大多与用人单位是初次接触，彼此了解少，况且在求职前尚未拿到毕业证书，这就需要毕业生通过具体的材料推荐自己，并向用人单位展示自己在校内外学习阶段的情况及其他情况。因此，在面试前要做好自荐材料的准备工作。自荐材料一般包括以下几个方面的内容：

（1）学习成绩材料。包括学习成绩单、英语和计算机等级证书等。

（2）荣誉证书。如三好学生、优秀学生干部、优秀团干部、优秀毕业生等证书，以及各种社会实践活动、各种竞赛活动的证书等。

（3）成果证明材料。如获得的发明专利证书和正在申请的专利材料，在报纸、杂志上发表的文章、论文、出版的专著和有一定价值的科研成果报告等。

（4）证明自己具备某方面素质或能力的其他材料。如汽车驾照、技能鉴定证书、大赛获奖证书等。

（5）个人简历、求职信、推荐书、身份证、学生证、各类材料的原件和复印件、纸笔等。求职信是最重要的自荐材料，因为它概括了求职者的全面情况，而且又在一定程度上直接表现了求职者的个人素质。如文字的表达能力、书写水平等。

在做好自荐材料之后，必须将个人的有关情况，如个人简历、性格、能力、爱好、特长等，反复阅读，使之烂熟于心，以使自己在面对面试官时胸有成竹，信心十足。

（四）形象准备

第一印象的好坏，往往会影响你面试的效果，甚至会使你失去一次理想的就业机会。因此，在准备面谈时，你必须事先整理你的思路，多花一些时间去思考如何包装自己，从穿着打扮和精神面貌两方面入手，努力给对方留下良好的第一印象。

穿着打扮、外形仪态会直接影响求职的成败。因为你的形象将不仅代表你自己，重要的是将代表单位。为此，多数单位都力求找到能够提升组织形象的候选人，这些候选人不仅能胜任工作，而且要有良好的外形仪态。作为大学毕业生千万不可在面试时大大咧咧、疏于准备、自以为是、不修边幅。殊不知这些做法正是失去机遇的原因。

文雅、得体的行为和谈吐，同样会给人们留下良好的第一印象。它是表露人内心世界的语言，人的一举一动无不显露出他的知识修养、个性特点等。面试中个人的举手投足，一颦一笑，都传递着特定的含义，直接影响面试的结果。具体的要求和注意事项我们将在本节第四个问题面试礼仪中详细论述。

（五）心理准备

要想在面试中保持良好的竞技状态，自如地应付各种问题，必须做好各种思想准备、心理准备，增强心理承受力，不要一遇到挫折就心灰意冷，失去信心。信心是自身能力和素质得以发挥的前提和保障。因此求职面试者面试前要认真研究面试的临场心理，实事求是，认真分析自己的能力、特长、个性、兴趣、爱好、优势和劣势、任职目标、择业倾向等因素，尽量使自己的专业能力和综合素质与目标岗位要求相匹配，预先设计好面试的策略，这样才能心理放松，有利于自身实力的发挥。一定要充满自信，克服紧张、胆怯心理，保持必胜的心态。

（六）对可能谈论问题的准备

面试问题的准备，主要是对面试中可能提出的问题如何回答进行准备。不少大学生在面试前怯场、紧张，主要原因就是不知道面试中会提什么问题，怎样回答，心中无数，难免恐惧。因此，要能在面试中轻松回答，就必须在面试前做适当的准备。

尽管不同的用人单位和面试官，所提的问题不同，但是大体提出什么问题是有一定规律可循的。

（1）教育培训类的问题。你从哪所学校毕业？什么系科？简单介绍一下你的专业，你最喜欢的功课是什么？为什么？简要谈一下你的毕业论文或毕业设计，你的学习成绩怎样？在班上第几名？等等。

（2）求职动机类问题。为什么来本单位应聘？你对应聘职位有哪些期望？你在工作中追求什么？等等。

（3）相关经历类问题。你参加过哪些社会活动？你在哪个单位实习？时间多长？承担什么工作？你在工作中曾经遇到过什么困难？等等。

（4）计划和目标类问题。如你被录用，你准备怎样开展工作？有什么想法？如有其他的工作机会，你怎样看待？你打算沿着这条职业道路走下去吗？进入我们单位你准备干几年？你是否确定在我们单位的奋斗目标？等等。

（5）面试时要提出的问题。在准备时一定要注意：第一，把问题限制在询问应聘单位职位的范围内。在招聘告示、单位介绍中有的内容，面试官已经介绍过的内容不要提问。第二，回避敏感性的问题。如工资、福利等个人要求。第三，不要问简单或复杂的问题。因为简单的问题会显得你无知，复杂的提问又有故意为难面试官之嫌。

（6）准备的方式。对这些可能提及的问题先进行认真思考，考虑怎样回答和什么时机提出，然后将其要点写下来，反复说几遍，并模拟正式面试的情景，自问自答进行演练。为了了解回答的效果，纠正失误，甚至可与同学、朋友、家庭成员试谈一下。经过如此认真的准备之后，就能胸有成竹地去参加面试，一定会取得好的效果。

（七）提前进行模拟面试

对即将毕业完全没有求职经验的毕业生来说，要使自己尽早具备面试时能用心聆听、反应敏捷、条理清晰、回答圆满、言简意赅、举止从容及热情礼貌等素质，都应先进行多次模拟训练，方可提高。

（1）多找机会高声朗读和背诵一些文章，或有意识地多练习在众人面前发表自己的意见等。

（2）利用视听工具录下自己说话的情形后重播，找出缺点，设法改进。

（3）模拟角色训练。毕业生面试前甚至在校学习时，就要在就业指导课教师的指导或亲朋好友的帮助下，利用就业指导课的学习时间或其他时间和机会，有意识、有计划地多参与模拟面试角色演练。只有通过多次模拟角色演练，才能从中总结经验，找出不足，锻炼胆量，为今后参加正式面试活动打好基础。

（4）主动争取实战面试机会，面试失败后，细心检查整个面试的过程，认真寻找失败的原因，以达到从实践中吸取教训，增长经验的目的。

三、面试的着装要求

（一）服饰的总体要求

常言道："人是衣裳，马是鞍"、"三分容貌，七分打扮"。在求职面试活动中恰当的服饰会给人留下良好的第一印象。

一个人无论以什么身份在社会上活动，在服饰方面都要有起码的要求，即得体、整洁。所谓得体，是指每个人都应当根据自己的身材条件，去选择最合适的服装。服饰选择要与场合、季节以及自己充当的角色相统一，否则会产生不协调的感觉。整洁是着装服饰重要的一点，就是要整洁卫生。穿衣整洁卫生、干净利索，能给人以精干、文明的印象。大学生求职面试，是一个严肃、庄重的场合，在服饰方面要注意朴素、大方、整洁，突出职业特点。同时要符合社会大众的审美观，不要穿奇装异服。

（二）服饰的具体礼仪

懂得了服饰的总要求，面试者就要根据自己的具体情况考虑如何着装打扮。着装涉及一些基本的常识和礼仪问题。由于男女服饰差异较大，下面分别介绍。

1. 男士服饰礼仪

大学生求职面试是一个比较正规的社交场合，最适合于"西装革履"。男士着装不像女士着装那样讲究，以深色西装为宜，配白色衬衣，黑色鞋，再配与西装和鞋相近的袜子。这样，服饰就显得朴素、庄重、大方、协调。

穿西装有许多讲究。给人印象最为深刻的是领部、手部和脚部。衬衫领要露出西装领1~1.5厘米，手腕部衬衫袖口也要露出，裤子的长要以盖住鞋面正中为宜。上衣不能皱皱巴巴，需要熨烫，因为穿没有裤线的裤子，会给人随便的印象。西装的口袋不要塞满物品，否则会影响西装的整体美。选用的领带应与所穿西装相配，避免用太华丽的领带。衬衣一定要选较新的，领袖口一定要洗干净。鞋要擦干净。穿西装纽扣系法十分重要，穿双排扣的西装，要把全部扣系好，不可都打开。穿单排扣的西装，若有三粒扣子的只系中间一粒，若有两粒扣子的只系上面的一粒。在西方人眼中，穿单排扣西装只系上面扣子的人正统，只系下面扣子的人流气，两粒扣子都系的土气，全部不系的潇洒。在较正式的场合，要把上面的扣子系上，坐下的时候再解开。

2. 女士服饰礼仪

女大学生的面试装以整洁美观、稳重大方、端庄高雅为总原则。服饰色彩、款式、大小与自身的体态、发型和拟聘的职业相谐调一致。

女士求职装一般以西装套裙为宜，这是最通用、最稳妥的着装。一套剪裁得体的西装套裙和一件配色的衬衣或罩衫，外加相配的小饰物，会使你看起来显得优雅而自信，会给对方留下良好的印象。

女士装切忌穿太紧、太透、太露的衣服。不要穿超短裙，不要穿领口过低的衣服。夏天内衣颜色与外套一致，避免出颜色和轮廓，否则，会让人感到不庄重、不雅致，给人轻佻之感。

女士穿鞋也有讲究，总的原则是和整体相协调，在颜色和款式上与服装相配。面试时，不要穿长而尖的高跟鞋。中跟鞋是最佳选择，既结实又能体现职业女性的尊严。

在面试时，女士要注意，无论你的腿有多么漂亮，都要穿长筒袜，不能露腿。袜子不能脱丝，要注意合适的颜色，如肉色等。为了保险起见，你在包里放一双备用袜子，以便脱丝时能及时更换。

四、面试礼仪

（一）服饰、仪表大方得体

- 服装：合身，样式正统，符合大众潮流，符合面试场合气氛，给人以沉着、稳重、大方的良好感觉。
- 领带：干净平整，颜色搭配合适，领结结实、端正。
- 皮鞋：男生皮鞋保持干净、上油、刷亮，鞋带系牢；女生穿中高跟皮鞋为宜。
- 仪表：男生头发要修剪梳理好，保持整齐、干净、自然，头发不能过长，不能染发，发型不能标新立异；胡须必须刮干净，鼻毛不能过长。女生发型要符合学生身份，不理新潮发型，披肩发不能放任自流，要扎好。可施淡妆，但最好不要带饰物。

无论男生或女生双手都要洗干净，指甲都要剪整齐，不留长指甲。

研究表明，讲究衣着打扮的人自尊心和工作责任心较强。因此，面试前装束打扮一定要与谋求的职位相称，你的衣着必须能够衬托出你的气质、体魄、肤色、发型与个性，务必使自己的服饰传达出这样的信息：大方、精明能干、办事认真可靠。

（二）遵守面试时间

遵守时间是社会交往中最基本的要求，包括准时参加面试和遵守面试约定的时间长度两个方面。如第一次面试就迟到，一定会给面试官留下极糟的印象。遵守面试约定的时间长度，就不会影响他人的面试安排，也体现你的办事效率。面试时最好提前一刻钟到达面试地点，因为这段时间里你可以熟悉环境，调整情绪。

等待面试时，应该自带一些报刊阅读，不要来回走动显得浮躁不安，也不要与别的面试等待者聊天，因为你的谈话对周围的影响是你难以把握的，这也许会导致你应聘的失败。

（三）举止得体

人的体姿和相貌同样重要，共同显示出一个人的气质和风度。站有站相，坐有坐相，这是最起码的要求。

（1）站姿。如果是站着面试的话，应该双目平视前方，面带微笑，挺胸收腹，两腿站直，保持肩宽。两手自然下垂，或两手相握，尽量避免倒背、交叉、抱拢护胸或插在衣袋里等动作。

（2）就座。在对方没有请你坐下时切勿急于坐下，如果面试官让你坐下，你就道谢之后大方地坐下，没有必要非得等对方坐下你才坐下。

（3）坐姿。坐下时动作要轻，双目平视前方，面带微笑，上身要挺直，双腿要垂直自然并拢，略向前倾，以示对考官所谈内容感兴趣。标准的坐法是坐椅子的前2/3，不要跷着二郎腿。女生就座时，双腿垂直自然并拢，如上下交叠，不要不停地抖动，双手自然地放在双腿上；如果穿裙装，在坐下时要用手把裙后部抚平，以免起身时裙摆太皱，影响自己的形象。

（4）走姿。双目平视前方、面带微笑，挺胸、收腹，双手自然摆动，尽量避免倒背、交叉、抱拢护胸或插在衣袋里；行走速度应该不急不缓，在狭窄的走道上遇见反向行走者应该略微侧身相让，发生碰撞时应该主动道歉。

（5）握手和手势。面试中握手有着举“手”轻重的地位。和面试官握手时用力要适度，软弱的握手代表缺乏自信，如果用力过猛则会显得粗鲁；面试官主动向你伸出手时，你就大方地伸出手去与之握手。一般来说，面试前，若面试官坐着没有起身的话就不必与之握手。需要用手势时要多用大拇指，它是称赞、肯定的象征。

（四）表情自然

（1）微笑。如果你实在觉得紧张笑不出来，那么就对着镜子练习：轻轻抿着嘴，让两嘴角微微上翘，制造一个职业的微笑。

（2）眼神。眼为心之声，眼神和目光可以表达情感、传递信息、参与交流。面试时，你的眼神要与你对话的面试官进行交流，偶尔环顾其他在座的人以示尊重和平等。如果很紧张不敢直视，可以看面试官的正三角（就是脑门儿到两颊的三角区域），这时，对方也能感觉到你在直视他，目光不要四处飘移。应试者的视线接触对方面部时间应占全部谈话时间的60%以上，若太少会显得缺乏自信。

（五）文明礼貌

（1）面试前，手机最好关闭或改振动，在面试过程中不要接听电话；面试前不要喝酒，面试时不要抽烟，如果面试官请你抽烟，即使你是吸烟者也应该说声“谢谢”，然后礼貌地拒绝。

（2）假如要敲门进入，敲两三下较为标准，敲门时千万不要太用劲，进门后不要随手关门，应转过身去正对着门，轻轻将门合上。

（3）进入面试的房间，不要一声不吭，应该礼貌地向面试官问好。“您好”是永远正确的问候语。

（4）无论你在面试中与面试官的观点怎么不一样，一定要在面试官说完以后再说出你的意见，不要轻易打断对方说话，那样显得很不礼貌。

（5）结束前的礼节。由于近因效应的存在，会为你的面试添彩，所以，越到快结束时，越要注意以下礼节：①轻轻地把坐过的椅子归为原位。②查看桌上桌下是否有凌乱的东西，并把它清理好（这可能是一道考题）。③任何时候，哪怕面试之后已经没有应聘上的希望，也要体面、自然、大方、礼貌地主动告辞。④谈话结束离开前，应询问还有什么问题，得到允许后应微笑起身，道谢并说“再见”；或者起身与面试官握手，同时可微笑鞠一躬，并说“谢谢你花这份时间面试我”。⑤面试后走出门，转过身来对着门把门关上，不要背对着门关门。⑥再次感谢周围的工作人员。

五、应对面试的技巧

面试是一场智力的较量。在这场较量中，只有真正具有实力而又深谙面试技巧和策略的人才能取胜。

（一）自我介绍技巧

自我介绍的技巧包括：①清晰地说出自己的名字。②掌握时间，如果规定了时间，既不能超时，也不能过于简短，一般 3 分钟左右的介绍最为适当。③介绍时思路必须清晰，重点必须突出，切忌吹得天花乱坠，滔滔不绝。④不要重复简历上的内容，一定要突出你的知识与应聘岗位的联系。如果是电脑软件公司，应说有关电脑软件的话；如果是金融财务公司，便可说财务管理方面的事，投其所好。

（二）倾听的技巧

注意听是一种重要的交流信息的技巧。面试的实质就是面试官与应试者进行信息交流从而获得全面评价的过程，形式上充分体现在“说”和“听”上。应试者注意听，不仅显示对面试官的尊重，而且你要回答面试官的问题就必须注意听，只有通过专心致志地听，才能抓住问题的实质，否则，就可能不得要领，答非所问。

因此，在面试中应注意以下几点：一是目光要专注，要有礼貌地注视面试官，并且要不时地与面试官进行眼神交流，视线范围大致在鼻以下胸口以上，千万不要东张西望。二是尽量微笑，适时爽朗的笑声可令气氛活跃，但绝不可开怀大笑。三是用点头对面试官的谈话做出反应，并适时说些简短而肯定对方的话语，如：对、可以、是的、不错等。四是身体要稍稍向前倾斜，手脚不要有太多的姿势。如果漫不经心、表情木然则必然伤害面试官的自尊心。

在面试中，应试者除了注意倾听面试官的提问，同时要注意察言观色，从而做到知己知彼，有针对性地应付。察言观色首先要求细心、敏锐，能捕捉到有价值的信息。其次，能解读和“破译”这些体态语的真实含义。

(三)语言表达技巧

准确、灵活、恰当的口语表达，是面试的关键环节。如果你的各方面条件都不错，但由于你表达能力差，不能将所要表达的内容充分表达出来，面试官会因难以了解而不录用你。在同等条件下，如果谁的表达能力强，善于宣传推销自己，谁就能在竞争中获胜。

语言表达技巧有两个方面的要求，一是要做到表达清楚准确，通俗易懂；二是要做到动听，富有美感和吸引力。

应试者在谈话中应着重掌握以下几种语言表达技巧。

(1) 简明扼要。用最少量的话语传递尽可能多的信息。通常要注意三个问题：一要紧扣提问回答；二要克服啰唆重复的语病；三要戒掉口头禅。

(2) 通俗朴实。在语言表达时，首先要通俗化、口语化，多用通俗词语，避免使用些文绉绉、酸溜溜或过于书面化的语言，既不亲切，又很难懂，往往事与愿违。其次要质朴无华。如果片面追求语言的新奇华丽，过分雕琢，就会给人以炫耀之嫌，必定会产生反感。所以语言贵在自然朴实、生动、表达真情实意。

(3) 要善于运用形象和幽默风趣的语言。用形象和幽默风趣的语言有助于增强语言的吸引力，融洽和活跃谈话气氛。在面试交谈中，应试者要注意避免使用枯燥、干瘪、呆板的语言，尽量使自己的语言生动、形象、富有情趣，给面试官以感染力，增强对你的好感和信任。

(4) 注意谈话的语速。一般来说，面试中的问答是平铺直叙的，如介绍自己的一些基本情况，谈谈对公司前景的看法等。所以，没必要慷慨激昂，振臂挥舞。在语速上不必像朗诵诗歌般抑扬顿挫。按照你平时回答教师提问时的语速说话即可。口齿要清楚，说话时注意句与句之间的间隔，使人感到你思路清晰，沉着冷静。

另外在面谈时还应注意语气要平和，语调要恰当，音量要适中。语气是指说话的口气。语调则是指一句话的腔调，也就是语音的高低轻重配合。打招呼、问候时宜用上升语调，加重语气并带拖音，以引起对方注意，声音过小难以听清。音量的大小要根据面试现场情况而定。两人面谈且距离较近时声音不宜过大，集体面试而且场地开阔时声音不宜过小，以每个招聘者都能听清你的讲话为原则。

(四)问答技巧

问答技巧包括应答技巧和提问技巧两个方面。面试中应试者主要是以回答面试官的提问来接受测评的，同时也应主动提出一些问题，来显示应试者的整体素质。

1. 应答技巧

(1) 先说论点后说论据。应试者在回答问题时，要考虑自己所说内容的结构，用尽可能短的时间组织好说话的顺序。一般来说，回答一个问题，首先提出你对问题的基本观点，然后再逐一用资料等论证、解释。这样做，既有利于应试者自己组织材料，又可以给面试官一个思路清晰的好印象。

(2) 扬长避短、显示潜力。常言道：寸有所长，尺有所短。每个人都有自己的优势与不足，如何在有限的时间内使你的优势充分体现，扬长避短，显示潜力，是一种艺术。扬长避短，既不是瞒天过海，更不是弄虚作假，而是一种灵活性与掩饰性技巧的体现。如性格内向的人就容易给人留下深沉有余、积极开放不足的印象。因而，性格内向的人发言要主动、大胆、热情，以弥补自己性格的不足。

（3）遇到不便回答的问题可以拒绝回答。一般情况下，面试官在面试时不应提出有关应试者隐私或其他不便回答的问题。但是，有的面试官出于对某些工作的要求，或是出于其他原因，可能会对应试者提出一些棘手的问题。对于这样的问题，有过这种经历的应试者都不愿回答。即使回答，往往也是支支吾吾，含糊其辞，给面试官留下不良印象。与其这样，应试者不如直截了当地说："对不起，我不愿回答这个问题"。

如果已经使用犹豫不决的态度说话，把自己弄得很尴尬了，就要及时警觉起来。此时你没有必要特别用心来缓和谈话的气氛，只要你对以后的问题，用明朗的态度表明就行了。面试官知道你能坚持自己的意见，一般就不会再问了，坦然处之，会给他留下良好的印象。

2. 提问技巧

（1）提出的问题要视面试官的身份而定。面试前你最好弄清面试官的职务，要知道面试官是一般工作人员，还是负责人，是哪一级的负责人。要视面试官的职务来提问题，不要不管面试官是什么人，什么问题都问，搞得面试官无法回答，引起面试官对你反感。如果你想了解求职单位共有多少人、职称结构、主要业务方面的问题，就不要向一般工作人员提问，而要向单位负责人提问。

（2）应试者通常可提的问题。一般情况下，应试者可向面试官提出以下几个方面的问题：一是单位性质、上级部门、组织结构、人员结构、成立时间、产品和经营状况等；二是单位在同行业中的地位、发展前景、所需人员的专业及文化层次和素质要求；三是单位的用工方式、内部分配制度、管理状况、经济效益和社会效益等。

（3）要注意提问的时间。要把不同的问题安排在谈话进程的不同阶段提出。有的问题可以在谈话一开始提出，有的可以在谈话进程中提出，有的则要放在快结束时再提。不要毫无目的地乱提，更不可颠三倒四反反复复提那么几个问题。因此在谈话之前，要将所要提的问题一一列出，按照谈话进程编出序号，反复看几遍，以便在谈话时头脑清醒，知道提问的顺序。

（4）要注意提问的方式、语气。有些问题，可以直截了当地提出来，如贵单位人员结构，贵单位岗位设置等。有些问题，则不可直截了当地提出，而要婉转、含蓄一点。如了解求职单位职工收入情况和自己去了以后每月有多少收入等问题，不可直接问。而应该婉转地问："贵单位有什么奖惩条例、规定"；"贵单位实行什么样的分配制度"等。因为这些问题清楚了，自己对照一下可能就会知道有多少收入。另外在询问时，一定要注意语气，要给人一种诚挚、谦逊的感觉。千万不可用质问的语气向对方提问，这样会引起反感。

（5）不提模棱两可、似是而非的问题。特别是提与职业、专业有关的问题，一定要确切，不要不懂装懂，提出幼稚可笑的问题。因为从提问中可以看出提问者的知识水平、思维方式、个人价值观等。

（五）应对面试官的技巧

面试是一项专业性很强的工作，面试官同样受这种职业的限制，他必须评价应试者，而且能做到含而不露。面试官在面试内容上大同小异，目的性也十分明确，但由于每个面试官的性格各异，兴趣不同，处世方式大相径庭，对问题的看法也不尽一致，就会使我们面对的问题格外复杂。因此，在面试时要根据不同类型的面试官采用相应的策略参加面试。

1．文明礼貌，不卑不亢

大学毕业生在面试时，应懂得起码的社交礼仪，无论面对何种类型的面试官，都应注意礼貌，但也不能过分殷勤。有些应试者为了达到录取的目的，对面试官大献殷勤，对招聘单位极尽吹捧之能事，个别人甚至丧失人格达到令人作呕的地步。这样的应试者，成功的机会很少。任何单位都是挑选一些有作为、能为单位发展做出贡献的人，谁也不愿接收溜须拍马、卑躬屈膝、阿谀奉承的人。也有一些应试者应聘时本身并不想表现出谄媚的态度，但在言谈举止上却流露出不正常的行为。例如，一进考场，先向每一个面试官九十度大鞠躬，在面试过程中，过于夸大单位长处，面试结束走出房门，又突然返回，再向面试官九十度大鞠躬，口中还不停地念叨“谢谢！谢谢!”，搞得面试官啼笑皆非，十分反感。

有些毕业生尽管毕业于名牌大学，成绩优秀，自身条件优越，笔试成绩良好，但在面试中却屡遭失败。究其主要原因是自恃条件优越，趾高气扬，盛气凌人；或者是自命清高，表情冷漠，缺乏热情。这一切都会引起用人单位的反感。虚荣心太强，也会导致你的面试失败。当自己被考官发现了短处，自知找不到理由来解释，却强词夺理，牵强附会，拼命狡辩，这样会给人一种不虚心、不诚实之感。

2．因人而异，区别对待

面试官的身份不同，他的用人观念和价值标准也不同。因此面对不同的面试官，要采用不同方法。如果面试官是技术干部，他就可能注重专业知识和技能；如果面试官是人事干部，他就会注重应试者的社会意识和处世能力；如果面试官是领导干部，则注重应试者的合作精神、办事能力和应变能力。为取得面试成功，求职者可事先了解面试官的身份，再采取相应措施。若在面试前未能了解到他们的情况，可向面试完的同学咨询。

应试者尤其要注意面试官的性格。一个“谦虚”的面试官，一见面就会与你握手，请你入座。这类面试官，表面看来谦虚可亲，容易交往，但他们内心严谨，洞察敏锐，即使你想掩盖内心的不安，伪装平静地谈话，也会被他们识破。面对这种类型的面试官，应试者必须保持警觉，诚心诚意地谈出自己的想法。绝不要一味地去迎合面试官，不要妄自尊大。妄自尊大最令谦虚的面试官反感。所以面对这样的面试官，求职者采取的策略是，他谦虚，你比他更谦虚。

面对一个冷冰冰的面试官，再高明的社交能手都会感到难以接近，一般的新手就更不知如何是好。这类面试官一般性格内向，比较固执，但他们坚持原则，对人的考察方式一板一眼，对人的评价以书本中的条条框框为准。所以面对这样的面试官，你只需按部就班地发挥，便可取胜。

面对一个慢吞吞的面试官，求职者最需要的是耐心和韧劲。慢吞吞的人一般做事迟缓，工作效率较低，为人不够爽快，对他人总是不放心。但慢吞吞的面试官通常都是有耐心的人，他们总是把一切弄得仔仔细细、明明白白。求职者对这种面试官一定要耐住性子，说话保持温和谦虚的口气，耐心、仔细、周全地回答问题，最好不要发问，少些辩驳。在语气上、表达方式上尽量配合他，千万不要走神或有倦意的神态。只要这样，求职者就能打动这类面试官的心。

如果求职者在面试时遇到一位喋喋不休、说个没完的面试官，算是幸运的。因为说话多的人会放松对他人的观察与把握。但是求职者一定不能懈怠，或流露出不耐烦的神情。此时，你需要聆听，不插话，除非他向你提问，自己不要另起话头。让面试官充分说话，尽情表达，兴趣盎然。这样，你多半会被录用。所以，此时此刻对求职者来说，最重要的是对他所讲的内容报以浓厚兴趣，并不断利用表情，促使他把话说下去。不要担心拉长时间，或表现出焦虑不安的神态，这样会使他扫兴，当然结果自然不会美妙。

（六）面试后的追踪技巧

1. 总结经验

面试结束，应试者不能认为万事大吉。要及时总结面试表现，或向同去的同学询问，或向有经验的师长求教，你在面试中给对方留下的印象如何？回答提问时存在什么问题？有些重要的情况是否遗漏了或未说清楚。回忆一下有哪些失误，找出弥补的办法，尽快争取主动。

2. 保持联络

面试结束后，求职者不能坐享其成，静候佳音，一定要积极主动地与用人单位保持联系。要积极采取行动，设法让用人单位记住你，抓住时机，趁热打铁，真正把握成功的机会。在面试后的一两天内，可通过写信、打电话或登门，表示感谢，询问情况，加深印象。要尽量同面试人员、人事部主管等关键人物建立个人感情，询问、请教、闲谈，表明自己对企业所具有的价值和对工作的企盼和敬业精神。用开朗、热情来打动面试人员，不管对方态度是积极还是冷淡，不到最后绝不放弃。也可以委婉或辗转委托对该单位有影响的人帮助询问、联系，强调对你有利的信息。

3. 加深印象

想方设法让自己“引人注目”，让对方在难以取舍时能关注你、重视你、记住你，把面试时准备到的信息、资料、个人情况加以补充说明。向对方反复强调你的敬业精神，你对单位所具有价值的认识，要明确向对方表示，若你得到这份工作，会怎样加倍珍惜，努力干好工作。

4. 争取试用

要利用多种渠道，争取参加岗位实习。实习不仅是展示自我、熟悉工作岗位的有利机会，而且也有利于用人单位进一步了解你。因此，你要尽量表现好，要尊重领导、同事，为人真诚、礼貌、虚心请教；要遵守单位的各项制度，工作上要踏踏实实、任劳任怨、联系实际、学以致用、充分显示自己的专业能力。以此获得对方人员信任，争取试用以至录用。

总之，在你参加完第一次面试后，不管成败，都可能有第二次面试的机会，一试定乾坤的用人单位很少。请记住：你得求职，下次有面试在等你。经过自我评估并不断改进，下次面试你一定会胸有成竹，令人刮目相看。

【面试后的感谢信】

尊敬的×××先生（女士）：

感谢您昨天为我的面试花费的时间和精力。和您谈话我觉得很愉快，并且了解到许多关于贵公司的情况，包括公司的历史、管理形式以及公司宗旨。

正像我们已经谈到过的，我的专业知识、经验和成绩对你们公司是很有用的，尤其是我的吃苦钻研能力。我还在公司、您本人和我三者之间发现了思想方法和管理方法上的许多共同点。

我对贵公司的前途十分有信心，希望有机会和你们共同工作，为公司的发展共同努力。再一次感谢您。并希望有机会与您再谈。

您忠实的×××

【案例分析】

以下是一个到咨询公司应聘的毕业生所经历的面试对答。

面试官：你为什么想进本公司？

毕业生：咨询业在国内是一个比较新的行业，发展的前景很是广阔。贵公司早在十年前就独具慧眼，在北京建立了分公司，现在已是最著名的咨询公司之一。如果有幸加入贵公司，一方面是对我个人能力的一种肯定；另一方面我曾听一位前辈介绍说现在北京咨询业竞争很激烈，我是一个很想接受挑战的人，所以很想进入贵公司。

面试官：那么你具体对哪一个工作更感兴趣？

毕业生：我最想进的是咨询服务部。这个部门很富有挑战性，也可以学到很多东西。现在国内很多企业都不是很景气，如果能帮助它们走出困境，将是一件很好的事情。

【点评】

以上是面试中最常见的两个问题。该同学明确表达了对公司以及具体岗位的兴趣。不详细了解公司的情况是无法从容回答这些问题的。

面试官：如果其他公司和本公司都录用你时，你怎么办？

毕业生：对我而言，能同时被几家公司录用，是一件让我高兴的事。我想，对公司而言，希望招聘到优秀而且合格的学生；同样，对我而言，也希望自己能做出一个正确的选择。我会仔细比较各个公司的特点，包括公司的待遇、工作环境等，并结合我的兴趣和专业，努力找到一个最佳结合点，做出最优化的选择。但说实话，这确实是一件比较难办的事情，不知道您能不能给我一点建议。

【点评】

这个问题是公司在试探你加入的意愿是否很强烈，一定要给出明确的答案。该同学的回答显得玲珑有余而主见不够。

面试官：你觉得你哪些方面的潜能可以在本公司得到发挥？

毕业生：我想每个求职者都希望能发挥自己的所有潜能，而并不仅仅是使用学校里所学到的专业知识。如果我的潜能得不到发挥的话，对公司而言是一种损失，对我个人也是损失。我个人理解潜能包括对工作的热情、自信，对现代公司理念的理解和实践，人际关系能力，高效率的工作，处理危机的能力等。就我而言，如果能够加入贵公司，会努力争取锻炼自己，发展自己，为公司发展做出贡献；另一方面，也希望公司能提供这样一个环境。我在大学里担任校团委宣传部长，负责过一些大型活动的宣传工作，在公共关系方面积累了一些经验。

面试官：请具体谈一谈。

毕业生：去年我参加了××届全运会组委会与校团委举办的自愿者校园招募活动。我们首先利用海报、校园广播做了宣传，然后做了一个情况介绍会，邀请组委会和学校领导出席，又由以前的志愿者介绍了经验，效果很好，出色地完成了任务。

【点评】

以上两个问题是了解你的能力和工作兴趣的问题，应实事求是地回答，注意充分表现自己的信心和能力，但千万不要夸大其词。

面试官：你对大学学习的知识如何与工作应用相结合怎么看？

毕业生：大学里学到的知识主要是书本知识，主要是课堂讲述的知识以及自学的知识。这些要用到工作中去，一定要结合工作的实际。每个公司都有自己的特点，譬如说会计，我相信每个公司都有自己的内部会计制度，所以在工作中需要不断地学习。事实上我认为我在大学里学到的书本知识并不是我最大的收获，而是自学能力的培养和分析问题的方法，这个对我很重要，我想在工作中也是如此。

【点评】

这是个可以自由发挥的问题，阐述自己的看法并以令人信服的理由说明就可以。注意言简意赅，条理清楚。

面试官：一个人工作和团体工作，你喜欢哪一种？

毕业生：这个问题我没有固定的答案，要看工作的具体内容而定。如果是简单的、一个人可以做的工作，大家一起做的话反而会增加工作的复杂性，在这种情况下，我倾向于一个人工作。反之，在大多数情况下，我愿意团体合作。这个世界的变化很大很快也很复杂，而一个人的工作能力有限，团体合作将更有助于有效地实现一个目标。

【点评】

无论用什么样的方法回答这个问题，一定要记住一点：缺乏团体合作及集体精神的人是不能被企业或公司接受的。

面试官：你以前在学校里有没有团体合作的经历？

毕业生：我曾经在学校里参加过戏剧节里一个戏剧节目。一个节目首先要有创意，同时也要由校方提供条件，这就是个协调和合作的过程。我的具体职务就是协调人。创意要由编剧化为剧本，然后有一个挑选演员的过程，进而是角色的分配。这里往往也有矛盾。譬如说谁演主角，谁演配角。只有大家一起团结协作，才能使角色之间达到平衡。编剧和演员之间更要合作，因为每一个人对剧本都有他自己的理解，只有当大家对剧本有一个统一的理解之后，才能把戏真正演好。

面试官：如果分配你到其他部门工作，你愿意吗？

毕业生：可以，因为我喜欢的是贵公司所从事的咨询行业，在其他部门工作，对自己熟悉整个事业的过程应该很有帮助。

面试官：好，今天就谈到这里，公司三日内给你通知。

毕业生：谢谢！非常感谢您给我这次面试机会。

【点评】

面试成功与否，归根结底还是取决于一个人的综合素质。面试技巧只能帮助同学们少走弯路，更好地展现自己的优势，以便更顺利地找到适合自己的工作。面试技巧的成功运用是建立在对自己充分了解和合理定位基础上的。

（来源：杨生斌著《职业指导教程》，西北大学出版社）

第三节　笔试策略

笔试主要适用于应试人数较多、需要考核的知识面较广或需要重点考核文字能力的情况。大企业、大单位大批量用人，国家机关选聘公务员，往往采用此种考核形式。另外，有些单位往往首先通过笔试来确定进一步面试人员的名单。因此，求职者不可小视笔试，必须认真对待。大学生对笔试并不陌生，但要注意求职过程中的笔试与课程考试的不同之处。

一、笔试的作用和种类

（一）笔试的作用

1．知识考核

不同的工作岗位都需要具备一定的相关知识，如财务部门的职员要了解会计知识、税务知识、财务制度、金融常识等。缺乏某种必要的知识，员工就不能很好地胜任工作，单位如果聘用到不合格的员工，势必额外增加许多培训费用。于是，通过知识考试，招聘单位可以迅速筛选掉一些明显不合格的应聘者。

2．能力考核

在竞争日趋激烈的现代社会，“终身教育”的概念越来越为人们所认可。招聘单位更愿意选择聘用那些学习能力强、善于主动进行终身教育的人。而衡量学习能力的一种“简便、迅速”有效的办法就是测试应聘者的知识广度。因为一般来讲，知识面广的人，知识的迁移性强，掌握新知识的速度也快。通过笔试，可以对应聘者在这方面进行考核。

3．评价尺度

笔试的结果是根据一定答案标准评定出来的，它弥补了面试的结果往往是根据个人爱好、感情用事评分的缺陷，可以防止任人唯亲等不正之风；笔试的试卷是决定求职者去留的最客观的依据，笔试的成绩往往可靠、公平、真实且排名简易，也可以作为求职者能力的留档记录；对用人单位来说是检查和核实求职者真才实学的办法。因此，笔试

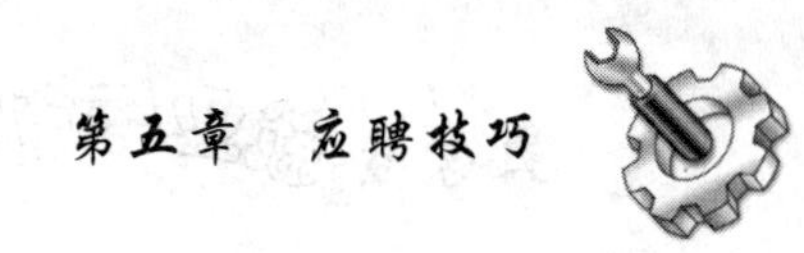

是用人单位测试求职者的重要砝码。

（二）笔试的种类

目前常见的笔试种类有以下几种：

1. 专业考试

专业考试主要是为了检验应试者专业知识水平和相关的实际能力。一般情况下，大多数用人单位看了推荐表上的各门功课的成绩，有时在面试中提一两个专业问题，笔试就免了。但也有一些特殊用人单位，需要通过笔试的方式对应试者进行专业知识的再考核。例如，外贸企业对应试者要考外语；科研机构招聘人员要考动手能力；国家机关招聘公务员要考行政管理和法律知识等。

2. 心理测试

心理测试是用事先编好的标准量化表或问卷要求应试者完成，根据完成的数量和质量来判断应试者的心理水平或个性差异。一些特殊的用人单位常常以此来测试应试者的态度、兴趣、动机、智力、个性等心理素质。

3. 智商测试

智商测试主要为一些跨国公司所采用，它们对毕业生所学专业一般没有特殊要求，但对毕业生的素质要求较高。在它们看来，专业能力可以通过公司的培训获得，因此有没有专业训练背景无关紧要，但毕业生是否具有不断接受新知识的能力是至关重要的。

4. 命题作文

命题作文考试的目的在于考查应试者分析问题能力、逻辑思维能力和文字应用表达能力。比如限时写出一份会议通知、介绍大学生活、请示报告或某次工作总结报告，也可以给出一个观点，要求应试者予以论证或批驳等。

5. 综合能力测试

综合能力测试兼有智商测试的要求，但程度更高。比如应试者要在规定的时间内对一组数据、一组资料进行分析，找出合理的地方和存在的问题，并设计出解决问题的方案。这是对应试者的阅读理解能力，发现、分析和解决问题的能力，知识面等素质的全方位测试，甚至有时候问答都是用英语进行，相对来说难度更大一些。

6. 国家公务员录用考试

根据《中华人民共和国国家公务员暂行条例》第四章第十三条的规定，国家机关录用公务员，一律实行面向社会的公开竞争性考试。公务员资格考试的笔试部分是由中组部、人事部统一组织的，笔试科目为《行政职业能力倾向测验》、《申论》和《综合知识》。

(1)《行政职业能力倾向测验》主要测试从事机关工作必须具备的知觉速度与准确性、言语理解及运用、数量关系、判断推理、资料分析等五个方面的能力。

(2)《申论》主要测试综合分析与文字表达等方面的能力。

(3)《综合知识》主要测试作为机关工作人员应具备的知识面，内容涉及时事政治、中国近现代史常识、自然科学知识及国家公务员制度知识等四个方面。

（三）笔试的试题

按照考核目的或笔试种类，笔试的内容会有不同，以下是几种常见的笔试试题：

（1）专业类。这类试题主要涉及应试者所学或企业用人岗位所需的专业知识。

（2）政治类。这类试题主要涉及一些基本的政治观点、时事政治或对国际国内形势的分析。例如，试用马克思主义的基本观点说明一两个具体问题。如：你对当前改革有何见解？谈谈你对当前国际形势的看法等。

（3）公文类。这类试题主要涉及一些常用公文的写作，考查应试者对各种公文文体的掌握情况及对语言、文字的驾驭能力等。例如，某学校教务部门打算买一台计算机，请你写一份请示或报告；某地准备召开高校精神文明建设交流会，请写一份会议通知；5分钟改错别字；等等。

（4）技能类。这类试题主要涉及英语、计算机等通用技能的考核。例如，翻译一篇短文（英译汉或汉译英）；打印一篇短文（计算机操作）。

（5）综合类。这类试题涉及面较广，考查的知识点比较全面且综合性强，针对一个问题可能需要应试者动用多个方面的知识和能力去解决。例如，参加一次主题研讨会，议题为：怎样增强国有大中型企业的活力？怎样加强国家宏观调控的能力？经济体制改革如何深化？然后，应试者应就本次研讨会写出一份会议纪要和英文提要，并用计算机打印出来。某外商要来本公司洽谈合作事宜，来电话告知日程安排，要求应试者用相应语种接听电话，并打印出电话记录，呈报有关领导。阅读数篇群众来信，并结合秘书工作的特点写出一份情况汇报，打印上报。

二、笔试前的准备

（一）专业知识考试的准备

1. 温故知新

专业对口的应聘者首先应回顾、复习本专业本科阶段或研究生阶段的主干课程，对每门课程的体系、框架、内容做到心中有数。跨专业的应聘者需要花更多的时间来熟悉、巩固专业知识。这种复习或巩固不是课本知识的简单重复，而是站在全局的高度完成知识的系统化、完整化和熟练化的三大任务。具体地说，通过复习时的思考和练习找到知识之间的内在联系，弥补知识结构中的不足，使知识运用得更熟练、更灵活，因此，不能仅仅停留在学懂学透的水平上，还要不断深化，把所学的知识转化为智力，用以分析和解决问题。由此可见平时的知识积累至关重要。

2. 了解专业动态

应聘者在准备专业知识考试时，不仅要有扎实的理论基础，同时还必须了解该专业当前发展的一些最新动态。学校学习期间所使用的教科书和参考书只提供了关于某专业的一些基础理论，而且由于出版周期等原因，某些信息往往相对滞后。而招聘单位在招聘员工时，从实用的角度出发，比较注重应聘者的知识更新程度，希望招聘到的员工掌握较新的专业知识，从而能尽快地适应工作，应聘者参加专业知识考试前要注意了解收集这方面的有关信息。获取这类信息的途径很多，如参阅定期出版的专业杂志、报纸，不定期出版的论文集、学术刊物、科普读物、学术会议资料文摘等。

3．了解招聘单位情况

应聘者可以通过各种途径去了解招聘单位的情况，到公共图书馆、学校图书馆或专业图书馆查阅有关统计资料，上网访问该企业的主页，主要目的在于将企业的有关资料与应聘者的专业知识相结合，使准备工作更有针对性。例如，同样是会计专业，工业企业会计与商业企业会计就有所不同；而机械类、纺织品类、食品类、电子类、化工类等企业都各有其自身的特点。了解了企业的产品或服务特点，才能在考前准备中做到有的放矢。当试题中出现与企业产品相关的内容时，也不至于一无所知或泛泛而谈。

（二）综合考试的准备

综合知识考试涉及面广，知识来源复杂，而且不同单位、不同职业可以有不同的侧重点。因此，准备起来比较困难。下面主要介绍一些在各种工作环境中经常会遇到并且越来越受到人们重视的知识。

1．时事政治

时事政治影响我们日常的学习、生活和工作。时事变化可以影响政治、经济、文化，也可以影响人们的心态。对于精明的商人则可以从中挖掘出巨大的商机。通过时事政治考试既可以了解应聘者对时事的反应能力，也可以了解应聘者对市场的敏感度和预测能力。目前，在公务员考试以及一些企、事业单位的知识考试中都有此类考试。一般来说，时事政治的考试范围大致是一年时间里国内外所发生的重大事件、制定的重要政策、颁布的重要文件、召开的重要会议、举行的重要活动以及科技发展的重要成果等。为此，此类应试的关键在于平时积累。应聘者应经常翻阅报刊，观看中央电视台的《新闻联播》、《焦点访谈》等新闻类节目。

2．公共关系

随着改革开放和市场经济的发展，公共关系作为一种经营管理职能、市场营销策略、现代交往观念和方式，正迅速被人们所认识和接受。公共关系的主要职能是建立良好的组织形象，协调组织内外关系。社会组织、公众、传播是其基本要素。一个组织具有良好的形象和内外环境，就能得到公众的信任和支持，增强组织的发展能力和竞争能力，因此，现代企业越来越重视公共关系。例如，名牌家电企业海尔集团通过其高质量的产品，星级服务体系、用户永远是对的等一系列公关原则，塑造了良好的企业形象，赢得了广大的市场。应聘者可以看一些相关的书籍，如《公共关系》、《公关实务》以及公共关系方面的杂志等，还可以通过查阅报纸或向在职人员询问，了解所应聘单位的相关情况。

3．社交礼仪

社交礼仪是现代社会中人们交往的行为规范，也是人们道德观念的反映，它在人们日常的生活、工作中，特别是一些重大的活动事务中发挥着重要作用。人们在工作中与各种各样的人打交道，得体、合乎规范的礼仪会给人留下良好的印象，创造和谐的人际环境。在一些正规、隆重的场合，礼仪不仅代表了个人的形象，而且也是一个组织甚至一个国家的形象。在各种社交场合会涉及不同社交礼仪，如接待礼仪、餐饮礼仪、商务礼仪、外事礼仪等。应聘者可根据自己的实际情况和所应聘职位，有针对性地阅读一些书籍、杂志，如《实用公关礼仪》之类。

4. 人际关系技巧

所谓人际关系是指人与人之间在传递信息、沟通思想和交流情感等过程中形成的人与人之间的好感、恶感、排斥或吸引等心理上的距离和关系。美国著名成人教育专家卡耐基曾断言："一个人事业的成功15%靠自身的努力，而85%取决于良好的人际关系"。人们生存于现实社会中，他们的成功和幸福与他人息息相关，任何人都不可能孤立地生活，即使专业技能水平再高、专业知识再丰富，也要与不同的人打交道和共事，现代社会越来越重视人际关系技巧。例如，公务员要善于处理好与上级的关系，协调好与同事之间的关系，善于化解政府部门的各种人际纠纷。部门管理者要善于调动员工的积极性，要善于与员工进行人际沟通等。应聘者可以阅读一些关于心理学方面的书籍以及相关的杂志，如《现代交际》、《交际与口才》等，也可以向有经验的人请教。

5. 环保知识

随着科学技术的发展，环境污染问题越来越受到人们的重视。近来世界各地常发生气候异常、自然灾害严重等环境问题，保护环境已不仅是国家和政府的事务，也是企业和个人的义务和责任。现代一些知名企业已不仅注重其经济效益，而且日益重视其社会责任、社会效益，环保就是其中一个重要内容。20世纪80年代后期绿色运动出现并已成为全球范围内推动社会变革的一支重要力量，如今环保已成为许多企业决策的重要内容。因此，应聘者应有一定的环保知识，并且要十分注意在应聘过程中使自己的行为符合环保要求，例如在考试场所不吸烟，不乱扔纸屑废物，不随地吐痰。

6. 法律常识

市场经济是一种法制经济，没有法制，市场经济也就难以规范化。目前，我们的市场经济还不完善，法制还不健全，人们的法制观念较差，法律知识贫乏。例如，在经济领域中，除了常见的利用购销合同诈骗之外，利用货物运输、仓储保管、加工承揽、资产租赁、工程建筑承包、房地产转让、国际贸易等方面的合同进行诈骗的案件屡见不鲜。因此，应聘者对《经济法》、《金融法》、《行政法》、《行政诉讼法》、《国际贸易法》等应有一定的了解，对涉及与专业有关的法律更应熟悉，并善于应用法律知识处理实际问题。

7. 文化背景知识

所谓文化，是指不同的人种、民族、区域的社会成员所特有的生活方式、思想方式、行为方式、交往方式以及与之密切相关的一切后天习得的东西。随着世界各国之间合作和联系的加强，不同国籍、区域的人员经常需要合作，从而带来不同文化之间的碰撞和冲突，如果不了解对方的文化，就会影响工作的完成。例如，日本从文化渊源上与中国有相似之处，但仍有其独特的文化内涵。如果不了解日本的企业文化，就不能适应日本人的工作方式。对于想进外资企业的应聘者，可以根据招聘单位的性质，看一些介绍该国文化的书籍，也可以到网上查看该企业的详细资料。

8．其他

综合知识的考试范围广泛，其他还有诸如天文地理、自然常识、社会常识等，难以一一尽述。目前，关于公务员综合知识考试的范围，国家有明确的规定，而企事业单位的考试则有不同的要求。有的单位可能还不作要求，但随着对人才素质的要求越来越高，招聘程序的越来越规范，这方面的考试会越来越重要。

三、笔试方法与技巧

应聘者参加笔试前除应当针对考试内容做适当准备，提前熟悉考场环境外还要及早学习和熟悉一些笔试的技巧，肯定对应试者会有很大帮助。

（一）调适自我心态

对每个人来说，能否通过应聘考试，不仅是一个人能力、实力的证明，而且关系到个人的前途和命运。面临这样一件人生大事，应聘者难免产生焦虑，即过度的紧张，这种不良的精神状态会影响复习的效果，那么，什么样的心态才有利于应聘考试呢？

1．良好的自我评价

心理学研究表明，良好的自我暗示和自我评价，有助于一个人潜能的发挥，而总以为自己是个失败者的人，往往在生活中遭受挫折。心理学研究还告诉我们，智力发展在人类中表现为正态分布，即智力超常或智力低常者在总人口中只占极少数，大多数人的智力属于一般水平。因此，应聘者在众多竞争者面前完全没有必要自卑、胆怯。

2．适度的情绪兴奋性

心理学研究发现，积极的情绪有助于人们提高行为效率，适度的情绪兴奋性会使人的身心处于最佳活动状态，促进个体积极地行动和思维。应聘者在准备综合知识考试的过程中，需要翻阅大量的资料，获取丰富的信息，适当地保持情绪的兴奋性有利于提高复习效率。

3．成败得失平常心

也许面前的职业是你梦寐以求的，也许面前的高薪对你有巨大的吸引力，但毕竟“粥少僧多”。在应试前，对成败得失应有一颗平常心，对成败看得过重，在应聘考试时就难以有轻松的心情。其实，即使失败了也并不是一无所获，在这个参与过程中，你可以发现你的欠缺，在今后的应聘考试中可以有针对性地去准备。另外，参与竞争的同时也锻炼了你的心理承受能力。

（二）科学答卷

1．抓住重点

用人单位的笔试重点一般是常用的基础知识。拿到试卷后，首先应统览一遍，了解题目的多少和难易程度，以便掌握答题的速度。然后按先易后难的原则排出答题顺序，先答相对简单的题，余下的时间再认真推敲其他难题，一定不要因死抠少数难题而浪费太多时间，结果会做的题也没时间做了。在统览全卷的基础上，应在重点题目上下工夫，认真答题，遇到较大的综合题或论述题时，应该先列出提纲，再逐条撰写。

2．认真审题

在答题之前必须搞清楚题目的类型、要考查的知识点和考查的目的等。因为求职笔试试题不同于平时学习过程中的考试试题，它考查的面比较广，而且随意性、灵活性大，试题中有一些可能是你从来没有遇到过的类型，甚至有些问题非常古怪，这时应试者必须冷静分析，搞清楚题目类型，动用所有的联想和记忆细胞查找可能的线索，寻求最佳答案。

3．仔细检查

答完试卷后，要尽量挤出时间对容易出错的地方进行复查，特别注意不要漏题，更不能跑题或出现错别字、语法不通、词不达意等错误。另外应当注意的是卷面字迹清晰，书写过于潦草、字迹难以辨认也会影响考试成绩。因为求职笔试不同于其他专业考试，“醉翁之意不在酒”，有时招聘单位并不特别在意应试者考分的稍许高低。认真的态度，细致的作风，则会大大增强录用的可能性。

本章小结

■本章关键词：求职简历　面试技巧　笔试准备

■问题思考：

1．求职材料应包括哪些内容？制作简历要注意哪些问题？

2．面试事先应该做哪些准备？如何应对面试官的提问？

3．笔试的种类有哪些？求职笔试与学业考试有什么区别？

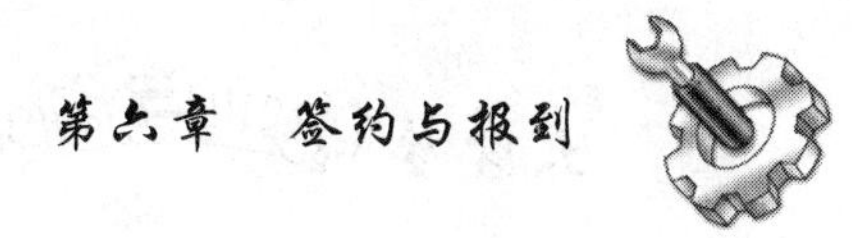

第六章　签约与报到

社会犹如一条船，每个人都要有掌舵的准备。

——易卜生

本章概要

本章详细阐述签约的程序和签约过程中的注意事项，就业协议书、劳动合同及两者之间的关系和区别；在就业过程中大学毕业生、用人单位、学校三者之间的权利和义务；报到需要的材料，报到过程中可能遇到问题的处理方法等内容。

实例思考

某高校应届毕业生小何，在校表现出众，并且在国家公务员考试中取得了很好的成绩，在后来的面试环节中也表现不俗，通过了国家行政学院的多轮考核，列入备选之列。而同时，她也通过了某市一个行政机关的选拔，取得了签约的资格，小何面临着较为困难的抉择。就自己而言，当然希望在国家行政学院获得发展，如果现在与这个行政机关签了约，一旦行政学院选拔通过了，就会面临违约的问题。可是如果不签，一旦行政学院选拔没通过，她又可能要失去到机关就业的这个机会。当时很多同学劝她还是先签约，等国家行政学院的结果出来再说。有的同学说："到时大不了'毁约'，掏一点违约金了事。"但是小何觉得这样很可能给这个行政机关带来被动局面。她向这家单位的领导坦诚地说明了自己当前的情况，并表示自己很珍惜国家行政学院的选拔，也同样珍惜他们给予的机会。由于自己面临"两难"境地，希望单位能给自己一点缓冲的时间，等国家行政学院的录取结果出来再说。她原以为自己这样直率的交流一定会使自己失去这个机会，然而很意外的是这家单位的领导却对她的情况表示充分的理解，并且对她的坦诚给予了嘉许，并明确表示只要不影响单位进人程序的正常运作，可以给小何一段时间。最后当得到国家行政学院接收通知后，小何及时通知这家单位，使得这一冲突得到了圆满的解决。

思考：

小何的成功就业说明了什么？对你有什么启发？

第一节　签　　约

一、签约的含义

签约即是协约，指两方或多方因利害关系而互相协商达成的盟约。在现实生活中，与协议通用。协议即在组织之间或个人之间，经过洽谈、协商，明确各自权利、义务而达成一致意见的书面文书。当毕业生与用人单位经过双向选择达成一致意愿之后，就需要以协议的形式将这种关系确定下来。毕业生与用人单位签订协议，并经学校主管部门签证或鉴证，即为签约。从毕业生一方而言，因该协议的签订意味着毕业生就业，因而也称为就业协议。就业协议书一般是由国家教育部门或各省就业主管部门统一制表。必须由当事人——毕业生或结业生和用人单位之间存在着如下三对关系：学校与毕业生之间的关系、学校与用人单位之间的关系和用人单位与毕业生之间的关系。毕业生就业过程就是这三个主体之间相互联系、相互作用，最终以毕业生就业协议书的形式确定各自权利与义务的过程。签订就业协议书的形式是一种法律行为，用人单位、学校和毕业生都是当事人，三方的权利和义务受到国家法律的确认和保护，也可作为正确处理就业纠纷的基本依据之一，因而毕业生应该正确认识和认真对待就业协议书，慎重签订就业协议书。

二、签约的基本程序

就业协议的签订是在毕业生和用人单位供需见面、双向选择之后达成一致意见的结果。签约一般须经过以下的程序：

(1) 由毕业生本人在协议书上以文字的形式，明确表达自己同意到选定单位工作的意愿，同时签署本人姓名。

(2) 由用人单位人事部门负责人代表单位签署同意接收该毕业生的文字意见，并签字盖章。如果该单位没有人事决定权，则还需要报送其上级主管部门签字盖章，予以批准认可。

(3) 毕业生所在院（系）和学校主管部门签署意见并签字盖章。

(4) 报学校上级主管部门审批。

在完成上述程序之后，协议就正式生效，并列入国家就业方案，下达学校和有关部门、地区执行。

随着毕业生就业制度改革的不断深入，国家和高校的审批权力将日益弱化。目前，在一些地区和高校已经在此方面迈出重要一步，学校在就业协议上的签字已经基本不具有审批的意义，而是起鉴定的作用。可以相信，在不久的将来，在签订毕业生就业协议中，毕业生和用人单位将拥有完全的自主选择权，学校和政府主管部门不再需要直接审批就业协议，而只需要掌握毕业生就业情况即可。

现行的高校毕业生就业协议书一式三份，协议签订以后，其中一份由毕业生本人收存；一份交学校就业主管部门，作为列入学校就业建议方案的依据；一份交用人单位，作为接收毕业生就业的凭证，并以此做好相应的人事及其他安排。

三、签约的注意事项

从毕业生就业工作的实践来看，毕业生在与用人单位签约时，需要注意以下事项。

（一）明确工作岗位及职责

用人单位与毕业生签订就业协议，确定了双方互相接纳的关系。但是值得注意的是，毕业生需要向用人单位提前了解清楚自己以后工作的具体部门和工作岗位，并在协议书上写明。否则可能产生毕业生对用人单位安排的具体部门和工作内容感到意外或不满而不能接受的结果，以致造成双方争执。

（二）妥善处理就业去向

如果毕业生报考了研究生或公务员，在就业时是否考取的结果还未揭晓，毕业生应如实向用人单位说明，并与用人单位就如果考取后的处理办法达成一致意见，在协议书上明确约定。从实践来看，如果毕业生能够充分尊重用人单位，提前将报考情况向用人单位说明，那么在通常情况下，大多数用人单位对毕业生考取研究生或公务员会给予谅解的。不过毕业生应及早将考取结果通知用人单位，以便用人单位能够重新招聘和补充毕业生。

毕业生不要隐瞒报考的事实，否则，录取结果揭晓后，就有可能面临比较尴尬的局面。如用人单位对毕业生隐瞒报考事实的做法非常不满，即使最后同意与毕业生解除就业协议，但一般也要求毕业生为此付出较大的经济赔偿，而且肯定会对毕业生及学校产生不良看法和影响。还有一种可能，就是尽管学校可以从中协调，但是无论毕业生采取怎样的弥补办法，用人单位始终不同意。对此，学校也将无能为力，毕业生也就无法顺利实现自己的目的。

（三）适当考虑中长远职业发展计划

毕业若干年以后，有不少人可能准备报考研究生，继续深造，或者由于种种原因，要求调离。这些问题如果未在协议书中明确，则双方很难协商解决，极易引起纠纷。为了减少可能出现的问题，毕业生最好在与用人单位洽谈时，就此明确，并以文字形式确定下来，为以后双方顺利解决这些问题创造有利条件。当然你提这些问题时要注意策略，弄不好用人单位会认为你不安心而不录用你。

（四）合理争取约定的工作和生活条件

工作、生活条件是毕业生选择单位的重要因素，也是毕业生做出工作成就的必要基础。在双方签订协议时，不仅需要在口头上达成一致，而且需要在文字上予以明确。特别是用人单位应如实向毕业生说明真实情况，双方均应严格遵守协议。当然你提这些问题时要注意策略，弄不好用人单位会认为你不能吃苦耐劳而不录用你。

同时，毕业生到单位报到后，应与用人单位签订劳动合同，进一步明确劳动内容、劳动报酬、保险福利、服务期限等事项，以免日后发生纠纷。

（五）明文规定违约的责任

毕业生应本着对用人单位和学校负责的态度，慎重签订协议书，不允许与多个单位签订协议。从毕业生就业的实践看，大部分就业协议书都得到了认真履行，但由于种种原因，每年总是有一些毕业生或用人单位要求违约。对违约行为，教育部在有关规定中明确，违约一方必须承担违约责任，并支付一定的经济赔偿金，但并没有规定明确的数额。因此，各学校与用人单位在执行中，就有不同数额的差别。对此，毕业生在与用人单位签约前，除了学校的规定外，还要与用人单位进行协商，对可能发生的违约责任予以确定，对赔偿金额予以明确，以便任何一方发生违约时，就可以有据可依，避免无谓的损失。

【案例】

小赵是一位性格较内向的女孩子，在求职过程中曾多次碰壁，终于有一天，某单位表示同意录用她，这令她兴奋不已。不过该单位要求先试用3个月再签约，小赵欣然同意。转眼试用期就结束了，小赵与该单位如期签订就业协议书，但该单位在协议书上备注了以下条款：①试用期6个月。②服务期5年，若5年内提出调动、考研等要求，需向本单位缴纳每年2000元的违约金。③其他未尽事宜按本单位有关规定执行。小赵当时一心只想赶紧把单位定下来，根本没有仔细推敲，想当然认为该单位是一家国有单位，肯定会按正规程序办事，应该不会有问题的。所以她毫不犹豫地在协议书上签上了自己的名字。

正式报到之后，小赵方知试用期要从她报到之日算起，且试用期只拿基本工资。据说这是该单位对所有新录用毕业生的统一规定，原先3个月是非正式的试用，属于实习考察性质。小赵心里虽然觉得很不合理，但碍于协议书上并未注明试用起始日期，自己又不想得罪单位，更不愿失去这份工作，故只能怪自己“经验不足”。工作了一年多时间，小赵觉得自己越来越不适应在该单位工作，尤其是复杂的人际关系以及该单位某些僵化的管理模式令她敢怒而不敢言，她暗暗开始准备考研。又过了大约一年时间，她自我感觉准备得差不多了，此时报考加正式录取大约还需半年时间，那时服务期就剩两年，大不了交两年的违约金罢了。然而事情并非她所想象的那么简单，当她考上研究生正式向单位提交辞职报告时，被告知必须在办理了未满服务期违约手续，即缴纳一万元违约金后方可办理辞职手续。小赵这时再也沉默不住了，她与人事部门争执了起来，认为自己已经服务了3年，最多只需交剩下的两年的违约金。而单位却振振有词：“当初签订就业协议书时，不是写明了‘五年内提出调动、考研要求，需缴纳每年2000元的违约金’嘛！”小赵无言以对，想想自己的档案还“卡”在单位手上，如果一定要对簿公堂，时间和精力实在耗不起，就只好按照单位的要求办理了相关手续。

【点评】

小赵“吃亏”的主要原因在于当初签约时过于单纯幼稚，一相情愿地相信用人单位，

以至于对用人单位提出的要求未能及时提出异议，而单位也就这么“含糊”过去了，这就为日后的不顺埋下了隐患。如果小赵当初“精明”一点，是很容易发现“破绽”的。比如试用期，既然已经试用过了，怎么又来了一个试用期呢？而且既没有起始时间，也没有说明原先已试用了3个月是否包含在内；再比如服务期未满违约如何缴违约金的问题，常理之下应该是差多少年就缴多少年违约金，这也是小赵的理解，而用人单位肯定会按对自己有利的解释来处理。在原协议中对此条款的理解就模棱两可，而小赵对此并未同用人单位讨论清楚，未做出明确的说明，所以各执一词是情理中的事情；至于第三条“其他未尽事宜按本单位有关规定执行”则更是一句简单笼统的话，不便操作，作为毕业生最起码应了解“有关规定”的具体内容，最好能以劳动合同的形式明确下来。如果当初发现了这些“破绽”，及时跟用人单位协商，争取修改补充后再正式签字，恐怕就不是这一结局了。

因此，毕业生在签订就业协议时，应该注意协议内容有关条款是否明确，是否完整，是否模棱两可、含糊不清或过于简单笼统等，尤其要对关系到自己切身利益的工资待遇、工作期限（包括试用期或见习期）、社会保障、违约责任等方面的条款更不能含糊，应逐字逐句仔细推敲、斟酌，以免日后产生歧义。

第二节　就业协议书、劳动合同及人事代理制度

就业协议是我国高等学校毕业生就业制度改革的产物。劳动合同是就业协议的延续和法律化。人事代理制度是适应市场经济发展需求逐步建立起来的新的人事管理制度。全面了解就业协议、劳动合同与人事代理制度，对高等学校毕业生就业具有重要的指导意义。

一、就业协议书

（一）就业协议书的概念

就业协议书是“双向选择”就业制度下，明确毕业生、用人单位和学校在毕业生就业工作中权利和义务的书面表现形式。就业协议书的全称是“全国普通高等学校毕业生就业协议书”，由教育部高校学生司统一制定。根据国家规定，在达成就业意向后，毕业生、用人单位、学校三方必须签订全国普通高等学校毕业生就业协议书。所以全国普通高等学校毕业生就业协议书俗称三方协议，经毕业生、用人单位、学校三方签署后生效。

（二）就业协议书的内容

毕业生与用人单位达成一致意见之前，一定要了解就业协议书的内容，明确毕业生、用人单位、学校三方的权利和义务，维护国家就业计划的严肃性。

（1）毕业生情况及意见，含毕业生姓名、性别、年龄、民族、政治面貌、培养方式、健康状况、专业、学制、学历、家庭地址及应聘意见（含毕业生签名）等内容。

（2）用人单位情况及意见，含单位名称、单位隶属、联系人、联系电话、邮政编码、通讯地址、所有制性质（全民、集体、合资、其他）、单位性质（机关、事业、企业、部队、其他）、E－mail 地址、档案转寄详细地址、用人单位意见、用人单位上级主管部门意见（含签章）等内容。

（3）学校意见，含学校联系人、联系电话、邮政编码、学校通讯地址、院（系）意见、学校毕业生就业部门意见（含签章）等内容。

（4）备注，即明确毕业生、用人单位、学校三方的有关约定，并视为该协议书的一部分。

（三）就业协议书的作用

1．就业协议书是毕业生就业和用人单位接收毕业生的重要依据

在毕业生就业制度中，为了合理配置劳动力资源，充分发挥人才的作用，国家赋予毕业生自主选择工作的权利，同时为了调动用人单位的积极性，国家把自主录用人才的权利赋予用人单位。同样具有自主权利的双方，在国家就业政策的指导下，通过双向选择，达成一致意见，并以书面的形式确定下来，这就是签订就业协议书。其目的是为了保护毕业生和用人单位各自的权益，同时，它也成为毕业生就业和用人单位录用毕业生的重要依据。

2．就业协议书是学校实施毕业生就业管理、编制就业计划的重要依据

国家为宏观控制毕业生流向，保障急需人才的补充，就要使就业有一定的计划性。因此，学校要以就业协议书为依据编制毕业生就业的建议性计划，报上级毕业生就业主管部门审批。同时，学校为了加强对毕业生就业工作的管理，维护毕业生和用人单位的合法权益，保持与用人单位的合作关系，维护高校自身的信誉，要参与就业协议的签订并监督执行。

3．就业协议书是进行毕业生派遣的根据

1997 年国家教委颁布的《普通高等学校毕业生就业工作暂行规定》明确规定了地方主管毕业生调配部门和高等学校依据三方就业协议书，按照国家下达的就业计划，向毕业生核发报到证，进行派遣。派遣毕业生统一使用《全国普通高等学校本专科毕业生就业报到证》。就业协议书是进行毕业生派遣的依据，学校根据政府审核批准的就业计划，发给毕业生就业报到证，毕业生持报到证在规定的时间内到指定单位报到，并办理户籍关系的迁移。

4．就业协议书是进行劳动统计的重要依据

就业协议书能够准确反映用人单位的劳动需求，反映劳动力市场对毕业生的需求状况。学校每年依据就业协议书来编制就业计划，落实当年的就业率指标，给国家提供相关就业数据。同时还可以通过对就业信息进行统计、分析和对比，及时调整专业学科设置，促进教学改革，使其更好地适应劳动力市场需求。

5．就业协议书可维护和保护各自的权利和利益

办理就业协议书有利于明确用人单位和毕业生各自的权利和义务，保护各自的权利，维护各自的利益。

（四）就业协议书的签订

1．就业协议的签订原则

签订就业协议的原则是指毕业生、用人单位、学校三方在订立就业协议时必须遵循的基本准则。它包括以下内容。

第一，主体合法原则。签订就业协议的当事人必须具备合法的主体资格。

对毕业生来说，必须取得毕业资格，如果学生在派遣时未取得毕业资格，用人单位可以不予接收而无须承担法律责任。

对用人单位来说，必须具有从事各项经营或管理活动的能力，单位应有录用毕业生计划和录用自主权，否则毕业生可解除协议而无须承担违约责任。

对高校来说，高校应根据用人单位的要求如实介绍毕业生的在校表现，也应如实将所掌握的用人单位的信息发布给毕业生。

第二，平等协商原则。就业协议的三方在签订就业协议时的法律地位是平等的，一方不得将自己的意志强加给另一方。

学校不得违反国家关于毕业生就业工作相关规定而采用行政手段要求毕业生到指定单位就业（不包括有特殊情况的毕业生），用人单位亦不应在签订就业协议时要求毕业生交纳过高数额的风险金、保证金。毕业生、用人单位、学校的权利义务应是一致的。除协议书规定内容外，三方如有其他约定事项可在协议“备注”内容加以补充确定。

2．就业协议签订的步骤

就业协议的签订一般要经过两个步骤，即要约和承诺。

第一，要约。毕业生持学校统一印制的就业推荐表或复印件到人才市场参加各地供需洽谈会，进行双向选择，或向各用人单位寄发书面材料，视为要约邀请，用人单位收到毕业生材料，对毕业生进行考察后，表示同意接收并将回执寄到高校毕业生就业工作部门或毕业生本人，即为要约。

第二，承诺。毕业生收到用人单位回执或通过其他方式得到用人单位答复后，从中做出选择并到学校毕业生就业工作部门领取就业协议书，与用人单位签订协议，即为承诺。

由于毕业生就业过程比较烦琐，比较具体，有时很难明确分为要约和承诺两个步骤。例如，有的毕业生到用人单位参加笔试、面试、体检合格，用人单位表示同意接收，在这种情况下，毕业生应与该用人单位签订就业协议，而不应再选择其他单位。又如，用人单位到学校挑选毕业生，毕业生自己主动报名，经学校积极推荐，用人单位也表示同意接收，但要回到单位后再正式发函签协议，在这种情况下，毕业生也应安心等待与用人单位签约，而不能置学校信誉于不顾，在这过程中又与其他单位签约，这样也浪费了其他毕业生的就业机会。

3．就业协议书的签订程序

就业协议书的签订是毕业生与用人单位在供需见面、双向选择后达成一致意见的结果。就业协议书的签订一般要经过以下程序：

（1）毕业生本人在协议书上以文字的形式，签署自己同意到选定单位工作的意见，同时签署本人姓名。

（2）用人单位在协议书上签署同意接收该毕业生的文字意见，并签名盖章，用人单位应在协议书上注明可以接收毕业生档案的名称和地址。如果用人单位没有人事决定权，则需报用人单位上级主管部门批准盖章。

（3）用人单位或毕业生将协议书送学校毕业生就业指导与服务部门。

（4）毕业生所在院（系）和学校毕业生就业指导与服务部门对就业协议（一式三份）签署意见并签字盖章。毕业生、用人单位、学校各执一份。

（5）学校依据就业协议的内容填报毕业生生源库，由省毕业生就业指导与服务部门统一审核、打印、签发全国普通高等学校毕业生就业报到证。

4. 就业协议书签订的注意事项

签约是非常严肃的事情，也是一种法律行为，因此签约前的了解、学习、洽谈十分重要。

（1）认真学习就业协议书中的签约须知。

（2）熟悉了解就业协议书中的注意事项。

（3）毕业生到用人单位报到后，毕业生和用人单位要签订劳动合同，试用期也要签订试用期合同。因此，在签约前了解合同书的内容是十分必要的，尤其是合同书约定的工作年限和待遇。

（4）为避免到用人单位报到后发生纠纷，签约前达成一致的意见如收入、住房和保险等福利待遇最好在协议书备注中写明。

（5）毕业生必须信守协议。如果万不得已要单方面毁约，就必须在规定的时间内征得原签约单位同意，经学校毕业生就业指导与服务部门批准，并按照有关规定缴纳一定的违约金，方可列入计划另行派遣。

5. 无效协议

无效协议是指欠缺就业协议的有效要件或违反就业协议订立的原则从而不发生法律效力的协议。无效协议自订立之日起就没有法律约束力。

（1）就业协议未经学校审查同意，视为无效，学校不列入就业方案，不予派遣。

如有的协议经学校审查认为对毕业生显失公平，或违反公平竞争、公平录用的原则，学校有权拒签。

（2）采取欺骗等违法手段签订的就业协议无效。

如用人单位未如实介绍本单位情况，根本无录用计划而与毕业生签订就业协议，无效协议产生的法律责任应由责任方承担。

6. 就业协议的解除、违约责任及毕业生违约的后果

就业协议的解除分为单方解除和双方解除。

（1）单方解除，包括单方擅自解除和单方依法解除。单方擅自解除属违约行为。单方依法解除，是指一方解除就业协议有法律上或协议上的依据，解除方无须对另一方承担法律责任。

（2）双方解除是指毕业生、用人单位，经协商一致，取消原签订的协议，使协议不发生法律效力。双方均不承担法律责任，但需征得学校同意。毕业生与原用人单位解除

就业协议后，方可重新与其他用人单位签订就业协议。

毕业生就业协议一经签订，就对当事人具有约束力，任何一方不得随意解除，否则应承担违约责任。

（1）毕业生违约。毕业生违约除本人应承担违约责任、支付违约金外，往往还会造成其他不良的后果。

对用人单位来说，用人单位往往为录用毕业生做了大量的工作，有的甚至对毕业生将要从事的具体工作也有所安排。同时毕业生就业选择的时间相对比较集中，一旦毕业生因为某种原因违约，势必造成用人单位录用工作的浪费，用人单位若再另选毕业生，在时间上也不允许，从而给用人单位工作造成被动。

对学校来说，用人单位往往因毕业生违约而对学校的推荐工作表示怀疑，从而影响学校和用人单位的长期合作关系。一旦某校毕业生违约，该用人单位可能在几年之内不愿到该校挑选毕业生。面对激烈的就业竞争，用人单位的需求就是毕业生择业成功的前提。所以如此下去，必定影响今后学校的毕业生就业工作。

对其他毕业生来说，用人单位到校挑选毕业生，一旦与某毕业生签订就业协议，就不可能再录用其他毕业生。如果该毕业生违约，当初希望到该用人单位工作的毕业生由于录用时间等原因，也无法补缺，造成就业岗位的浪费。

（2）用人单位违约。用人单位违约应按协议承担违约责任，支付违约金。用人单位违约主要表现在以下方面：

- 鉴于毕业生涉世未深，少数用人单位提供虚假信息，致使毕业生签订就业协议。
- 单方撕毁协议。
- 有的单位不了解或忽视相关就业政策，在没有取得进人指标的情况下就签订就业协议，导致不能按规定办理正常接收手续。
- 有的单位由于自身经营运作上的问题，如倒闭、转让或并购等，不能按原计划对毕业生进行接收。

一旦用人单位违约，势必造成毕业生求职过程中付出的精力、财力的浪费，毕业生若再另选其他单位，一方面，错过了选择其他理想单位的很多机会；另一方面，在时间上也非常紧张，往往会出现饥不择食的情况，影响毕业生今后的发展。同时，用人单位违约影响学校就业计划方案的制订和上报，给学校的就业工作造成被动。

二、劳动合同

合同，又称契约，是指双方当事人之间为实现一定的目的根据法律规定，变更或解除权利义务关系的协议。根据《劳动法》第十六条的规定，劳动合同是指劳动者与用人单位确立劳动关系、明确双方权利和义务的协议。劳动合同的签订，在法律上确立劳动者与用人单位之间的劳动关系，双方的有关权利、义务通过书面合同的形式确立下来，并使之特定化、具体化。劳动者依据劳动合同在用人单位内担任一定的职务或工种的工作，遵守劳动法律法规和用人单位的规章制度，并完成劳动合同约定的生产（工作）任务；用人单位则依据劳动合同的约定，按照劳动者的劳动数量和质量支付劳动报酬。

劳动合同是确立劳动关系的法律凭证和法律形式。它的法律特征可以从以下几方面来考虑：

• 劳动合同的主体是特定的。劳动合同一方当事人是企业、个体经济组织、国家机关、事业组织或社会团体等用人单位，另一方是劳动者本人。也就是说，劳动关系是在拥有生产条件的用人单位与具有劳动权利能力、劳动行为能力的劳动者之间形成的。

• 劳动合同当事人法律地位是平等的。劳动合同是双方当事人在平等自愿、协商一致的基础上达成的协议，是双方意志一致的产物，劳动合同的订立，真正实现了企业的用工自主权和劳动者的择业自主权。

• 劳动合同的目的，在于劳动过程的实现，而不仅仅是劳动成果的给付。劳动过程十分复杂，其成果也多种多样。有的劳动成果当时就可以衡量，有的则要过一段时间才能衡量；有的劳动有独立的成果，有的劳动物化在集体劳动成果中。无论劳动成果属于哪一种，只要劳动者按时按量完成了劳动合同规定的工作量，企业就应当按照劳动合同的约定支付劳动报酬。总之，劳动合同的目的主要是使劳动者与用人单位构成具体的劳动关系。

（一）劳动合同的内容及作用

1. 劳动合同的内容

劳动合同的内容，是指在劳动合同中需要明确规定的劳动关系双方当事人的权利、义务和其他事项组成，通常是用合同条款表现出来。除了“开始条款”和“结束条款”按照一般合同的格式写外，劳动合同的条款主要有以下方面：

（1）《劳动法》规定的七项必备条款：劳动合同期限；工作内容；劳动保护和劳动条件；劳动报酬；劳动纪律；劳动合同终止的条件；违反劳动合同的责任。

• 劳动合同期限。劳动合同的期限是双方当事人签订劳动合同起始和终止时间，即劳动合同具有法律约束力的时段。一般可分为有固定期限、无固定期限和以完成一定的工作为期限三种。

• 工作内容。劳动合同中的工作内容条款是劳动合同的核心条款，它是用人单位使用劳动者的目的，也是劳动者为用人单位提供劳动以获取劳动报酬的原因。主要内容包括劳动者的工种和岗位，以及该岗位应完成的工作任务、工作地点。这些内容要求规定得明确、具体，以便遵照执行。

• 劳动保护和劳动条件。劳动保护是指用人单位为了防止劳动过程中的事故，减少职业危害，保障劳动者的生命安全和健康而采取的各种措施。劳动条件是指用人单位对劳动者从事某项劳动提供的必要条件。

• 劳动报酬。获取劳动报酬是劳动者向用人单位提供劳动的主要目的。劳动者的劳动报酬包括工资、奖金和津贴的数额或计算方法。劳动报酬必须符合国家法律、法规的规定，如工资不得低于最低工资标准，工资支付的期限和形式不得违反有关规定等。

• 劳动纪律。这是指劳动者必须遵守用人单位的工作秩序和劳动规则。

• 劳动合同终止的条件。这是指劳动合同法律关系终结和撤销的条件。劳动合同双方当事人可以在法律规定的基础上，就劳动合同的终止进行约定，当事人双方约定的终

止条件一旦出现，劳动合同就会终止。

●违反劳动合同的责任。这是指违反劳动合同约定的各项义务所应当承担的法律责任。为了保护劳动合同的履行，必须在劳动合同中约定有关违反劳动合同的责任条款，包括一方当事人不履行或者不完全履行劳动合同，以及违反约定或者法规条件解除劳动合同所应承担的法律责任。

（2）约定条款。合同双方当事人经协商约定的其他内容，如福利待遇、社会保险、保密问题、试用期的长短等问题。原则是协商一致就写进去，协商不好就不写进去。

（3）有关附件，如用人单位的一些规章制度等。

2. 劳动合同的作用

劳动合同具有法律约束力，当事人必须履行劳动合同规定的义务，在保护劳动者的权益，协调稳定劳动关系等方面有着重要的作用。

（1）劳动合同是劳动者实现劳动权的有效法律途径。

（2）劳动合同是维护劳动者的合法权益的法律保障。《劳动法》确认了劳动者所应享有的各项基本权利，如劳动权、劳动报酬权、劳动保护权、休息权、获得物质帮助权、民主管理权等，并为这些权利的实现提供了切实的保障。《劳动法》对妇女、未成年人等特殊劳动者的权益保护规定了特别的措施。通过最低工资制、劳动条件的最低标准等规定，为劳动者的生产和生活提供了最低保障。但是，《劳动法》不可能对每一个劳动合同都做出详细的规定。在劳动者和用人单位签订的劳动合同中，可以对有关事项进行详细而完备的约定。对劳动报酬、劳动条件、社会保险、福利待遇等方面在不低于国家法律的最低标准的情况下作尽可能有利于劳动者的约定。一旦用人单位违反合同，劳动者就可以依据法律规定来保护自己的权益。

（3）劳动合同可以使用人单位择优录取所需要的劳动者。用人单位通过劳动合同的方式把自己所需要的劳动者接纳到本单位，《劳动法》规定了劳动者的自由择业权和用人单位的自主用人权，劳动合同使劳动者和生产资料的最优化组合成为可能。

（4）劳动合同有利于平等地保护用人单位的合法权益，保持劳动关系的相对稳定，减少劳动争议的发生。

（二）劳动合同的签订

1. 签订劳动合同的原则

劳动合同签订的原则，是指在签订劳动合同过程中双方当事人应当遵循的法律准则。《劳动法》第十七条规定："订立和变更劳动合同，应当遵循平等自愿、协商一致的原则，不得违反法律、行政法规的规定。"双方当事人在签订劳动合同时应遵循以下原则。

（1）合法原则。这一原则是劳动合同生效的必要前提，它的基本要求是：

●主体合法，即订立劳动合同的双方当事人都必须具备相应的劳动权利能力和劳动行为能力。用人单位应具有用人的权利；劳动者年龄应达到16周岁，并具备国家对本行业规定的身体及精神健康的规定。

●内容合法，即双方当事人在确定具体的劳动权利义务时，不得违反国家法律、法令和政策的规定。合同之所以具有法律效力、受国家法律保护，是因为它符合国家法律、法规的有关规定，如果它违背了国家的有关规定，就不能被国家所承认和保护，甚至还要追究当事人的责任。

• 程序合法，根据《国营企业实行劳动合同制暂行规定》的规定，企业招收工人应贯彻公开招收、自愿报名、德智体全面考核、择优录用、向劳动行政机关办理录用手续等程序。

（2）平等自愿原则。平等，是指合同双方当事人法律地位平等，在政治上、经济上不存在任何依附关系。自愿，是指双方当事人一方是单位，另一方是劳动者个人，当建立劳动关系后，有命令和服从关系，但在订立合同时，不存在谁命令谁、谁服从谁的问题。订立劳动合同时的法律地位平等，主要表现在：①双方自由地表达自己的意志，不允许以领导被领导的身份，以上压下、以大欺小，搞不平等条约。②订立合同的双方既要享受权利，也要承担义务，不允许任何一方只享受权利不承担义务，或只是要求对方尽义务而不考虑对方权利。

（3）协商一致原则。是指双方当事人对合同条款发生分歧时，必须用讨论的办法，以取得一致意见。在劳动合同的内容中，有些内容国家法律法规已做了明确规定，而有些内容国家法律法规没有规定，这部分条款就由双方协商决定。在讨论这部分内容时，要本着公平合理的精神，任何单位和个人不得干预，应允许完全由当事人表达自己的真实意思。用欺骗或威胁等手段签订的劳动合同均无效，甚至还要追究相应的法律责任。

2．签订劳动合同须知及注意事项

（1）签订劳动合同须知。签订劳动合同要注意以下几个方面：

• 签约单位的合法性。在签订劳动合同时，应仔细察看企业是否经过工商部门登记以及企业注册的有效期限。否则，所签订的劳动合同是一份无效合同。

• 劳动合同的法律效力。只有主体合法、内容合法、形式合法、程序合法的劳动合同才能产生法律效力。不合法的劳动合同，属于无效合同，不受法律承认和保护。

• 合同双方地位的平等性。在劳动合同订立的过程中，劳动者与企业之间的法律地位是平等的。只有做到地位平等，才能使所订立的劳动合同具有公正性。

• 合同的签订必须采取书面形式。劳动合同都有一定的期限，而且劳动关系非常复杂，涉及诸多内容。采取书面形式使权利义务明确具体，有利于合同的履行。一旦发生争议，也有据可查，便于争议的解决。

• 合同的具体性。劳动合同字句要准确、清楚、完整、明白易懂，不能用缩写、替代或含糊的文字表达，否则就可能在劳动执行过程中产生误解或曲解，从而带来不必要的争议，给用人单位和劳动者双方造成损失，也为合同争议的处理带来困难。

（2）签订劳动合同注意事项。毕业生到用人单位后一般都要签订劳动合同，但由于毕业生对合同法、劳动法以及相关人事政策不特别了解，在签订合同时总是心存顾虑。那么劳动合同应该怎样签，签合同时应该注意什么呢？

• 劳动合同的内容要全。劳动合同有必备内容，包括劳动合同期限、工作内容、劳动保护和劳动条件、劳动报酬、社会保险和福利、劳动纪律、劳动合同终止的条件、违反劳动合同的责任。

• 要签书面合同，并且要求保留一份合同。现在有些单位用人很不规范，不愿意与

职工签订书面劳动合同，这是对劳动者极不负责的行为。劳动者有权要求与用人单位签订书面合同，如果发生劳动纠纷、争议，就有法律依据。

• 试用期内也要签合同。这一点往往被劳动者所忽略，有些单位为了逃避责任，在试用期内，往往不与职工签订劳动合同。一旦试用期满，就找种种借口辞退员工。这种方法对用工单位来说，省事儿又省钱，可以不对劳动者负任何责任。

• 在签订劳动合同时，要多听、多想、多看（参看别人的合同）。避免签“口头合同”、“不全合同”、“模糊合同”、“单方合同”以及一些危险性行业用人单位与员工签订的“工伤概不负责”的生死合同。

• 一边倒合同不能签。由于劳动者与用人单位相比处于相对弱势地位，所以，相当一些劳动者为了得到一份工作，在求职时面对用人单位制定出的劳动合同文本，心里可能有很大的意见，但因怕得不到工作，不敢提出自己的意见。有的人委婉地提出意见，往往被用人单位拒绝后，也不敢再坚持己见，只好委曲求全地在合同上签了字。但是，从法律角度上看，劳动者在劳动合同上签字，是表示自己对这份合同认可，并愿意遵守和履行这份合同的行为。

（3）无效劳动合同。无效劳动合同是指所订立的劳动合同不符合法定条件，不能发生当事人预期的法律后果的劳动合同。其特征是：①无效劳动合同欠缺劳动合同的有效要件；②无效劳动合同不发生当事人预期的法律约束力。但是，无效劳动合同作为法律事实的一种，会在当事人之间产生法律责任问题，即导致劳动合同无效的当事人基于过错而对他方承担民事责任、行政责任和刑事责任问题。

无效劳动合同有以下几种形式：

• 受欺诈而签订的劳动合同。欺诈是指一方当事人故意捏造虚伪情况，或者歪曲、掩盖真实情况，使对方陷入错误认识而与之签订劳动合同。①欺诈一方是故意的。明知可能引起对方陷入错误反而与之签约。如招工方在招工广告中对自身情况做不真实或夸大宣传，明知会引起应招人员对其产生错误认识，仍这样去做即构成故意。②欺诈一方有欺诈行为。如歪曲真实情况作不实陈述，对基本劳动条件等隐而不谈。③受欺诈一方陷入错误而与之签订劳动合同。所谓错误，是指劳动者一方对劳动合同对方当事人及有关重要情况的认识存在缺陷，如认为招工方福利待遇好、工资多、劳动条件优越等。

• 受威胁而签订的劳动合同。威胁，是指以某种现实或将来的危害使他人陷入恐惧而签订劳动合同的行为。这种威胁表现为某种身体或精神强制，具有如下特征：①威胁人实施某种威胁行为。即威胁人实施威胁行为必须是对受威胁人可能造成现实或将来的人身或精神危害，如以强力相威胁，或以揭露某人隐私为要挟等。②威胁人是故意的。明知会使他人产生恐惧而积极追求这种后果发生以达到签订劳动合同的目的。如以杀害某企业负责人子女相威胁而迫使该负责人同意录用等行为。③受威胁人陷入恐惧系因他人威胁行为所致。他人签订劳动合同与受威胁之间存在因果关系。如有的单位以不同意为他人子女办理入学手续等相要挟，强迫劳动者与其签订长期劳动合同。

• 未达到法定条件的劳动合同。劳动者签订劳动合同，应当具备作为劳动合同主体一方应具备的资格，否则，将导致合同的无效。用人单位在与劳动者签订劳动合同之前，都应对其条件进行审查，避免与不具备条件的劳动者签订劳动合同。劳动者签订劳动合同的条件主要有以下几点：①符合法定劳动年龄。根据法律规定，公民的法定劳动年龄是年满16周岁。文艺、体育和特种工艺单位招用未满16周岁的未成年人，必须依照国家的有关规定，履行审批手续，并保障其接受义务教育的权利。②有劳动行为能力。是指身体健康，能正常参加劳动，取得劳动权利和承担劳动义务的资格；有部分劳动行为能力，是指身体存在部分缺陷，不能完全参与劳动。③人身自由，能正常享受劳动权利和履行劳动义务。即指劳动者没有因被人民法院判处刑罚或被公安机关收容审查、拘留、逮捕或送劳动教养而失去行动自由。④尚未与其他用人单位签订劳动合同。

- “工伤概不负责”的劳动合同。当事人在其签订劳动合同的活动中，有的用人单位无视劳动者的平等就业权及基本人权，违反法律和行政法规中关于劳动保护、工作时间，对妇女儿童的特殊保护等规定，在劳动合同中约定“工伤概不负责”、“伤残医疗费用自理”等免责条款，这些条款均违反了劳动保护的有关规定，属无效条款。
- “不准结婚”、“不准怀孕”的劳动合同。劳动合同中关于“劳动者在合同期内不得结婚”、“不得怀孕”的约定，明显违反了国家法律的强制性规定。因为婚姻自由和生育权利是我国宪法和法律赋予公民的一项基本人身权利。我国《宪法》第四十九条规定：“禁止破坏婚姻自由。”《婚姻法》第三条规定：“禁止包办、买卖婚姻和其他干涉婚姻自由的行为。”《人口与计划生育法》第十七条规定：“公民有生育的权利，也有依法实行计划生育的义务，夫妻双方在实行计划生育中负有共同的责任。”由此可见，公民只要达到法定结婚生育条件，就可以自主决定同何人在何时结婚或生育，任何单位和个人都不得限制。用人单位在劳动合同中约定的“劳动者在合同期内不得结婚”、“不得怀孕”的内容违反法律的强制性规定，依照《劳动法》第十八条第一款的规定，该条款属无效。

（三）劳动合同的变更、终止和解除

劳动合同的变更是指劳动者与用人单位对依法成立、尚未履行的劳动合同条款所做的修改或增删。劳动合同依法签订后，双方当事人必须全面履行合同规定的义务，任何一方不得擅自变更劳动合同。劳动合同的解除，是指在劳动合同期满之前终止劳动合同关系的法律行为。

1．劳动合同的变更

当事人协商一致，可以变更劳动合同。变更劳动合同，应当以书面形式注明变更的内容、日期，由当事人双方签字、盖章。劳动合同未变更的部分，当事人应当继续履行。

2．劳动合同的终止

劳动合同期满或者当事人约定的终止条件出现，劳动合同即行终止，并办理手续。

3．劳动合同的解除

（1）用人单位单方解除劳动合同。

第一种情况：劳动者有下列情形之一的，用人单位可以解除劳动合同：

- 在试用期间被证明不符合录用条件的；
- 严重违反劳动纪律以及用人单位规章制度的；
- 严重失职，营私舞弊，对用人单位利益造成重大损害的；
- 被依法追究刑事责任的。

第二种情况：有下列情形之一的，用人单位可以解除劳动合同，但是应当提前30日以书面形式通知劳动者本人：

- 劳动者患病或者非因工负伤，在医疗期满后，不能从事原工作也不能从事由用人单位另行安排的工作的；
- 劳动者不能胜任工作，经过培训或者调整工作岗位，仍不能胜任工作的；
- 劳动合同签订时所依据的客观情况发生重大变化，致使原劳动合同无法履行，经当事人协商不能就变更合同达成协议的。

第三种情况：用人单位濒临破产进行法定整顿，或者生产经营状况发生严重困难，确需裁减人员的，应当提前30日向工会或者全体职工说明情况，听取工会或者职工的意见，经向劳动行政部门报告后，可以裁减人员。但是，用人单位依据上述规定裁减人员，在6个月内录用人员的，应当优先录用被裁减的人员。

劳动者有下列情形之一的，用人单位不得解除劳动合同：

- 患职业病或者因工负伤并被确认丧失或者部分丧失劳动能力的；
- 患病或者负伤，在规定的医疗期内的；
- 女职工在孕期、产期、哺乳期内的；
- 法律法规规定的情形的。

（2）劳动者单方解除劳动合同。

第一种情况：劳动者解除劳动合同，应当提前30日以书面形式通知用人单位。

第二种情况：在试用期内有下列情形之一的，劳动者可以随时与用人单位解除劳动合同：

- 用人单位暴力、威胁或者非法限制人身自由的手段强迫劳动的；
- 用人单位未按照劳动合同约定支付劳动报酬或者提供劳动条件的；
- 用人单位强迫劳动者集资、入股或者缴纳风险抵押性财物的；
- 用人单位拒绝依法为劳动者缴纳社会保险费的；
- 用人单位低于当地人民政府规定的最低工资标准支付劳动者工资报酬的；
- 法律、法规规定的其他情形。

三、就业协议和劳动合同的关系和区别

就业协议与劳动合同都是用人单位录用毕业生时所订立的书面协议，两者既有联系又有区别。

（一）就业协议与劳动合同的关系

第一，确立劳动关系的性质一致。劳动合同是劳动者与用人单位确立劳动关系、明确双方当事人权利和义务的协议。我国《劳动法》规定，建立劳动关系应当订立劳动合同。就业协议是高校应届毕业生与用人单位确立劳动关系、明确双方在毕业生就业工作中的权利和义务的协议。教育部颁布的《普通高等学校毕业生就业工作暂行规定》要求：“经供需见面和双向选择后，毕业生、用人单位和高等学校应当签订毕业生就业协议。”

就业协议签订后，毕业生就要按照就业协议书中双方所约定的时间及时去签约单位报到，用人单位就要按照就业协议书中的约定为毕业生安排相应的工作，这就使双方确立了一种劳动关系，这种劳动关系确立的依据，就是毕业生就业协议。虽然用人单位所招聘的大学毕业生与面向社会招聘的劳动者，在培养、使用、待遇等方面可能有所不同，但从确立劳动关系这一点来说，两者是一致的，都符合《合同法》和《劳动法》的相关规定。

第二，主观意思表达一致。就业协议书和劳动合同的签订，都是双方当事人经过协商，在自愿、平等的基础上的意思完全一致的表示。双方法律地位平等，双方对设定的权利、义务都予以完全认可，并在实践中履行，是无强制、胁迫的主观愿望的表达。

第三，法律依据一致。按照就业协议的约定用人单位对毕业生录用后，一般都要有见习期或试用期、最低劳动年限及违约责任等规定，这与劳动合同的要求相一致。因此，就业协议应当遵循《劳动法》中有关劳动合同所规定事项办理，在发生争议纠纷时应依法解决。

（二）就业协议与劳动合同的区别

第一，主体不同。就业协议适用于应届毕业生与用人单位、学校三方之间，学校是就业协议的见证方或签约方，就业协议对用人单位的性质没有规定，适用任何单位；而劳动合同只适用于劳动者（含应届毕业生）与用人单位（不含公务员单位和比照实行公务员制度的组织和社会团体以及军队系统）之间，与学校无关。

第二，内容不同。毕业生就业协议的内容主要是毕业生如实介绍自身情况，并表示愿意到用人单位就业，用人单位表示愿意接受毕业生，学校同意推荐毕业生并列入就业方案，而不涉及毕业生到用人单位报到后，应享有的权利义务。劳动合同的内容涉及劳动报酬、劳动保护、工作内容、劳动纪律等方方面面更为具体，劳动权利义务更为明确。

第三，签订时间不同。一般来说就业协议签订在前，就业协议应在毕业生就业之时签订，而劳动合同往往在毕业生到用人单位报到后才签订。就业协议签订在前，劳动合同签订在后。

第四，目的不同。就业协议是毕业生和用人单位关于将来就业意向的初步约定，是对双方的基本条件以及即将签订的劳动合同的部分基本内容的大体认可。毕业生就业协议，在一定程度上，是政府编制就业计划的依据，而劳动合同则具有法律效力。当事人双方一旦发生争议或一方权利受到损害，可以通过法律解决争议或者获得法律保护。

第五，生效条件不同。就业协议在毕业生与用人单位签字签章后还须经学校就业主管部门审核批准后才生效，而劳动合同则是双方当事人签字盖章后生效。

第六，适用法律不同。就业协议发生争议，除根据协议本身内容之外主要依据现有的毕业生就业政策进行解决。而劳动合同发生争议，应依据《劳动法》来处理。

四、人事代理制度

人事代理制度是社会主义市场经济发展到一定阶段的产物，是适应市场经济发展的需要逐步建立起来的新的人事管理制度，同时也是企事业单位人事制度改革的方向。因

此，毕业生有必要对这一制度服务的内容、办理程序、办理应注意的事项有一个较全面的了解。

（一）人事代理机构

人事代理是由政府人事部门根据国家人事法规和政策，在尊重单位用人自主权和个人择业自主权的基础上，由政府人事部门所属人才交流服务中心作为人事综合代管部门，直接对各类企事业单位及其聘用人员进行人事社会化管理和系列化服务的新型人事管理制度。

人事代理的当事人为代理方和委托方。在一般情况下，代理方是县级以上政府人事行政部门下属的人才流动服务机构；委托方是需要人事代理服务的各种企业、事业单位和个人。委托代理的方式由双方商定，并以合同形式确立。

根据国家和省人事厅有关文件规定：凡以调入、分配、录用、辞职等形式，到外商投资企业、股份制企业、乡镇企业、区街企业、民营科技企业、私营企业等非国有企事业单位工作的专业技术人员、管理人员、大中专毕业生、留学回国等人员的人事档案，必须统一归县以上（含县）党委组织部门和政府人事部门所属人才交流机构管理，其他任何单位和个人不得擅自管理流动人员人事档案。各级组织、人事部门对从党政机关、人民团体、国有企事业单位流动到非全民单位工作的人员，一律凭政府人事部门人才交流机构出具的转档通知，办理转档手续，不得直接转给非全民单位或由流动人员自带。因此，各类股份制、外资、民营等无主管企业，民办科技、教育、医疗机构和各种中介服务机构及其他非国有单位必须实行人事代理。此外，实行专业技术人员聘任制的国有事业单位、建立现代企业制度的国有企业也可以申请实行人事代理。

凡需实行人事代理制度的单位简称“人事代理单位”。

毕业生人事代理是政府人事部门所属的人才交流服务机构，本着充分尊重毕业生自主择业的原则，高效、公正、负责地为各类毕业生解决在择业、就业中遇到的人事方面的有关问题，并提供以档案管理为基础的社会化人事管理与服务。

（二）人事代理机构的职能和工作程序

政府人事部门根据国家人事法规和政策，在尊重单位用人自主权和个人择业自主权的基础上，按照“服务于社会经济发展，服务于用人单位，服务于各类人才”的宗旨，对人事代理机构的职能给予了界定，主要包括以下方面：

（1）为委托方提供人事政策咨询服务，协助委托方研究、制定人才发展规划和人事管理方案等。

（2）为委托方管理人事档案，办理技术人员专业技术职务任职资格的申报，办理大中专毕业生见习期满后的转正定级手续，调整档案工资，出具报考研究生、婚姻登记、办理独生子女手续、自费留学、出国等有关人事档案的证明材料。

（3）为国家承认学历的大中专毕业生提供人事代理服务。从签订人事代理合同之日起，按照有关规定承认身份，申报职称，计算工龄，确定档案工资，办理流动手续。

（4）为委托方接转党团组织关系，建立流动人员党团组织，开展组织活动。

（5）为委托方代办失业、养老等社会保险业务。

（6）为委托方代办人才招聘业务，提供人才供需信息，推荐求职人员，负责聘用人员的合同签证。

（7）协助委托方制定培训计划，并受委托进行岗位培训。

（8）开展人才测评业务。

（9）由双方协商确定的其他人事管理相关业务。

集体办理人事代理的，首先向当地人事代理机构写出申请，并提供被代理单位的法人资格证明、企业营业执照、企业发展概况与人员名册等；个人办理人事代理的，需提供身份证、毕业证、职称证明以及与原单位脱离关系的有效凭证等。代理机构接到单位或个人的申请后，要及时审查有关证件与材料，并调查核实有关情况，然后，双方签订人事代理合同，代理机构按合同履行职责，承办代理业务，人事代理机构按以支定收、适当收费的原则实行有偿服务。

人事代理的程序包括：

（1）委托方向代理方提出申请，并提交有关材料。对于单位和不同情况的个人，须提交不同的材料。应聘到外地工作的大学毕业生，须提交委托人事代理申请书、聘用合同复印件、身份证复印件、聘用单位证明信（证明其单位性质、主管部门、业务范围）等。自费出国留学者须提交委托人事代理申请书、原单位同意由人才流动机构保存人事档案的函件、身份证复印件、出国的有关部门证明材料等。

（2）代理方审核委托方提交的申请材料。

（3）双方协商各自的权利和义务，确定共同遵守的协议书，并签订人事代理合同。

（4）代理方向有关方面索取人事档案、行政、工资、组织关系等材料，并办理相关手续。

尚未落实就业单位和要求自谋职业的毕业生，可以向生源所在地的县级以上人才流动机构申请办理人事代理。

人事代理实行有偿服务，其收费标准按照国家和各省有关部门规定执行。

关于人事代理有一些具体规定。现将大学毕业生应当了解的几条规定简介如下：

（1）凡注册“三资企业”、私营企业、股份制企业、民办科研机构等无主管部门和不具有人事管理权限的用人单位，对于招聘的职工均办理委托人事代理。

（2）代理方在核准委托人事代理的有关材料后，应当和委托方签订人事代理委托合同书，确立委托关系。

（3）委托方人事代理人员在委托人事代理期间，工龄应连续计算。

（4）尚未就业的个人委托人事代理人员重新就业后，其辞职、解聘前的工龄和重新就业后的工龄合并计算。

（5）在代理项目内有档案工资关系的，在代理期间涉及国家统一调资时，根据国家及省有关政策，档案工资的调整按照自收自支事业单位的工资标准核定。

（6）单位委托人事代理的大中专毕业生在见习期的考核、转正定级手续，由用人单位按期向代理方提供这些毕业生的工作表现等书面材料，代理方负责办理。

（7）单位委托人事代理的大中专毕业生在见习期间，如果解除了聘用合同，可以应

聘到其他单位工作。代理方负责毕业生的见习期管理。待聘期超过1个月者，其见习期顺延。

(8) 委托期间，委托人事代理人员若被公有制单位正式接收，则代理方凭接收单位人事主管部门的接收函负责办理其人事、档案关系的转递手续；若被其他单位重新聘用，则代理方负责及时变更人事代理手续。

(三) 人事代理应遵循的基本原则

从法律意义上讲，代理制已有300余年的发展历史，已经形成了比较严谨的法律规范。人事制度中融入代理形式，也就使人事代理具有了法律保证。人事代理遵循的基本原则有以下几点：

(1) 人事代理应是具有法律意义的民事行为，实现以授权委托书（或委托证明）为主要形式的契约代理制。要求实行人事代理的企业和个人可与人事代理服务机构签订协议，作为代理人的人事代理服务机构独立进行意思表示，并以被代理人名义实施代理行为，直接对被代理人发生效力，由被代理人承受该行为的一切后果，包括权利、义务、费用、损害赔偿等。人事代理服务机构要按市场经济原则运作，降低被代理人的管理成本，推动人才资本与物力资本按比例合理投入的实现。

(2) 凡是依法律规定或法律行为的性质，或当事人约定，必须由本人亲自进行的行为，不得代理；凡国家有关政策法规限制的必须由指定代理机构实施的人事管理内容，其他性质的代理机构也不得越权代理。如国家有关人事法规就明确规定，非国有性质单位的人员人事档案必须交由党委组织部门或政府人事部门所属人才交流服务机构保管，个人不得擅自保留人事档案，其他性质的人才流动服务机构也无权保管人事档案。

(3) 要用发展的眼光彻底跳出人事代理中身份局限，除国家政策规定所限制的代理内容外，要打破代理人、被代理人的法律身份限制，不同所有制性质的人才交流服务机构均可作为代理方，不同所有制性质的企事业单位均可作为被代理方。

(四) 人事代理制度的意义

人事代理制度的建立和发展，无论是对政府人事部门，还是对用人单位都具有重要意义。

1. 人事代理制度是实现人事工作两个调整的具体体现

人事代理制度是市场经济条件下产生的一种新的人事管理方式，是建立与社会主义市场经济相配套的人事管理体制的重要组成部分，也是人才市场乃至整个社会主义市场体系建设的重要内容，是实现人事工作两个调整的具体体现。它打破了在计划经济体制下形成的传统的人事管理方式，是人事部门的功能从计划体制下的行政管理型向市场经济体制下的服务保障型转变的重要形式。这一制度的实施，必将有力地促进人事管理由单一、封闭的管理模式向开放、综合的服务型模式转变，符合市场经济的社会化、集约化的要求，符合市场经济发展对人事管理工作提出的新要求。

2. 拓宽了人事部门的工作领域，强化了服务功能

人事代理制度的提出和建立，对政府人事部门来说，这是大有可为的新的服务领域，它已不再仅仅是为供需双方提供以信息为核心手段的中介服务，而是作为供需双方的代理人，进一步从间接的粗放型服务向直接的集约型服务发展和深化；它是从外部服务延伸到用人单位内部，虽然对代理机构而言，仍是一种服务，但对用人单位来讲实际已是一种内部管理，代理的行为后果直接影响到企业的生存与发展，还关系到个人切身利益。正是由于人事代理对象和代理业务的广泛性、代理形式的多样性，从而为人事工作提供了广阔的服务领域，对服务质量也提出了更高的要求，是一项大有前途的事业。

3．实现了人事管理服务的社会化，减轻了用人单位的负担

实行人事代理制度，使人事管理服务实现了社会化，这就使用人单位减少了人事管理机构、管理人员和费用，单位领导再也不用为解决人事管理方面的难题而操劳、费心，减轻了事务性管理工作的负担，而且有利于同用人制度改革相结合，解决原人事管理体制的人员能上不能下、能进不能出、干好干坏一个样的弊端，形成新的用人机制。这就大大增强了员工的危机感，激励其努力学习，提高素质，勤奋工作，同时也有利于规范人事管理行为，提供人事管理的整体水平，克服原来分散操作存在的规范性差以及管理工作在一定程度上重复浪费的缺陷。

4．人事代理制度是实现人才合理流动的有力保障

人才的部门所有、单位所有，严重制约着人才的自由流动。这一方面是由于种种原因，使人才局限于一个狭小的范围。但更重要的是很多人才担心流动到社会以后，许多实际问题无法解决。而建立人事代理制，则使人才成了社会人，人才由社会共育、共有、共管、共用，打破了部门和单位的界限，使人才可以实现真正意义上的自由流动，充分体现人才自主择业、自由流动的原则，使各类人才更好地选择适合自己的单位和岗位，促进人才的合理流动、合理配置和合理使用。可以使改革多年来提出的把“单位人”变成“社会人”的构想变成现实，从而实现人员的自主流动，自主择业，促进人才资源的合理配置。同时，人事代理为代管人员提供了诸如工龄计算、保持身份、职称评定、能力测评、出具各种证明服务，切实解决了代管人员的实际问题。通过代理养老、医疗、待业等保险业务，从根本上解决了代管人员的后顾之忧。

人事代理作为人才交流服务基础上发展起来的一种全新的人事管理制度，由于人才流动市场化机制的不充分和不完善，目前，人事代理制度本身与外部各种制度政策，如劳动力市场管理、社会保障措施、社会福利政策、户籍制度、档案制度等在“对接”中还存在大量的摩擦和矛盾。这些不利因素都需要在今后予以克服。

【案例一】

在毕业前的一次人才招聘会上，小张将自己的简历投给了一家房地产公司。公司一位副总经理与他交谈后表示对他很满意，希望当场签下合同。当时他满心欢喜，因为对方许诺去了有住房，而且月薪3000元以上。他没有丝毫犹豫，就同意当场签约，生怕过了这个村就没这个店，想早早把这个好机会攥在手里。

对方出具的是一份早已打印好的合同。他草草浏览了一下合同，合同格式很规范，合同条文也很专业，双方的权利义务似乎也规定得很清楚。他几乎是怀着一种兴奋的心情在上面签下了自己的名字。

他的职位是公司销售部销售员。进了公司他才知道，所谓的月工资3000元以上完全

是一个子虚乌有的数字。因为销售人员的工资实行的是上不封顶下不保底的规定，但与销售额直接挂钩。销售部有十几名销售员，只有一位业绩突出的销售员拿到过3000元的月工资。对方许诺的住房其实是一间破旧的仓库，不到30平方米，挤住着8个人。

这一切与对方的许诺相距甚远。他愤愤不平地找到了那位公司副总经理要跟他理论。对方阴沉着脸说："那是口头上说的，并没有写进合同。再说，你如果好好干，月工资肯定不会低于3000元。至于住房嘛，不就是条件差点儿吗。"

看到这里，他大呼上当，可是再往下看，却看出一身冷汗。合同规定，聘用期为3年，应聘方如违约，需按违约时间交纳违约金，违约金为每年5000元。也就是说，如果他要求结束合同，必须向公司交纳1.5万元违约金。

【点评】

这种故意在合同里使用概念模糊的语言偷偷埋下了"炸弹"的手段，侵害的是应聘者的权益。所以，求职者在签订合同时一定要对合同斟字酌句、仔细推敲，谨防合同陷阱，更要提防对方在合同中埋"炸弹"。

【案例二】

某单位已同意接收毕业生小刘，当时已通过体检、政审考核等程序。该单位表示同意录用该生，但提出因没有带公章，请学校先盖章签署意见，同意之后再补办有关手续。校就业指导中心为慎重起见，反复提醒毕业生最好等单位先盖章，学校再盖章。但单位和学生本人都很急，录用人员说："反正我们已同意接收，只要方便同学，简化手续，谁先盖章无所谓。"

学生说："我体检、政审都通过了，请给我一次机会，我愿写保证，保证因手续不全后果自负。"且该生所在院领导也打电话为之说情。鉴于此，学校先盖了章。谁知刚过两天，该单位就将该生的协议书退回。

【点评】

口头协议靠不住。签协议一定要慎重，必须把双方的约定以文字形式写下来盖章签字方生效。"君子协议"、"口头协议"都是空头支票，没有任何法律效力。一旦发生纠纷，毕业生必须学会保护自己。一般来说，毕业生最好是亲自前往单位签约盖章。如果一定要将协议书寄去签，那应该要求单位先出具书面接收函为宜。

第三节　各方的权利和义务

在高校毕业生就业活动中，主要涉及毕业生、用人单位和学校三个方面，各方的权利和义务主要如下。

一、大学毕业生的权利和义务

毕业生作为签订就业协议的主体之一，清楚了解自己的权利和义务是签订协议非常重要的一个环节。

（一）平等就业和自主选择职业的权利

毕业生作为签订就业协议的主体之一，清楚了解自己的权利和义务是签订协议非常重要的一个环节。大学毕业生享有平等就业和自主选择职业的权利。我国《劳动法》规定："劳动者享有平等就业和选择职业的权利。"对大学毕业生而言，在求职择业过程中具有自主性，其选择某一职业或不选择某一职业，都是毕业生自己享有的权利，任何单位或个人无权干涉，即使毕业生的家长和亲属也不能对毕业生选择职业进行干涉和强迫。当然，毕业生在作出职业选择前，应与家长和亲属进行沟通，在听取他们意见的基础上，作出符合自己意愿和实际情况的选择。

（二）全面了解用人单位情况的权利

选择职业，确定用人单位，关系着毕业生未来的工作、生活状况和事业前途。毕业生在与用人单位签约前，完全有必要也有权利对用人单位的情况进行全面细致的了解。包括用人单位的使用意图、工作环境、生活待遇、服务时间等。用人单位有义务向毕业生和学校如实介绍本单位的情况，并尽可能提供能够证明这些情况的有关资料。

（三）如实向用人单位介绍自己情况的义务

包括培养方式、学习成绩、健康情况、在校表现、社会实践经历以及各方面能力；并如实提供可以证明自己情况的相关资料，这是用人单位准确了解毕业生的重要基础。

（四）接受用人单位组织的测试或考核的义务

用人单位为了招聘到符合要求的毕业生，一般都要通过一些测试或考核手段来掌握毕业生的情况，以进行比较，从而做出是否录用的决定。毕业生应予以积极配合，接受测试和考核，充分展现自己的能力，获得期望的工作。

二、用人单位的权利和义务

用人单位是与毕业生签订就业协议的另一主体，其主要权利和义务包括如下几点。

（一）全面了解毕业生情况的权利

用人单位根据本单位对所需人员综合素质、知识水平和专业能力等方面的要求，通过学校有关部门或毕业生所在院（系）以及毕业生个人，了解毕业生的各方面情况，并对毕业生进行测试、考核，最终决定是否录用。

（二）如实向毕业生和学校介绍本单位情况的义务

包括对毕业生的使用意图、工作环境、生活待遇、服务时间以及本单位的具体情况等。

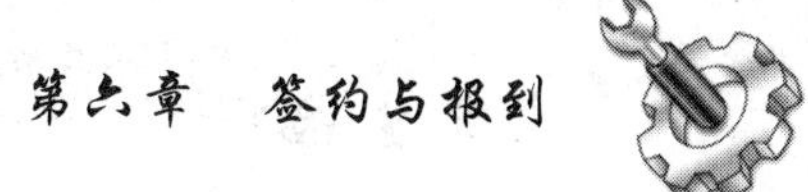

三、学校的权利和义务

学校作为毕业生的培养单位，在毕业生就业中具有重要的作用。其权利和义务对毕业生和用人单位都有直接的意义。

第一，学校有权利对毕业生、用人单位双方当事人的资格及学生相关资料的真实性、合法性进行鉴证，并根据国家的有关政策和规定，对就业协议签署是否同意的意见。

第二，学校有义务对毕业生进行就业指导，向用人单位推荐毕业生；有义务向毕业生和用人单位介绍学校情况和提供有关介绍资料；有义务向毕业生和用人单位提供有关政策和就业信息指导、咨询等方面的服务。

【案例】

大学毕业生李某是一家集团公司的员工，与公司签订了劳动合同，合同期限为2004年7月至2006年6月。2005年2月，公司对他进行了培训，并签订了服务期协议，约定服务期为3年，到2008年3月止，违约需要支付违约金30000元。2005年8月，公司将他调至集团下的一子公司，但未签订任何劳动合同，而他的“三金”也是由该子公司为他缴纳的，该子公司是集团下属的全资子公司。由于该子公司管理混乱，2005年11月，他向一家跨国公司应聘并被录用，但新公司要求他下周即来上班，于是他想提出辞职申请。请问：他能够立即走人吗？需要支付违约金吗？

【点评】

他可以随时提出辞职，而不需要提前30天通知用人单位，并且也不需要向用人单位支付违约金。

他与集团公司签订了劳动合同，该合同虽然没有到期，但该公司已于2005年8月将他调至子公司，而他也未提出任何异议。由于在法律上子公司和集团公司是两个独立的法人，因此从这一刻起，他与该集团公司的劳动合同已经协商解除。他与子公司虽形成事实劳动关系，但未签订劳动合同，因此他可以随时提出解除劳动关系，而不需要提前30天通知用人单位。

既然他与集团公司已经解除了劳动合同关系，他与子公司建立劳动关系后，双方未有任何合同承认原劳动合同的效力，或变更原劳动合同，因此这份劳动合同当然不能成为约束他与子公司劳动关系权利义务的合法有效合同。原劳动合同对他与子公司建立的劳动关系并不具有约束力。他与子公司又未对服务期及违约金有任何约定，因此他也不需要向其支付任何违约金。

第四节　报　　到

在顺利完成学业、与用人单位签订《就业协议书》后，应在规定的时间内前往接收单位报到上班。

一、报到需要的材料

（一）报到证

毕业生前往用人单位报到，本专科毕业生须持《全国普通高等学校本专科毕业生就业报到证》，研究生毕业生须持《全国普通高等学校毕业研究生就业报到证》。用人单位凭报到证办理接收手续和接转档案、户口关系的迁移手续。

（二）毕业证和学位证

自主择业的毕业生由毕业生本人携带毕业证和学位证。委培、定向毕业生的毕业证和学位证由学校主管部门在毕业生档案中寄送委培、定向单位人事主管部门。

（三）户口关系

自主择业的毕业生的户口关系，由毕业生本人在学校主管部门办理迁移手续后，由毕业生自己携带，到接收单位办理转入关系的手续。委培、定向生的户口关系由学校主管部门在毕业生档案中寄送委培、定向单位人事主管部门。

（四）档案关系

所有毕业生档案均不得由毕业生自己携带，而是由毕业生档案具体管理部门（所在院系或学生处）进行认真审核后，在毕业生离校后两周内，按照机要文件的要求，统一寄送到毕业生工作单位所归属的人事档案管理部门。

二、报到的时间规定

按照教育部的规定，高校毕业生的报到期限为 1 个月，但要按协议或报到约定为准。

三、报到可能遇到问题的处理方法

第一，报到证遗失或损毁。如果毕业生发生了报到证遗失或损毁的情况，应由毕业生及时向学校主管部门提出申请，然后由学校主管部门上报上级主管部门予以补发。

第二，毕业生报到时接收单位拒收。毕业生与用人单位签约具有法律效力，双方均有义务遵守。但是，如果由于用人单位发生了严重变故，如：企业破产、削减编制、转产等原因，而无法继续接收毕业生时，则用人单位必须向学校出具退函，由毕业生重新联系单位就业。

第三，毕业生未能按期报到。毕业生应在规定的时间内报到。如果由于不可抗拒的原因（如生病、外出遇灾未归等）无法按期报到，应采取信件、电话、电报、传真等方式向接收单位说明和请假。如果逾期不报到，又未向接收单位说明请假的，可能发生接收单位拒绝接收的后果。

第四，对于户口已经转到学校，想把户口转回原籍，但是就业后单位所在地又不是生源地的毕业生，部分地市就业管理机构要求毕业生持报到证到生源地就业管理机构办理报到手续。

第五，毕业生因表现不好被接收单位退回。如果毕业生在报到以后，由于工作表现不好而被用人单位退回，学校将把其档案、户口等关系转回家庭所在地，按社会待业人员处理。

四、改派

毕业生就业计划是学校根据毕业生和用人单位经过协商所达成的协议编制而成的，由学校报请教育部批准，并以国家计划形式下达的。学校和用人单位依据国家计划派遣或接收毕业生。国家计划下达之后，学校、毕业生和用人单位都必须严格执行，任何部门或个人均不得随意变动。但若出现以下情况，毕业生可以申请改派。

第一，用人单位发生变化。主要是指用人单位在毕业生就业计划审核之后被撤销、用人单位隶属关系有误或在毕业生就业计划审核之后发生变更、计划未落实等。

第二，使用不当。主要是指用人单位安排毕业生（紧缺专业）从事与本专业无关的工作（见习或锻炼者例外）、对毕业生严重降格使用等。

第三，调配不当。主要是指毕业生的所学专业与用人单位的要求不一致（签订就业协议时，双方已达成一致意见者除外）、派遣的毕业生与用人单位的要求不一致等。

毕业生遇到上述情况时，应当立即向学校报告。毕业生如果决定申请改派，则必须取得用人单位或其上级主管部门的书面证明材料（即同意回校改派的公函，又叫退函）。

除上述情况，毕业生到接收单位报到后，凡因为身体、学习成绩、政治表现、思想品德、工作能力等方面的原因被接收单位退回学校的，当年年底之前若找到新的接收单位，学校可以出具有关证明材料供其到学校所在地的毕业生就业主管部门办理改派手续。在此期间学校不再办理推荐、签约等手续，也不列入次年的毕业生就业计划。

如果当年年底之前没有找到新的接收单位，毕业生则必须与家庭所在地的毕业生就业指导机构或人才流动服务机构联系，办理其档案、户口关系等的委托保管手续，并将上述关系转离学校。

本章小结

■本章关键词：

签约　就业协议书　劳动合同　人事代理　报到

■问题思考：

1. 签约要注意哪些问题？签订就业协议书和劳动合同应注意哪些问题？
2. 在就业过程中，大学毕业生有哪些权利和义务？
3. 报到需要携带哪些材料，遇到常见问题如何处理？

第七章　创业教育

一个真正的企业家，不能只靠胆大妄为东奔西撞，也不可能是在学院的课堂里说教出来的。他必须在市场经济的大潮中摸爬滚打，在风雨的锤炼中长大。

——王均瑶

本章概要

本章简单阐述了大学生创业的基本概念、具体内容和注意事宜，包括创业的组成部分，如何做好创业的准备，如何根据自身情况开展可操作性的创业活动，列举了在创业过程中存在的问题和创业学生必须要解决的一系列问题。

实例思考

26 岁的兰州理工大学毕业生杨昕霖和 23 岁的大学毕业生张雪林 2004 年大学毕业以后，自主创业，开设了甘肃省第一家经营无线增值业务的公司，创业刚一年就盈利 70 多万元。2003 年杨昕霖大学毕业以后，一次偶然的机会，杨昕霖遇到一个大学时的网友，经过考察论证后，这位网友决定给杨昕霖 100 万元的风险投资。

由于杨昕霖有在电信公司的工作经历，他敏锐地意识到手机无线增值方面的市场空间很大。于是，杨昕霖在兰州注册成立了一家信息科技公司，专门做起有关手机无线增值方面的业务。2004 年 7 月，大学刚毕业的张雪林婉言谢绝了多家外企的加盟邀请，和杨昕霖一起自主创业。刚开始创业的时候，包括杨昕霖和张雪林在内，公司只有三个人。为了尽快推出一款手机游戏，他们连续两个月每天只睡三四个小时，一顿饭只吃一碗 5 元钱的炒面。很快这款手机游戏就卖给当地一家网络公司，成功地推向了市场，公司获得了第一笔业务收入。紧接着他们又开发推出了新的手机增值业务。公司在业界的知名度也越来越大，目前公司的员工从最初的 3 个人发展到了 8 个人，公司成立一年，就盈利 70 多万元。

思考：

1. 杨昕霖的成功创业秘诀在哪里？
2. 我和他的差距在哪里？

什么是创业？如何理解创业？这样的问题受到越来越多人的关注。但对创业的理解，可谓众说纷纭。

李志能、郁义鸿、Robret D. Hisrich 编著的《创业学》对创业的定义为：“创业是一个发现和捕捉机会并由此创造出新颖的产品或服务和实现其潜在价值的过程。”

创业者必须付出相当多的时间和精力，背负很大的技术、市场、财务等方面的压力及风险去实现自己的创业理想和目标。一般说来，创业包括以下几个方面的含义：

（1）创业是创造的过程。创业创造出某种有价值的新事物。这种新事物必须是有价值的，不仅对创业家本身，而且对其开发的某些目标对象也是有价值的。这里所说的目标对象因行业或所创造事物的不同而不同。

（2）创业需要贡献出必要的时间，付出很大的努力。要完成整个创业过程，要创造新的有价值的事物，就需要大量的时间，而要获得成功，没有极大的努力是不可能的。

（3）创业要承担必然存在的风险。创业的风险可能有多种形式，依赖于创业的领域，但是通常的风险一般说来是财务上的、精神方面的、社会以及家庭等方面的。

（4）给予创业家创业报酬。作为一个创业家，最重要的回报可能是由此获得的独立自主，以及随之而来的个人满足。对于追求利润的创业家而言，金钱的回报无疑是最重要的，很多的创业者乃至旁观者，其实都把金钱的回报视为成功与否的标志。

从以上含义可知，创业性工作与管理性工作，并不是一回事，它们既有联系，又有区别。因为不进行管理，企业家就不会成功；而在企业管理的过程中，如果不发扬某些企业家精神，企业管理就有可能僵化。对一个真正的创业者来说，创业的过程充满了激动、艰辛、痛苦、忧郁、苦闷和徘徊，以及坚定、坚持不懈的努力，并由渐进的成功而带来的无穷欢乐与分享不尽的幸福。

第一节 概 述

一、创业的定义

创业是指创立基业或创办事业，也就是自主地开拓和创造业绩与成就。创业有广义和狭义之分。狭义的创业是指创业者的生产经营活动，主要是开创个体和家庭的小业。广义的创业是指创业者的各项创业实践活动，其功能指向是成就国家、集体和群体的大业。创业是人生不懈的追求和奋斗的目标，就业与创业紧密联系，不可分割，人们可以在就业过程中创业，也可以在创业过程中就业。创业具备如下几个特点：

（1）创业是创造出某种“有价值的”新事物的过程；

（2）创业需要贡献必要的时间，付出极大的努力；

（3）创业必然承担存在的风险。

（4）创业带来财富、独立自主、个人满足。

二、创业的价值

在这个创业的时代里，传统的事业发展模式逐渐被打破，创造和创新日益得到认同。美国硅谷的发展，早已成为知识界、科技界、企业界有口皆碑的楷模，从那里，人们明白了知识原来可以这样快速地转变为财富，科技原来具有如此大的威力，甚至可以引发产业革命。

(一)经济发展的引擎

创业已成为经济发展的引擎。成功的创业者对社会的影响越来越大，他们能创造工作机会、产品、服务和财富。新的产品和服务满足了市场需求，而且可以刺激新的投资。也就是从需求和供给两个方面促进了经济的增长。在需求方面，新产品和服务往往会创造出新的市场需求，成为促进经济增长的需求因素；在供给方面，新资本的形式将导致新的生产能力，扩大整个经济的供给能力。

创业可以推动科技创新，可以推动新发明、新产品出现，从而推动经济的发展。此外，创业对于市场体系的完善，对于市场竞争主体结构的合理化，对于企业创新能力的提高，对于企业核心竞争力的获得和强化，对提高企业乃至整个经济的国际竞争力都有着非常重要的作用。另一方面，推动个人自主创业对于缓解就业压力、解决就业矛盾也是一个重要的途径。从社会角度来看，创业活动的展开也有利于自主自强和敢于承担风险等创业精神的培养和社会氛围的形成。

(二)时代的呼唤

发展、变革的时代要求创业。随着社会的不断进步与发展，人类积累的科技成果和物质基础为人们开创事业提供了充分的物质保障。在这个不断变革的时代中，社会越来越突出人的价值，体现人的发展，显现人的才能，而在变化中，就蕴藏着各种机会。新技术的层出不穷，需要创业者们将其产业化，经济全球化是发展的趋势，而振兴我国的经济，就必须大力鼓励创业。

(三)为社会培养精英人才

今天的大学生早已不再是“两耳不闻窗外事，一心只读圣贤书”的书生学者了。大学生创业，让社会对大学生群体这一宝贵的人力资源开发和利用给予了全新的认识。大学生既处在学知识、长知识的时期，同时又处在思维活跃、创造力强的阶段。对其进行创造力的培养及发挥，具有十分重要的意义。广义上讲，创业活动也是一种“学习”，而且是一种为传统教育所忽视的学习，它能够给平时“两耳不闻窗外事”的学生们提供一个直接接触社会的机会，对开阔视野和提高创新能力都是十分有益的。现在在许多高校中，鼓励开展各种学术科技创新活动和创业计划大赛，就是一种着力于培养学生的创新精神的主要途径。另外，缺乏合作意识在我国大学生群体中也普遍存在，通过创业过程中的共同合作，能够增进彼此之间的了解，增强大学生们的团队精神。

(四)形成全新的成才观

大学生创业概念的出现，给传统的成才观以猛烈的冲击。在新的社会环境中，大学生对未来的选择日趋多元化。创业可以作为未来的就业选择，这势必对所有大学生的学习、生活都产生深远影响。学生们将重新设计自己的成才道路，并为成才做好应有的准备。可以这样说，最终选择自主创业的学生将永远是学生中的少数，但是这少数创业者一定是涌现在这大批有着创业准备的群体中。大学生创业活动将使大学生树立起创业意

识，这比创业本身更有重要意义，因为在创业意识的推动下，大学生将更重视自身素质的完善和提高，而大学生群体整体素质的提高有利于更优秀、更成熟的创业者诞生。

（五）挑战传统教育

大学生创业给教育提出的挑战来自两方面：一是大学生创业出现的问题，暴露出传统教育存在的弊端；二是社会和学生对创业的需求，要求教育进行及时的改革。创业需要多学科知识的运用，尤其是商业运作知识，而这正是大学生们所缺乏的。传统教育的弊端之一是注重知识的传授，忽视学生能力尤其是创新能力的培养。目前，高校中存在着诸多妨碍创造型人才培养的因素：专业面窄，培养的人才基础知识单薄，缺乏综合交叉优势，使人才的适用性和创造性降低；分科教育，使人精于专业，割断了科学与人文的内在联系，削弱了人才创造性思维的基础等。通过创业教育，有利于转变教育观念，树立以创新为重点的教育思想。

第二节　创业的形势和环境

一、目前创业的形势和环境

近年来，随着全国各大高校的“扩招”和人才市场竞争的日益激烈，就业难已经成为当前大学生最为烦恼的问题之一。面对如此大的压力。大学生开始热衷于考研究生、考公务员。但是研究生、公务员招考数量毕竟有限。另外，很多本科生在找工作时并没有发现自己比专科生有更多的优越性。这种情况可能会持续一段时间并在短期内不会改变。因此，越来越多的大学生开始倾向于自主创业并把它当做了一种重要的就业方式。相比考研究生，考公务员而言，这条道路亦充满着艰难与坎坷。从象牙塔走出来的大学生，如何在创业过程中趋利避害，扬长避短，是学校和社会一直在关心和关注的问题。

当前的中国经济正处于一个飞速发展的时期，市场每年都在不断的扩展壮大中。社会和经济的快速发展代表着这个时期里它的经济模式不是固定的，而是海纳百川的；同样这也是一个探求的阶段，市场变化快、产品的更新换代快便能成就一个企业的成长和衰退。所以，大学生创业，带来的不仅仅是个人财富增长，更重要的是促进了整个社会经济的发展，提供了就业机会，还为整个国家的科技创新注入了活力，身处这样一个经济快速发展的环境下，正是创业的大好时机。

二、国家、社会、个人对创业的认识的变化

国家的创业优惠政策也对大学生的创业起着推波助澜的作用。据不完全统计，各地在执行国家创业政策时，因地制宜地制定出许多灵活的措施：有的设立创业基金鼓励创业；有的省市直接宣布大学生创业 2～3 年内免除任何税费；还有以政府担保为大学生提供低息贷款扶持创业。例如，2003 年，上海市出台了多项优惠政策，几乎涉及大学毕业

生创业的每个环节。这些政策如今已被概括成“四项优惠套餐”，即：风险评估，全部免费；创业培训，政府买单；贷款筹资，政府担保；当个体户，实惠更多。2005 年，河南省出台了对从事个体服务的大学毕业生 3 年内免交登记类、管理类、证照类各项行政事业性收费的政策，并及时提供创业培训、开业指导、项目开发、小额担保贷款等服务。从 2006 年开始，北京高校毕业生在北京市从事个体经营，自工商部门批准其经营之日起，3 年内免交“五部门”的行政事业性收费。同时，教育部、劳动和社会保障部、人事部等部委也陆续出台了有关政策，鼓励和帮助大学生自主创业、灵活就业。政府各部门颁布的一系列针对大学生创业的优惠政策，成为大学生选择是否进行创业的一个重要“风向标”，在一定程度上，影响着大学生自主创业的热情和积极性，激发或阻碍着大学生个人能力和潜能的发挥。

经过几年的发展，很多大学生在创业问题上，已表现出理性的思考。各高校定期举行的学生创业大赛吸引着愈来愈多的学生参加，虽然相当多的学生只是把参加大赛看做丰富课余活动，而不是随时准备休学跳进市场的海洋，但是很明显，这也是学生创业走向成熟的一个明显标志。

三、创业的相关政策和规定

为支持大学生创业，国家各级政府出台了许多优惠政策，涉及融资、开业、税收、创业、培训、创业指导等诸多方面。对打算创业的大学生来说，了解这些政策，才能走好创业的第一步。为了鼓励大学生创业，各级政府相继出台了注册、贷款、税费等方面的优惠政策，但这些政策在操作、优惠、条件、导向等方面还不能完全适应大学生创业实际，需要进行调整和完善，形成合理、有力度的大学生创业优惠政策。

事实表明，大学生不论是在校时创业，还是毕业后创业，政策是影响成败的重要因素之一。为此，下面对目前我国大学生创业政策进行一些思考和分析。

（一）创业政策的现状

2003 年 6 月，国家工商总局下发《关于 2003 年普通高等学校毕业生从事个体经营有关收费优惠政策的通知》后，上海、天津、重庆、黑龙江、辽宁、吉林、安徽、江西、福建、广东、广西、陕西、甘肃、新疆等省、市、自治区纷纷出台了类似政策，后来又陆续出台了优惠贷款的政策，这些政策被概括为大学生创业优惠政策。综观这些政策，我们把优惠概括为如下方面：

（1）注册登记优惠。一是程序简化。凡申请从事个体经营或申办私营企业的，可通过各级工商部门注册大厅优先登记注册。申请人只需提交登记申请书、验资报告等主要登记材料，可先予颁发营业执照，并在一定期限内按规定补齐相关材料。二是费用减免。除国家限制的行业外，工商部门自批准其经营之日起 1 年内免收其个体工商户登记费、管理费和各种证书费。对申办高新技术企业的，如资金确有困难，注册资本达不到最低限额的，允许分期到位。高校毕业生从事社区服务等活动的，一定期限内免予办理工商注册登记，免收各项工商管理费用。

（2）金融贷款优惠。一是优先贷款支持、适当发放信用贷款。对高校毕业生创业贷款，可由高校毕业生为借款主体，担保方可由其家庭或直系亲属家庭成员的稳定收入或有效资产提供相应的联合担保。对于资信良好、还款有保障的，在风险可控的基础上适当发放信用贷款。二是简化贷款手续。三是利率优惠。对创业贷款给予一定的优惠利率扶持，视贷款风险度不同，在法定贷款利率基础上可适当下浮或上浮。

（3）税费减免优惠。对新办的从事咨询业、信息业、技术服务业的企业或经营单位，对新办的独立核算的从事交通运输业、邮电通讯业、公用事业、商业、对外贸易业、旅游业、仓储业、居民服务业、饮食业、教育文化事业、卫生事业和对到“老、少、边、穷”地区新办的企业或经营单位，可以免征或减征一定年限、比例的所得税。

（4）员工待遇优惠。一是员工聘请和培训享受减免费优惠。在一定时间内，可在有关网站免费查询人才、劳动力供求信息，免费发布招聘广告等。政府人事部门所属的人才中介服务机构免费为创办企业的毕业生、优惠为创办企业的员工提供培训、测评服务。二是人事档案管理免一定年限费用。政府人事行政部门所属的人才中介服务机构免费为其保管人事档案两年。三是社会保险参保有单独渠道。高校毕业生从事自主创业的，可在各级社会保险经办机构设立的个人缴费窗口办理社会保险参保手续。

以上是大学生创业政策的主要内容，各、省、市自治区出台的政策虽然有些差异，但主体部分相差不是很大。

（二）一些地区有关创业的政策和规定

1. 上海

（1）大学毕业生创业四项优惠政策根据国家和上海市政府的有关规定，上海地区应届大学毕业生创业可享受免费风险评估、免费政策培训、无偿贷款担保及部分税费减免四项优惠政策，具体包括：

高校毕业生（含大学专科、大学本科、研究生）从事个体经营的，自批准经营日起，1 年内免交个体户登记注册费、个体户管理费、经济合同示范文本工本费等。此外，如果成立非正规企业，只需到所在区县街道进行登记，即可免税 3 年。自主创业的大学生，向银行申请开业贷款担保额度最高可为 7 万元，并享受贷款贴息。上海市设立了专门针对应届大学毕业生的创业教育培训中心，免费为大学生提供项目风险评估和指导，帮助大学生更好地把握市场机会。

（2）每年 1 亿元助“学生老板”科技创业。从 2006 年起，上海市政府将连续 5 年，每年投入 1 亿元用于大学生科技创业基金。2005 年 3 月，市政府启动大学生科技创业基金，每年 5000 万元，连续三年投入 1.5 亿元，支持创业种子尽快“破土”。

（3）大学生创业“天使基金”最高 30 万元。大学生开办企业可获 5 万 ~ 30 万元支持，即使失败也无须赔偿损失。“天使基金”将根据学生的申报计划，严格评估学生创业项目，然后确定实际支持金额。这笔资金将以股权形式投入到学生企业中，获利部分将成为创业者的利润，而一旦创业失败也无须学生还款。

（4）在创业之前，专门机构还将对学生科技创业者进行创业培训，使其迅速拥有企业者素质，相关部门还将为大学生免费提供代理工商注册登记、纳税申报、发票管理等服务。

2. 北京

从2006年5月起，除拥有北京《再就业优惠证》的人员外，持有北京市户口的未就业大学毕业生想要从事个体经营或自主、合伙创办小企业自筹资金不足的，也可申请小额担保贷款。

为了让更多的人群享受就业优惠政策，在原有享受范围的基础上，北京首次将城镇低保人员、残疾失业人员、农转居人员和大学生等纳入了优惠政策的适用范围。

大学生毕业后有创业要求的，只需带着自己的学历证明和北京市户口，到户口或经营所在地的社保所申请即可。

3. 重庆

重庆毕业或在南京上大学的重庆学生，不需任何抵押、担保，即可获得不高于5万元的创业贷款。为降低贷款风险，此类创业贷款的年基准利率一般在现有利率基础上上浮15%到20%左右。大学生创业贷款，其年限一般在1年左右。

重庆五项优惠政策鼓励大学生创业和就业：

（1）大学毕业生从事个体经营，1年内可以免缴行政事业性收费。

（2）凡自愿到重庆市工作的毕业生，只要与用人单位签订就业合同，不受学校、专业、学历和生源的限制。

（3）半年以上未就业有固定户口的大学毕业生可在其户口所在地居委会登记，申请3000~4000元人民币的银行抵押和担保贷款。

（4）自谋职业的毕业生，根据本人意愿，可将户口和人事档案暂存就读学校2年或由市大中专毕业生就业指导中心存管2年，存管期间免收档案管理费。

（5）加强毕业生就业指导，引导大学生转变择业观念。

另外，重庆转为直辖市以来，进入各类高校的重庆学生越来越多，全市各高校在校生人数也较直辖初增加了约1倍。为适应大中专生就业形势的变化，重庆市先后推出了大学生自主创业小额贷款、对本地和外地生源平等开放就业资源及就业市场等措施，为大中专毕业生创造了更多的就业机会。

4. 天津

天津市工商局制定的大学生创办私企优惠政策包括：放宽注册资本缴付标准与时限、允许毕业生以人力资源和智力成果投资入股、放宽私企经营范围、工商部门上门为企业服务等。

工商部门允许创办私营企业的应届高校毕业生分期缴付注册资本，以生产性和零售业务为主的商业性公司，首期出资5万元以上并提交相关证明和承诺书即可获得营业执照；而咨询服务性公司首期出资2万元以上即可。同时，允许具有管理才能、技术特长或者有专利成果的毕业生以人力资源和智力成果向私营企业投资入股，最高可达注册资本的20%；如以高新技术成果入股，经有关部门同意，其所占份额可占注册资本的35%。

5. 辽宁

各级政府设立的下岗失业人员小额贷款担保基金和中小企业担保基金也要用于为高校毕业生自主创业兴办企业申请小额贷款提供担保，担保金额5万元左右。从2006年起，设立“高校毕业生创业资金”，它通过财政和社会两条渠道筹集，专项用于为高校毕业生自主创业、兴办企业申请小额贷款提供担保。

自主创业小额贷款担保金额一般在5万元左右，期限一般不超过2年，还款方式和记结息方式由借款双方商定；对毕业生合伙经营和组织起来创业的，可根据人数和项目，适当扩大贷款规模。各家商业银行根据借款人实际情况审核确定。自主创业小额担保贷款的责任余额不得超过自主创业担保基金银行存款余额5倍，担保机构收取的担保费不超过贷款本金的1%，担保费由同级财政全额支付。

高校毕业生自主创业小额担保贷款由担保机构与商业银行共担风险，担保基金单位清偿贷款损失额的90%，商业银行承担贷款损失的10%。

目前，辽宁省已制定70条优惠政策，鼓励和支持高校毕业生就业和创业。

6. 江西

江西省规定，高校毕业生灵活就业或在非公有制单位就业，免费进行劳动合同鉴证，3年内免费提供档案管理，并享受社保代理服务；自愿到县级以下基层事业单位和各类中小企业、非公有制单位就业，符合相关条件的，3年内免职业资格证书工本费、劳动争议仲裁费、职业技能鉴定费等八项行政事业性收费。

从事个体经营且符合条件的高校毕业生，可享受不超过5万元的小额贷款，贷款期限最长不超过2年。对符合条件合伙经营的，可以根据人数和经营规模扩大贷款规模；对从事属于国家支持发展的服务业、餐饮业和商贸业项目，可享受财政贴息50%。参加创业培训享受一次性创业培训补贴。

7. 河南

河南省规定，凡从事个体经营的自主创业高校毕业生，只要向相关收费单位出具毕业证原件并提交复印件，经收费单位审核无误并备案后就可免交相关费用。如果在创业之前想参加技术培训，到劳动部门登记注册后，就可在劳动部门认定的职业培训机构进行免费培训。

河南自主创业的高校毕业生具体免交的收费项目包括工商部门收取的个体工商户注册登记费、个体工商户管理费、集贸市场管理费等19个。

8. 浙江

高校毕业生从事个体经营的，且工商部门注册登记日期在毕业后两年以内的，自工商部门登记注册之日起3年内减免行政事业性收费，即免交有关登记类、证照类和管理类的收费。

可申请小额担保贷款。为引导和鼓励高校毕业生面向基层就业，自愿到欠发达地区及县级以下的基层创业的高校毕业生，从事个体经营、自主创业或合伙经营与组织起来就业的，其自筹资金不足时，可向当地经办银行申请小额担保贷款。对从事微利项目的，贷款利息由财政承担50%，展期不贴息。小额担保贷款期限一般不超过2年，若确需延长的，由借款人提出展期。小额担保、贷款的利率按人民银行公布的同档次贷款基准利率执行，不得向上浮动，具体还款方式和结息方式由借贷双方商定。

鼓励和支持高校毕业生到当地农村经济组织、企业工作，或承包当地的农业经济、科技项目，或以技术入股等形式参与创办农业产业示范园和农村经济专业生产合作社，或合作创办其他企业以及自主创业等，各级政府和部门要给予政策或其他方面的支持。

享受免费就业服务。高校毕业生毕业后6个月内未就业的。可申请失业登记。经失业登记后，就业服务机构将为其提供免费的职业介绍、职业指导、创业指导等就业服务。参加见习培训的大中专（技校）毕业生，有条件的地区会给予一定的补助，大中专（技校）毕业生可按当地补贴标准领取补助。

人事劳动保障无后顾之忧。对于高校毕业生以从事自由职业、短期职业、个体经营等方式灵活就业的，各级政府都要提供必要的人事劳动保障代理服务。在户籍管理、劳动关系形式、社会保险缴纳和保险关系接续等方面要提供保障，消除灵活就业毕业生的后顾之忧。在校大学生创业可保留1~3年学籍。

9. 兰州

兰州市将扩大贷款对象范围，下岗失业人员、城镇复员转业退役军人、城镇其他登记失业人员，自愿创业的大中专院校毕业生从事个体经营或合伙经营、组织起来就业，自筹资金不足的，均可分别凭《再就业优惠证》、军人退出现役的有效证件、《自谋职业证》、毕业证明等，经劳动保障部门审核，担保机构承诺担保，向商业银行申请小额担保贷款。

小额担保贷款期限不超过两年，从事个体经营的贷款额掌握在人民币2万元以内，根据贷款项目实施情况和借款信用程度可放宽到人民币5万元以内。

对符合贷款条件的劳动密集型小企业在新增加的岗位中当年新招用持《再就业优惠证》人员达到企业现有在职职工总数30%以上，并与其签订1年以上期限劳动合同的，根据该企业实际招用人数，合理确定其贷款额度，最高不超过人民币100万元。

第三节 大学生自主创业的准备

一、创业的基本步骤

（一）先作咨询

想要创业成功，事前准备的工夫不可少。创业之初，应该先求教于学校专业的创业咨询机构或教师、创业成功的学长等。当然，社会上的创业企管顾问师不少，也可以花一些顾问费咨询一下；还可多加利用免费的咨询资源，如协会及政府机构的咨询机构。

（二）撰写创业企划书

企划书的撰写，对整个创业过程而言，不仅是必要的，而且非常重要。透过企划书的撰写，不仅可以让自己更清楚地知道计划是否完整周到，同时要找人投资入股或提供意见，也才有比较具体的内容。一般来说，创业计划书的内容，包括行业分析、同业竞争状况、商品介绍、设店商圈分析、投资金额分析、人力规划、每月费用分析、获利状况预估、展店计划、中长期发展目标等。其中每一个项目，还都必须有细目分析，企划

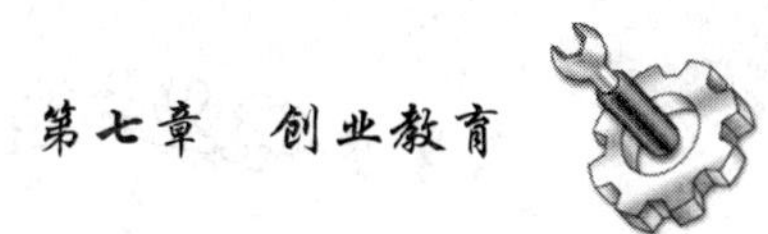

书撰写的愈详细愈清楚，就能愈容易发现将来创业的问题点，以便及早修正并降低失败的风险。

（三）选准行业、方向

在选定自己想要创业的行业之前，一定要先衡量自己的创业资金有多少，因为各行业的总投资有高有低，每一种行业都不一样，所以，先衡量自己所拥有的资金能够做哪些行业，再来做进一步的规划。依据自己准备的资金，先初步筛选可以投入的行业，然后再依据行业发展的前景、自己本身的兴趣、专长、相关的工作资历、行业竞争性等因素，加以评估考量，看自己适合从事哪种行业，以及从事哪种行业最具有竞争优势。

（四）学习经营技术

选定行业之后，接下来的问题就是经营技术怎么来。当然，如果是选择连锁加盟店，有总部的技术移转教育训练，一切就搞定。但是，如果是自行创业，就必须自己想办法学习。就学习途径而言，有很多的技艺补习班，各类餐饮、小吃、咖啡、泡沫红茶、插花、调酒等，各式各样的技艺传授。另外，各地劳动部门的职业训练中心，也有开办各类职业训练课程。此外，在开店之前，最好自己本身要有该行业的实战经验。因为，如果只在补习班学会相关技术，但缺乏店面临场的实战经验，等到正式营业上场时，很可能会手忙脚乱而频出状况。所以在自己开店之前，最好先到相同的店中上班工作，一来可学习经营技术及实战经验；二来也可以考验一下自己究竟适不适合这个行业。

（五）筹措创业资金

万事开头难，资金不够想创业更难。在景气低迷、资金募集不易的此刻，想创业首先就要先解决资金问题。 当创业者的创业资金不足时，筹钱的方式，除了可以向亲友借贷等方式外，还可以设法寻求政府的相关贷款资源，以解决创业资金不足的问题。这些途径包括青年创业贷款、下岗贷款、微型企业创业贷款以及需具备特定身份的身心障碍创业贷款、特殊境遇妇女创业贷款、农村青年创业贷款，还有由部分银行所推出的加盟创业贷款。

（六）准备办公、经商场地

做好店面商圈评估。一般而言，做评估时，应包括商圈属性，周边设施，附近的竞争店及互补店，租金多寡，合法证照取得难易度，附近是否有大型卖场、车站，营业时间、人口（流动、固定）、客源及比例，消费力及消费动机，马路宽度，发展前景（商圈变化）等因素。商圈评估时，需在不同的时段分别去评估，如在白天、晚上、平常上班日及假日等不同时段，分别去观察该地点的商圈情形。商圈评估时，应做成商圈评估记录表，详细记载评估店面的各项条件，以作为日后评估的参考。找好店面之后，接下来就是要与房东签约。一旦与房东签约之后，就开始支付房租，自然就会有时间压力。与房东签约，租期最好不要太短，如果只签一年，可能一年后才要开始盈利，结果店面却被房东收回去。所以，租期以 3 ~ 4 年为较理想的签约期限。当然，如果是选择连锁加盟店，则租期不能短于加盟期限。

（七）申请营业证照

证照的申请分为两种：一种是申请公司执照，由工商局核发；另一种是资本较小的，只需办理营利事业登记，由当地县市工商部门核发。除了营业证照的申请办理外，如果想要自己店家所挂的招牌为自己所专用，还须向工商局申请服务标章注册。

（八）准备生产器具及设备

一家店需要准备的东西多且杂。从大的设备如冷气、计算机、冷冻柜、冷藏柜、收款机，到音响、刷卡机，乃至原子笔、名片、店章等小东西，还有第一次的物料进货等，各项大大小小的明细全部列出来，注明每样器具的品名、数量及单价，再将各项设备器具的金额加总起来，就知道需要多少金额。货比三家，降低成本，有的东西可以买二手货；如果可以，设备尽量用租的。

二、创业的准备要素

人才、技术、资本与市场是构成创业的四大核心要素，四者中又以人才最为重要。一个成功的创业家需要熟悉各种人才、市场、财务和法律，并通过取得人才，成功地经营所创立的事业。

（一）人才

人才在创业的过程和今后的发展中都极为重要。认识、发现并利用人才是创业者进行创业的关键环节。创业者除了要重视企业的动力外，还需评价企业内部人的影响力和企业活动本身。好的创业者要会用人，也要能用人，要学会雇用比自己聪明的人，让他发挥自己的能力为企业做更大的贡献。

现代风险资本的奠基人——乔治·多里奥认为："宁可考虑向有二流主意的一流人物投资，绝不向有一流主意的二流人物投资。"确实，不是一个拥有技术的科学家或工程师就能够创业成功。创业，不仅需要好的技术，更需要其他素质与能力。因此，创业者及合作伙伴们的素质与能力是创业成功的第一要素。

（二）技术

什么是技术？技术是将知识运用到实践中的手段、途径、工具或方法。企业之所以存在，是因为社会的需要。创业者就是要寻找能够满足社会需要的技术，而将技术付之应用，去不断地满足社会的需要。社会需要的技术，并不完全等同于科学家眼中的科学技术。社会需要的技术既有建立在科学基础上的技术，又必须是能够满足社会实际需要的技术。因此，仅有技术水平上的高技术，并不一定能够创业成功。如果选择的技术虽然符合实际，在创业之初显得非常火暴，但这样的技术已趋于普适的技术，很快就会度过技术的生命周期。因此，技术的选择，比较合适的是选择成长阶段的技术。对于创业者来说，还不能够考虑追求科学与技术上的卓越，因此，应该以市场需要为选择技术的中心，比较适宜的选择是：在市场中已经显现出应用前景，但还没有应用，或是技术在市场上刚刚出现，即技术只需超前于市场半步。总之，技术应考虑是否有独特性、创新性，是否有竞争力，是否能带来高利润，他人仿效的难易程度等。

（三）资本

《三国演义》中的刘备，虽有大志，但无资本。一次，在荆州与刘表闲谈，刘备叹曰："备往常身不离鞍，髀肉皆散；今久不骑，髀里肉生。日月蹉跎，老将至矣，而功业不建：是以悲耳！"表曰："吾闻贤弟在许昌，与曹操青梅煮酒，共论英雄；贤弟尽举当世名士，操皆不许，而独曰：'天下英雄，惟使君于操耳。'以曹操之权力，犹不敢居吾弟之先，何虑功业不建乎？"玄德答曰："备若有基本，天下碌碌之辈，诚不足虑也。"

可见，要想创业，除了具备创业者的素质和选择合适的技术项目外，还需要具有一定的资金。否则，也只是空谈而已。从创业的角度，创业资本是创业的关键要素。台湾地区一家企业咨询公司总结了近千家创业失败的原因，创业资金的匮乏是重要的原因。正如人云：不是有钱就有了一切，但是，没有钱什么事也做不成。无论多么好的技术或多么好的创意，没有钱都只能是空想。

（四）市场

企业的存在是因为能够满足市场的需要，如果没有市场需求，那么，新创的企业就没有生存的价值，自然也就不能生存。在竞争激烈的市场环境下，创业者如果不能开拓、管理好市场，即便拥有最好的技术或比较雄厚的资金，也可能导致创业夭折。当然，一个优秀的创业者，是肯定能够开拓市场并管理好市场的。很多人总在期待市场高潮的到来，但是，对于创业者更需要坚持的是"创造市场"的理念。市场是要在创业之前明确认定并充分考证的，市场的容量、相同产品之间的竞争力、潜在的市场生长力、市场的持续发展力。

三、创业方式的选择

（一）确定创业方向

1. 高科技领域

身处高新科技前沿阵地的大学生，在这一领域创业有着近水楼台先得月的优势，"网易"、"腾讯"等大学生创业企业的成功，就是得益于创业者的技术优势。但并非所有的大学生都适合在高科技领域创业，一般来说，技术功底深厚、学科成绩出类拔萃的大学生才有成功的希望。有意在这一领域创业的大学生，可积极参加各类创业大赛，获得脱颖而出的机会，以期吸引风险投资。

建议方向：软件开发、网络服务、游戏开发等。

2．智力服务领域

在智力服务领域创业，大学生游刃有余，智力是大学生创业最先掌握的资本。例如，家教领域就非常适合大学生创业，特别是师范专业的大学生。一方面，家教是大学生勤工俭学的传统渠道，积累了丰富的经验；另一方面，大学生能够充分利用高校教育资源，更容易掘到“第一桶金”。此类智力服务创业项目成本较低，一张桌子、一部电话就可开业。

建议方向：家教、家教中介、设计工作室、翻译事务所等。

3．连锁加盟领域

据调查，在相同的经营领域中，个人创业的成功率低于20%，而加盟创业的则高达80%。对创业资源十分有限的大学生来说，借助连锁加盟的品牌、技术、营销、设备优势，可以以较少的投资、较低的门槛实现自主创业。但连锁加盟并非“零风险”，在市场鱼龙混杂的现状下，大学生涉世不深，在选择加盟项目时更应注意规避风险。一般来说，大学生创业者资金实力较弱，适合选择启动资金不多、人手配备要求不高的加盟项目，从小本经营开始为宜。此外，最好选择运营时间在5年以上、拥有10家以上加盟店的成熟品牌。

建议方向：快餐业、家政服务、校园小型超市、数码快印站等。

4．开店

大学生开店，一方面可充分利用高校的学生顾客资源；另一方面，由于熟悉同龄人的消费习惯，因此入门较为容易。正由于走“学生路线”，所以要靠价廉物美来吸引顾客。由于资金有限，不可能选择热闹地段的店面，因此推广工作尤为重要，需要经常在校园里张贴广告或与社团联办活动，才能广为人知。

建议方向：高校内部或周边地区的餐厅、咖啡屋、美发屋、文具店、书店、洗衣店等。

（二）合理利用相关资源

大学生往往对未来充满希望，有着青春的激情、热情、蓬勃的朝气，以及“初生牛犊不怕虎”的精神，这些正是一个成功创业者应具备的素质。合理地利用各种社会资源、扬长避短是每一个创业的大学生必须要充分认识和抓住的重点。“他山之石可以攻玉”，创业者要看到具备的优势和“为我所用”的资源。

（1）大学生在学校里学到了很多理论性的东西，容易掌握较高层次的技术，而目前最有前途的事业就是开办高科技企业。技术的重要性是不言而喻的，大学生创业从一开始就应努力走向高科技、高技术含量的领域，“用智力换资本”应是大学生创业的特色和必由之路。一些风险投资家往往就因为看中了大学生所应用的先进技术，而愿意对其创业计划进行资助。

（2）现代大学生有创新精神，有对传统观念和传统行业挑战的信心和欲望，而这种创新精神也往往造就了大学生创业的动力源泉，成为成功创业的精神基础。

（3）从宏观政策上来讲，近几年来政府实行了创新工程，进行了体制创新和技术创新，相继出台了多种政策和措施，支持和鼓励在校大学生自主创业，这些举措为大学生投身创业创造了前所未有的政策支持。

（4）从学校方面的鼓励来讲，各所高校相继开展了多种多样的大学生创业活动、课外科技发明大赛等，这些都为大学生创业活动的开展注入了生机和活力，也奠定了良好的基础。

（三）选择可行方案

大学生创业有优势，也有局限性。由于还没有完全进入社会，商业意识、社会经验、企业管理、财务及营销等方面都比较欠缺，因此大学生在创业方向的选择上应扬长避短，寻找适合自己发展的道路。以下几种创业方案，比较符合大学生的特点。

1．科技成果转化

大学是科研成果和科技人才聚集的地方，曾经出过不少科技创业的成功人才。作为大学生，如果在某一领域有自己的科技成果，则可以利用自己的成果走科技创业的道路。要引起注意的是，在进行科技创业时，要充分利用学校的资源，包括科技成果、技术、设备、老师、同学等；另一方面要注意的是，要将科技成果转化成商品，这是用科技成果创业能否成功的一个重要因素。

2．科技服务

大学生根据自己兴趣爱好结合专业可以做出一些科研成果，但这些科研成果往往难以转化成商品，更无法将它们直接用于创业。而我们的一些企业，特别是一些大中型企业会有许多科技难题，大学生可以通过老师、学校加强与企业联系，将企业难题作为科研课题，为企业提供科技服务。如果某项科技服务成果，能成为大企业的一个长期的配套产品或服务，这就将为创业者奠定了一个稳定发展的基础。

3．科技成果应用

大学的许多科技成果是与我们的生活息息相关的，但缺少应用方面的开发，许多都束之高阁。大学生可以利用自身的知识及学校资源，进行科技成果的应用开发。这里不一定把眼光放在能改变社会生活的大项目上，只要能找到与人们日常生活相结合的一个点，小商品就可能做成大市场。比如我们把食品科技的成果用于休闲食品领域；把种植、养殖方面的科技成果用于家庭种花、养宠物；把材料表面处理新工艺用于工艺品、饰品；等等。

4．智力服务

服务业随社会经济的发展，在我们的生活中已占有越来越重要的地位。大学生创业应发扬自己的知识优势，选择一些需要知识和专业的智力服务，如翻译、电脑维修维护、家教培训等，或把软件设计应用到一些传统行业、中小企业、商务及商业连锁领域中。

5．电子商务

现在网络已变得日益普及，它已成了人们生活的另一个舞台。电子商务成本低，不受时间、空间限制，大学生从小就学习和使用计算机，他们可以用自己的知识技能进行网上创业，做电子商务。在这方面大学生不应停留在网上开店、买卖传统商品上，而应该结合自己的特点提供一些网上智力服务，或一些有创意的电子商务。比如学国际贸易的可以通过网络寻求国际订单；为传统行业提供网络销售；为要走出去的中小企业提供外部信息；建立虚拟办公服务；等等。

6．创意小店

在一些大中城市里，开一些有创意的小店。由于在城市里汇聚着各地先进的理念、时尚，从而为许多有个性、有创意的东西带来了商业空间。大学生思维活跃、喜欢接受新鲜、变化、时尚的东西，小店的经营相对简单，对社会经验、管理、营销、财务要求不高。因此，大学生可以发挥自己的特点，开一些有创意的小店。比如创新的蔬果店、甜品店、幼儿绘画坊、成人老年人玩具吧、绣品工艺品 DIY 店、个性家饰、饰品店、美容美发吧等。

7．连锁加盟

连锁加盟是一种成功的商业模式，发达国家的连锁加盟在商业经营中占有很高的比例，在我国连锁加盟的比例还不高，还有很大的市场空间。连锁加盟可以为加盟者提供成功的模式和经验。对于大学生来说，通过连锁加盟形式创业，可以弥补自身的不足，快速掌握经营所需的经验和知识，降低风险，提高创业成功率。通过连锁加盟创业的关键，是要寻找一个连锁加盟体系相对完善，适合自己的项目。

第四节　问题和对策

最新数据显示，中国大学生创业比例较低，不到毕业生人数的 1%，而发达国家一般为 20% ~30%，为什么会存在如此大的悬殊呢？大学生创业普遍存在着问题和困难，对这些问题和困难是每个创业的大学生都必须有清醒的认识，在创业过程中加以注意和避免，寻找合适的对策加以解决。

一、面临的困难和问题

（一）缺乏合理定位和社会经验

这是许多大学生创业的“通病”。比尔·盖茨的神话，使 IT 业高科技业成为大学生眼中的创业金矿，以致不少大学生不屑于从事服务业或技术含量较低的行业。其实，高科技创业项目往往需要一大笔启动资金，创业风险和压力都非常大，大学生期望值过高，对行业缺乏深度审视，对市场缺乏深刻了解，很容易失败。另外，在确定经营方向时容易盲目跟风，哪行赚钱做哪行，总觉得这样能减少投资风险，少走弯路。然而，市场运作有其自然周期，当市场过于饱和时，利润空间就会缩小，“一窝蜂”热潮有时正意味着“恶性竞争”即将来临。缺乏经验是目前大学生创业中普遍存在的问题，不少大学生创业者不习惯对其产品或项目做市场调查，而是进行理想化的推断，例如，“如果有 10 万人需要我们的产品，每件售价 10 元，我们就有 100 万的收入。”这种想当然的方法显然是站不住脚的。同时，没有切实可行的创业计划，缺乏从职业角度整合资源、实施管理的能力，这是大学生创业失败的另一个重要原因。

（二）缺乏理性思考和创业计划

由于创业团队的成员大多是自己熟悉的人，在创业初期，大学生社会与人生经验不足，常常容易感情用事，对于企业中出现的经营方向、用人问题、财务问题等大都以忍让、和解的方式处理，而忽视了必备的契约签订和严格的约束制度。同时，大学生又正值盛年，一般都有个性，自信心较强，在创业中又容易出现自以为是、刚愎自用的问题。随着企业的成长，这种工作关系引发的矛盾和问题会逐渐显露，不仅不利于企业的快速发展，有时甚至导致企业步入破产境地，这些都影响了创业的成功率。企业在创建以后，很多创业者出现了过分追求成长速度的问题，尤其是当企业效益逐渐凸显后，创业者只看到了眼前的利益，缺乏严密的分析，付出全部成本（包括人力、物力、和财力），希望靠一次出手就能获得成功。一味地扩大经营规模，而根本不考虑随之而来资金吃紧、原材料供应不上、人员紧张、销售不畅等一系列致命的问题，这无异于拔苗助长。而一旦出现问题，却不会以退为进，及时调整、改变战略，无论哪一个环节解决不力，企业的破产都会为时不远。

（三）缺乏技术创新和受挫准备

一般人创业涉及的是各种领域，而大学生是一个特殊的群体，他们的教育背景影响了创业行业的选择。大学生创业大多立足于技术项目，因此，创业项目是否具有创新性，就成为大学生创业能否成功的首要条件。以往不少大学生创业失败，一个重要原因就是忽视技术创新，拿不出有自主知识产权的创造发明，或是有了发明却缺乏自我保护意识，没有及时申请知识产权。有的大学生心理承受能力较差，对创业中的各种困难估计不足，一次营销决策失误、一次小型财务危机抑或是一次上门推销失败，都会让他们感到创业的艰难，在心理上元气大伤，进而影响到他们的创业激情。

（四）缺乏职业素养和管理能力

大学生一旦涉足创业领域，就要讲求职业道德。有的大学生创业失败的原因，就是缺乏商业信用，稍有不满就肆意毁约，造成两败俱伤。这种不负责任的态度，直接导致其上了业界的“黑名单”，企业要想维持下去，恐怕很难。大学生第一次创业，没有工作经验，对企业运营知之不多，创业团体在一个很短的时间内组成，没有磨合，易出现时间观念不强、自我约束太差的状况。不懂得怎样合理地利用时间，工作少时自由散漫，一旦紧张起来又毫无头绪，一团糟，这些就是管理混乱的表现。

（五）缺乏外部支持和风险意识

很多基层行政单位都知道国家对于大学生创业的相关优惠政策，但并不知道如何来运作这些规定，理由是没有相关的实例可以借鉴。所以，在某些地区，国家对大学生的创业优惠政策无法落到实处。另外，社会舆论对大学生的创业优惠政策也有着不同的看法和分歧，一种观点认为国家应该有直接针对大学生的风险投资机制，通过设立风险基金等优惠政策，刺激学生创业；另一种观点认为，对大学生创业不应过于强调政策优惠，创业最终必须经受市场考验。现在的市场环境趋于复杂化，投资者对大学生创业信心不足，对创业企业投入较少。同时国内风险投资尚不成熟，专业化程度低，而且又多是针对成熟企业、研发团体及机构等进行投资，因为成熟企业的项目相对于大学生新创业项目的前景更清晰，更容易产业化和市场化，这些因素使大学生创业者缺乏外部资金来源，融资困难。同时，融资环境不成熟、融资渠道少也是大学生很难获得资金的重要因素。其次，大学生在考虑创业的时候，更多关注的是创意、资金和团队，但是，他们考虑到市场风险的很少。而真正在创业的大学生，他们则很看重市场风险意识，创业者的风险意识不够，本身就是对创业认识不是很清楚。

（六）缺乏市场调研和深入研究

创业者往往因为获取信息的渠道不畅，或习惯于学生时代被动等待地解决问题的行为习惯，主动获取帮助信息的愿望并不强烈。很多创业者会因此出现不知道或不了解政府对大学生创业的优惠政策的现象，很少有人重点考虑到政府机构的扶持作用，或不了解市场、熟悉市场。在参加有关部门组织的各类创业教育中“走马观花”、“蜻蜓点水”，不投入、不深入，导致错失诸多良机和帮扶。

二、对策

（一）树立科学经营观念和市场定位

要进一步完善自身素质，解决个人创业意识问题。要明确通过自己的劳动进行自己的创业，树立起创业的过程也是一个学习的过程的意识。对在以后的创业中面临各种困难以及失败的打击要有心理准备。要意识到只有不断的跌倒才能更好地寻找自身存在的不足，才能进一步完善自己，取得最后的成功。要坦然地看到，同龄人中，有些靠祖辈们遗留下来的丰厚基础和良好机遇，以及亲友的扶持，能够很快地拥有自己的一片天地。要正视现实，不要自怨自艾。创业需要理智而不是冲动，需要冷静而不是狂热。选择好创业项目是创业成功的关键。大学生创业者要调整好心态，客观分析自身的创业条件，冷静分析创业环境，切忌盲目跟风、过于自负，一定要选择自己最熟悉、最擅长、最有经验、资源最丰富的行业来做。对选择的创业项目要多提问题，看是否有市场发展价值、前期投资是否太多、何时可收回成本等，第一步走稳了再走第二步。

（二）加强业务知识学习和能力培养

在个人的创业过程中能力也是一个重要因素。在创业过程中若能力较强，综合素质过硬，相对而言将面对的失败也将大大减少，这有利于个人事业的发展。当今社会是一个“物竞天择、适者生存”的社会，有过硬的能力和综合素质将会使个人更快地适应和融入创业过程中去，大大提高效率，相对也缩短了时间。在当今社会机遇与挑战并存，加强对个人能力的培养、蓄势待发、抓住机遇向自己的目标加速冲刺是势在必行。自身的实际能力是影响其创业成败的最主要因素。大学生创业不能“纸上谈兵”，在创业初期一定要做好市场调研，一些可行性研究也可委托专业机构进行，在了解市场的基础上，要制定详细、周密的创业计划。同时还应具备一定的企业管理及市场营运的知识和经验。即使是两三人的“办公室式”小企业，也必须有明确的财务、人事制度。有条件的话，可聘请有管理经验的会计师把关。务实精神、吃苦精神及诚信是大学生创业者最应具备的三种心理品质，创业不仅是知识、财富的较量，更是毅力、意志的较量，能吃苦的精神有助于创业者在艰苦的创业道路上克服困难，向前发展。另外，整合社会关系资源也是一项重要的实际能力，社会关系资源包括购、销等业务资源，以及与政府、银行、工商等部门形成的人脉资源。整合并充分利用这些资源能拓宽办事渠道，提高办事效率，更有利于快速解决创业中遇到的各种难题，然而这些也往往是涉世未深的大学生创业者所最为缺乏的。因此，大学活动中社会实践最有助于其创业，有志于创业的在校大学生往往通过社会实践活动来培养实际能力。

（三）做好经验教训总结和目标调整

在强调团队合作的今天，团队精神已经成为大学生创业者不可缺少的素质。因此，大学生创业者在创业过程中，要头脑清醒，既要明白创办企业不是搭一个草台班子，事事要有章法，感情用事害死人；又要摆正自己在团队中的位置，虚心接受其他成员的不同意见，取长补短，积聚创业实力，这样企业才能步入正轨，健康发展。同时必须认识到没有长远战略规划的企业是短命的。对于小企业的发展来说，稳健永远要比成长更重要，如果每年能有盈利，更要放眼长远，并妥善处理好资金预算、市场预测，以及材料、人员相关要素的协调等管理问题。出现问题，要善于总结和吸取教训，做出适当的调整，为将来积蓄力量。要为自己明确一个可持续发展的创业计划，扎扎实实，按部就班，逐步把事业做大做强。

（四）树立职业道德素养和保护意识

大学生创业应选择自主知识产权明确的项目，根据市场的动态做好产品的创新工作，即产品的更新或换代。加强自我保护，及时申请专利，使企业有序、稳步地发展。成功与失败往往只有一步之遥，创业过程中遇到各种问题与麻烦，这是十分正常的现象。大学生要正确看待，不要遇到挫折就放弃，要有良好的心理承受能力和坚强的创业毅力，经得起打击，吃一堑长一智，及时振作起来，分析失败的原因，找到自己的弱点与不足，并加以改正，企业自然就会焕发新的活力。当今市场经济已进入诚信时代，作为一种特殊的资本形态，诚信日益成为企业的立足之本与发展源泉。大学生既然选择了创业之路，就要遵守这一行的规范，刚入行，更应把信用放在第一位，以此赢得客户的信赖，这样才能使自己的企业得到长久的发展。

（五）规范企业内部管理和经营决策

大学生创业必须制定一个完整的、可执行的创业计划书，根据计划书的分析，再制定出企业目标并将目标分解成各阶段的分目标，同时订出详细的工作步骤。要有周密的资金运作计划，资金如同企业的粮食，要保证企业每天有饭吃，不能饿肚子，就要制定周密的资金运作计划。在企业刚启动时，一定要做好6个月以上或到预测盈利期之前的资金准备。但开业后由于各种情况会发生变化，比如销售不畅、人员增加、费用增加等等，因此要随时调整资金运作计划。而且，由于企业资金运作中有收入和支出，始终处于动态之中，创业者还要懂得一些必要的财务知识。

（六）加强对外交流沟通和团队建设

大学生创业由于缺少社会经验和商业经验，如果把自己独立放到整体商业社会，往往会难以把握。这时可以先给自己营造一个小的商业氛围，进入行业协会是比较有效的一条途径。创业者可以借助行业协会了解行业信息，结识行业伙伴，建立广泛合作，促进自己在行业中的地位和影响。同时，创业者可选择一个能提供有效配套服务的创业（工业）园区落户，借助其提供的优惠政策、财务管理、营销支持等服务，使企业稳定发展。另外，还可以找一个经验丰富的企业管理咨询师做企业顾问，并学会借助各种资源，学会和各方面的人合作，千方百计给自己营造一个好的商业氛围，这对创业者的起步十分重要。企业不是想出来的，而是干出来的。大学生有文化、头脑灵、点子多，但在创业的初期，受资金的限制，在没有形成运作团队之前，方方面面的事情必须自己去做。只有明确目标不断行动，才能最终实现目标。在做事的过程中，要分清主次轻重，抓住关键重要的事情先做。每天解决一件关键的事情，比做十件次要的事情会更有效。创业者应从自己亲力亲为，转变为发挥团队中每一个人的作用，把合适的工作交给合适的人去做。一旦形成了一个高效稳定的团队，企业就会跨上一个台阶，进入一个相对稳定的发展阶段。企业的最终目的就是盈利，因此无论是制定可行性报告、工作计划还是活动方案，都应该明确如何去盈利。大学生思维活跃，会有许多好的点子，但这些好的点子要使它有商业价值，必须找到盈利点。企业的盈利来源于找准你的用户，因此，企业要时刻了解你的最终使用客户是谁，他们有什么需求和想法，并尽量使之得到满足。

（七）坚定创业理想信念和奋斗目标

在企业的运作过程中失败是难免的，失败了不气馁，调整方案，换个方式和方法继续前进，永远不要停止前进的脚步，对于创业者来说这很重要。看看我们身边一些成功的企业，特别是创业时代的英雄们，有几个是按他们创办初期的想法赚到钱的，他们大都经历过一个“死而复生”的过程，坚持就是胜利，唯有坚持才使他们成为今天的创业英雄。我们应该明白，失败并不可怕，它是企业迈向成功的阶梯。

本章小结

■本章关键词：

创业　准备　政策规定　创业方向　问题对策

■问题思考：

1. 大学生创业前应做好哪些准备？如何准备？
2. 大学生应如何开展自主创业？

第八章　创业实务

任何时候做任何事，订最好的计划，尽最大的努力，做最坏的准备。

——李想

本章概要

本章简单地阐述了大学生创业的基本流程，包括如何撰写创业计划书，创业之前如何做项目的市场调查和预测，如何组建公司，以及经营公司的基本框架。

实例思考

郭高林和姜茵等几位大学同学合作，在郑州北环马李庄开的蔬菜超市叫“咱地里”。今年 8 月 22 日开业到现在，超市的生意越来越好，营业额已经从开始时的每天七八百元增加到现在的每天 1400 元左右。扣除房租和进货成本等也能稍有盈利。几个刚毕业的大学生已经在“咱地里”小有收获。年底之前，他们将开第二家店。他们有信心越做越好。郭高林说，其实他们的创业之路走得很扎实，是从上了大学就开始准备的。最开始当然没有这种想法，想不到要自己创业，但大学时培养的主动性对以后的推动和影响是巨大的。

郭高林之前是个很普通的学生。进入河南教育学院之后，他突然意识到不能浑浑噩噩地虚度宝贵的大学时光，而应该发挥自己的主动性，在大学期间多尝试一些东西，多锻炼一些能力，多积累一些资本。于是，郭高林“动”起来了。参与班委竞选，当选为宣传委员；当选为学生会干部；参加各种文体活动，曾获得学校校园歌手大赛的特等奖。而让郭高林学到更多东西的是一手组建并做大了学校的话剧团。

郭高林和几个同学在河南教育学院学习时组建了“艺苑话剧团”，到现在还是学校里最有影响的社团。喜爱文艺的郭高林在一次班级的晚会上和同学表演了一个小品，受到老师和同学的好评。于是，他又不“安分”了，萌生了组建话剧团的想法。自己就是学校里最好的校园歌手，还有一帮有各种文艺特长的响应者。“精英凑到一起一定能做好。”带着这种想法，话剧团成立了。要统筹各项工作，找剧本、做服装、找学校协调场地、向企业拉赞助等都要考虑到。这对一个大一新生无疑是很大的锻炼。话剧团不仅排演话剧，还有小品、相声、歌曲等节目，做得有声有色。他们还通过各种途径到社会上进行营利性的演出。“大一的时候就进行了第一次商业演出，是在太极公馆社区表演。当时赚了几百块钱。”拿着赚到的第一笔钱，郭高林领着兄弟姐妹们去饭店大撮了一顿。其实，商业演出的机会毕竟是少的，由此带来的收入也并不多，仅能够维持话剧团日常的各项开支。不过，话剧团带给郭高林的财富是让他培养出了经营意识和管理意识。这是他的底气，他由此想到其实可以尝试毕业后自己创业。

逐渐确定了毕业后也自主创业的想法之后，郭高林在大三就行动起来。第一个创业实践地点选择在郑州牧专外面的那条路上。到了晚上，那条路上就热闹非凡，路两边满是卖小吃、卖衣服、卖小东西的地摊。郭高林和同学姜茵就在那里摆地摊卖起了服装。姜茵是老板和销售，而郭高林的任务是进货。这种“练摊”只是小打小闹，郭高林想的创业是真正找到一个有发展的事业。于是，他经常上网搜集合适的创业项目，也经常去市场上进行考察。最后他决定做小型的蔬菜超市。通过细致的市场调查，郭高林确定了蔬菜超市的模式。“以蔬菜为主，还经营冷鲜肉、五谷杂粮，附带一些副食。和双汇超市是不同的，双汇的店是以冷鲜肉经营为主。我们不能和双汇做一样的模式，那样肯定做不过人家。我们就做蔬菜超市，我看好这条道路。”

8 月 22 日，几个大学生的第一家蔬菜超市“咱地里”开张了。“我们还是有优势的，跟小商贩比，我们的优势是菜价便宜、种类多、干净、不缺斤短两；与大超市比，我们的优势是价位低、离家近。”蔬菜超市在几个大学生的操持下逐渐走上正轨。“经营销售的东西很好学，只要用心钻进去。去做得好的地方看门道，然后学习精髓。”几个大学生就在边干边学中不断进步。对于第一家蔬菜超市，几个大学生其实并没有指望赚多少钱。主要是在实践中完善经营模式，积累经验。郭高林已经规划好了未来的发展道路：成立公司，进行连锁化发展，真正把小超市做成大事业。

目前，他们已经制定了一系列的管理模式和管理制度，包括收银制度、招聘培训制度、采购制度、仓管制度，这些正好也用到他们大学所学到的人力资源管理的专业知识。这些核心的东西都是超市连锁化发展的基础。“再开店就要做到营利。那是很快的事情。”郭高林也透露，已经有一些客户找过他们，表示愿意做他们的加盟店。但郭高林认为，还是等到做好准备再发展连锁加盟。稳扎稳打才能步步为营。

资料来源：大学创业网 http：//www. jsmzw. com/

思考：郭高林等几位大学生的创业之路给了我们什么样启示？

其实，未来就掌握在自己的手中。现在的积极主动才能换来今后的一片晴空。所以关注大学生创业，是因为创业是大学生就业的另一个重要的途径。已经引起越来越多的关注，社会各方面都在提倡鼓励大学生自主创业，并且也为大学生创业提供了更多的支持。但是更应该关注的是，揣着创业理想的大学生是否具有主动精神，是否懂得利用并创造更多的机会为创业打好基础。

第一节　创业项目的定位

一、创业项目的来源

（一）实验及研究成果

实验及研究成果是指高校或各大研究机构自主研究开发的成果。选择这些成果作为

创业项目将大大推进研究、教学和企业生产的衔接，加快实验及研究成果的转化进程。

（二）大学生创业构思及创业计划大赛

大学生的创业构思是创业项目的重要来源。现阶段许多机构都在举行大学生创业计划大赛，这不但有利于激发大学生们的创业意识，培养他们的创新能力，还促进一些创业构思的诞生，而且有利于大学生创业计划的实施。当前，有一些大学生创业公司其前身便是大学生创业计划大赛的小组。

（三）各种发明和专利

发明和专利也是创业项目的重要来源。发明或专利都是具有特创的设想，它如果被开发出来进行产业化生产将会带来巨大的社会财富。现在各个国家为了激励发明创造，都制定了专利法来保护发明者，并取得较好的成效。当然也并不是说所有的发明和专利都能顺利地转化为实际的大规模生产，因为要实现产业化还受许多条件和环境的制约。

二、创业项目的选择

创业投资项目从计划到实施到底能否顺利进行，在很大程度上取决于此创业项目能否吸引到风险投资。一般而言，创业学生很难有足够的资金来进行投资。于是就有了风险投资和为学生想得更周到的“孵化器”。但风险投资又岂是天上掉下来的馅饼？所以在项目的选择上一定要科学合理，细致全面，小心谨慎。要点是如下几方面。

（一）立意要新颖，选择的角度要独特

创业投资并不是盲目的乱投资，它对项目可行性的要求近乎苛刻。据统计，有95%以上的创业计划是因为不能得到风险投资商的青睐而无法实施。要想得到风险投资，就必须对它的“习性”有所了解，风险投资是一种追求高利润回报率的资金，它在愿意承担风险的同时要获得极高的投资回报率。风险投资寻找的就是一些有新意的项目和一些从没有出现过的项目。如果一个创业计划立意平平，没有什么独特之处，很难想象它将会得到它将会得到风险投资。

（二）必须有市场前景

创业项目一般而言要有较高的技术含量，现在一般的风险投资基金和“孵化器”所感兴趣的项目主要有：网络技术、软件信息、新材料、新能源、机电一体化、节能领域、生物医药及精细化工等。这些项目有技术含量，而且发展前景也较好。

（三）要符合国家的产业导向

我国目前还处在工业化程度逐步加深的阶段，但必须要注意到一些西方国家特别是美国已经进入了所谓的后工业化阶段，即所谓的信息经济阶段。为了不落后于西方一个时代，国家大力扶持发展高科技产业，给予政策和经济上的帮助。如果一个创业项目符合国家的产业导向，它成功的机会将大大提高，反之则很容易夭折。

项目的选择是一个非常复杂的系统工程，以上所说的要点只是一些最基本的要求。要做好项目的选择工作还要做许多的技术性工作，如在预选好一项目后所要进行的市场调查、市场预测及项目的评估。因为项目最终能否成功还是要看有没有市场，市场对项目产品的需求才是创业能否成功的根本。

三、创业项目的市场调查

（一）市场调查的含义

市场调查，就是运用科学的方法，通过各种途径、手段，有目的、有计划、系统而客观地收集、记录整理与分析有关市场营销的现状和历史资料，预测其发展趋势，为企业经营决策和管理提出方案或建议，为企业决策者进行科学决策提供依据的活动。在这里，市场调查主要是指创业项目的实施者在选择项目前所进行的市场调查，它是创业者正确地选择项目的前提条件。

在创业的过程中，当预选好一个项目之后，紧跟着的就是要对此项目进行市场调查，以确定是否选择该项目进行投资开发。

（二）市场调查的作用

市场调查具有以下作用：

1．市场调查是了解消费者需求的有效方法

一个创业项目的成功与否在很大程度上取决于市场需求的状况，而市场调查是了解市场需求的最有效途径之一。

2．市场调查是项目实施者进行市场预测和决策的前提

实施者只有根据市场调查所掌握的信息和资料，才能对市场变化趋势作出较为科学的预测，正确地作出项目的选择。而且如果后来的确是选择了该项目的话，那市场调查还将是该企业经营决策的基础，并在此基础上制定正确的经营规划和计划，为企业的生存和发展打下坚实的基础。

3．市场调查是企业正确制定市场营销策略的保证

企业只有通过市场调查研究和分析，才能充分了解和掌握企业的内部条件和外部环境等影响因素，从而制定出切实可行的市场营销策略。

（三）市场调查的类别和内容

按调查要完成的任务划分，市场调查的类别可分为：描述性调查、解释性调查、预测性调查。

1．描述性调查

这种调查的任务在于客观反映市场各个要素及其相互关系的现状。如调查消费者的购买力、总需求与总供给之间的关系、竞争对手的状况等。描述性市场调查的主要特点是，通过实地收集资料和分析，回答市场现状是什么和为什么。

2．解释性调查

解释性调查的目的在于检验某种理论假设，或解释某类客观现象，寻求现象之间关系发生存在的条件。由于因果关系是建立理论解释的主要方式之一，因此，解释性市场调查也被称为“因果性市场调查”。比如，为什么某产品降价了，销售量反而小了，或为什么某产品近期库存增加了等问题。这种调查的特点在于，在一定理论的指导下，全面收集有关因素的实际资料，在此基础上通过对资料的科学分析，检验原有的理论或假设，从而对客观现象给予理论解释和证明。

3．预测性调查

这类市场调查的目的在于对市场发展趋势及变动幅度作出科学的估计。它的特点是，在科学理论的指导下，通过运用科学方法对过去和目前的市场信息的综合分析研究，预测未来市场的走势，预测性市场调查结果是决策的重要依据和基础。

对市场调查类别的划分并非唯一，以不同的标准来划分，将有不同的结果。主要还有：按调查的基本方法划分，有定性调查和定量调查；按调查对象的特点划分，有宏观市场调查和微观市场调查。

4．宏观市场调查的主要内容

宏观市场调查的主要内容包括以下几方面：

（1）经济环境。主要内容有：国民经济发展状况、消费者收入水平及消费结构、投资环境以及市场化程度等。

（2）政治法律环境。主要内容有：政治体制和经济体制、国家制定的方针和政策（特别是有关大学生创业的特殊的政策）、国家及地方颁布的法律法规和章程等。

（3）社会人文环境。主要内容有：文化传统、生活习惯、价值观念、社会风尚及审美观念等。

（4）自然环境。主要包括原料、动力等资源状况以及环境污染程度等。

（5）人口环境。主要包括人口数量、人口增长速度、人口密度、年龄结构等。

5．微观市场调查的主要内容

微观市场调查的主要内容包括以下几方面：

（1）创业项目的市场需求调查。这是市场调查的核心。其具体内容包括：创业项目行业市场潜量，即本行业在某个市场上可能达到的最大销售量；本企业销售潜量，即本企业的某一产品在某一市场的最大销售量；本企业在不同市场的市场占有率，即本企业产品的销售量与市场上同类产品的销售量之比率。

（2）创业项目的购买力与供应量关系调查。这主要是从需求和供给两方面来考察创业项目，购买力是指有购买能力的有效需求。

（3）创业项目的竞争力调查，主要包括竞争对手的数量，包括生产与创业项目竞争相同的、类似的以及可以替代产品的企业；竞争对手的市场占有率；竞争对手的竞争力，主要是企业的规模、资金、技术、人才结构和管理水平等。

（四）市场调查的步骤

市场调查的目的和要求不同，其实施步骤也不尽一致，一般可分为调查设计阶段、调查资料收集阶段和调查资料处理阶段。

1. 调查设计阶段

所谓调查设计就是根据市场调查的目的的要求，对调查工作各方面和各环节所做的全面部署和安排。这一阶段的具体内容包括明确调查目的、确定调查对象和调查单位、确定调查项目、确定资料的来源渠道和获取方法、设计调查表格、制定调查的费用预算。

（1）确定调查的目的。调查目的是指市场调查所要取得的预期效果。明确调查目的能为调查工作指明方向，找出调查工作的重点，使调查人员有的放矢地进行工作。

（2）确定调查对象和调查单位。调查对象是指市场调查所要研究的市场现象的整体。企业所面临的现实和潜在市场问题以及调查目标确定之后，接下来就要明确调查对象，搞清楚对什么进行调查，调查的范围是什么。调查范围直接影响调查工作量的大小和调查工作效率的高低。一般情况可从商品销售市场入手确定市场调查的区域范围。

调查对象确定之后，还要进一步深入分析调查对象的性质和特点，确定调查单位。调查单位是指构成调查对象的每一单位，是调查项目的承担者。

（3）确定调查项目。调查项目是进行市场调查的具体内容，是根据调查目的、调查对象、调查单位的性质和特点设计出来的。调查项目的设计，必须从满足调查目标的需要出发，对各调查项目进行必要的分析、排队，选择那些能够反映调查单位本质特点的项目作为调查项目，绝不能不分主次轻重。在实际工作中，要考虑调查项目对实现调查目的的实际价值，结合在现有条件下获取所需资料的难易程度以及费用开支的多少等因素，对调查项目作必要的筛选和取舍。

（4）确定资料来源渠道和获取方法。调查项目和调查表确定之后，就应考虑相关资料的来源渠道和获得资料的方法。一般来说，调查资料的来源有两大类：一类是文案资料；另一类是实地调查资料。文案资料是他人收集并经过整理的资料。实地调查资料是市场调查人员直接从顾客、生产企业、中间商和竞争者等方面收集来的原始资料，其收集的方法有询问法、观察法和实验法三种。选择哪种方法，应根据所需资料的性质、调查时间、费用等来决定。

（5）设计调查报告。为了方便市场调查工作，常常需要根据调查项目之间的逻辑关系，按一定的顺序，将调查项目放入一个调查表中。这样一方面能够方便被调查人员填写，避免错误；另一方面也可以大大加快调查资料汇总和整理的速度，提高调查工作的效率。

（6）制定调查费用预算。调查费用对调查效果的影响很大。合理的支出是保证调查顺利进行的重要条件。项目的实施者应根据调查的目的要求、调查的规模及方法、自身的经济实力估算并合理分配调查费用。

2. 调查资料收集阶段

拟定调查方案和调查工作计划，就进入到调查资料的收集实施阶段。这一阶段是调查工作的重点，主要任务是组织调查人员深入实际，按照调查方案的要求和工作计划的安排，系统地收集各种资料和数据。在调查工作中首先要收集文案资料，当文案资料不能满足需要时，就要进行实地调查。实地调查是市场调查的主体，是市场调查能否取得成功的关键，也是花费财力和人力最多而且最容易产生差错的阶段。

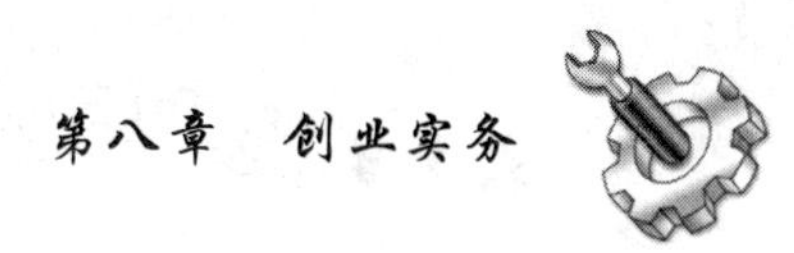

3. 调查资料处理阶段

调查资料的处理，是将收集到的分散零星的资料进行归类整理与分析，向决策者提供具有参考价值的信息资料的过程。它包括以下两个阶段：

（1）整理分析资料。当取得大量的市场调查资料后，还需要对其进行审核、校正、筛选和分类汇总并制成一定的图表，使之成为系统的、完整的和可靠有用的资料。

（2）提出调查报告。市场调查报告要根据调查的目的和所收集到的信息资料，经过分析研究，作出判断性结论，提出建设性意见，使其在实际工作或理论研究中发挥应有的作用。调查报告的内容一般包括以下五个方面：

第一，提出问题，说明调查的目的及意义。

第二，说明调查对象及其范围、调查单位、调查项目、资源来源及收集方法等。

第三，对经过整理的各种数据和资料作归纳性的分析。

第四，对调查结果做出结论，并提出建议与意见。

第五，其他需要说明的事项包括有关需要提供的详细资料，各种统计图表以及有关参考资料。

四、创业项目的市场预测

（一）市场预测的含义及作用

市场预测是对市场将来商品的供需发展变化、相互关系以及各种影响因素的变化进行的估计和预算。凡事预则立，不预则废。创业企业经济活动的核心是要获得好的经济效益，市场预测是企业取得良好经济效益的必要前提之一。通过市场预测，企业可生产出更多适销的产品或商品，加快资金的周转，降低成本，取得更好的经济效益。

企业市场预测不仅要预测消费者的商品需求，也要预测生产者的商品供给。创业企业开展市场预测，能够根据整个市场商品的供求差开发适销的产品，确定适中的商品数量、价格和畅通的购货渠道，把企业及其产品定位在一个合理的营销位置上。

创业企业开展市场预测主要有以下意义和作用：

1. 市场预测是制定企业发展战略的依据

创业企业制定发展战略计划的着眼点是围绕产品或业务评估分析结果，研究产品或业务的问题类是否或如何转入明星类，明星类是否要转入金牛类，如何防止金牛类向狗类滑坡，何时抛弃狗类。做出这样的战略决策的依据是通过市场预测所了解到的市场未来发展前景。

2. 市场预测是选择目标市场的重要前提

目标市场是企业选择为之服务的具有相同需求的消费者群。它必须是有发展前途的。选择无发展前途的目标市场，势必增加企业的转产成本。选择目标市场不能仅看到眼前的较大需求和一时的时尚热潮，而应当进行市场预测，对细分市场的需求潜力和发展趋势要有充分的分析和估计。然后，选择那些最有发展前途的细分市场作为企业的目标市场。

3. 市场预测是提高企业竞争能力和市场反应能力的手段

在市场经济条件下，创业企业要想在市场上提高竞争力，取得竞争优势，一方面要预测市场需求潜力和发展趋势，发现市场机会，提前开发新产品；另一方面要预测竞争对手的实力发展情况，把企业及其产品定位在一个比较合适的竞争位置上，做到知己知彼，使自己立于不败之地。

（二）市场预测的内容

市场预测的内容相当复杂，主要有以下几方面：

1. 市场需求预测

市场需求预测，是指在一定时间、地点和营销环境条件下，进行消费者和社会集团对消费资料以及物质生产部门对生产资料需求的预测。

2. 消费品购买力及其投向预测

消费品购买力及其投向预测，是对一定时期内，全国或某一地区市场范围内有支付能力的消费品市场总量，及其购买力投向的变动趋势的预测。

3. 市场商品价格变动趋势预测

价格是商品价值的表现，反映着非常复杂的社会经济关系。市场价格波动，会直接影响企业的经营和经济效益的高低，同时，价格策略也是企业开展营销活动的手段之一。因此，必须对市场商品价格波动及影响因素的变化进行必要的分析和预测。其具体的内容主要有：市场供求趋势、劳动生产率、生产技术、生产成本、利润等。

4. 商品市场寿命周期预测

任何一种商品，一般都要经过产生、发展、衰落直至被淘汰的过程。商品市场寿命周期，是指新产品从投入市场，到被市场淘汰所经历的时间。商品寿命周期一般要经历四个阶段，即导入期、成长期、成熟期、衰退期。对商品市场寿命周期的预测，就是预测各种商品在市场发展中处在其寿命周期的哪个阶段及其在各个阶段的具体表现，使企业对商品的市场寿命周期的各个阶段及其发展变化趋势有先见之明。实践证明，处于衰退期的商品，质量再好，也是没有前途的。所以在研究商品的发展方向问题时，关键要明确该商品在市场上能够有多长的寿命周期。然后根据其寿命周期的长短，来确定商品的发展方向和如何进行更新换代，以取得更大的经济效益。

5. 市场占有率预测

市场占有率预测是指创业企业商品销售量或销售额占市场销售总量或销售总额的比例的变动趋势预测。市场占有率直接反映一个企业在行业中的地位和竞争能力的高低，预测市场占有率有利于企业认清自己在行业中的位置及竞争能力的高低，从而制定自身的发展计划。

6. 营销发展趋势预测

营销发展趋势预测是指对流通领域中商品经销组织、经销设施、营销人员数量和素质、商业网点的设置与布局、商品流通渠道及环节等发展趋势的预测。

7. 产品所需资源预测

原材料的价格将直接决定产品的价格和竞争力。对产品所需资源的预测主要是对所

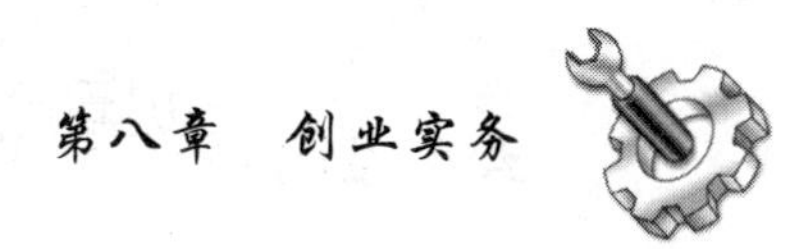

需资源的长期供给关系及其价格变动趋势的预测。

8. 产品出口与国际市场竞争力预测

随着全球经济一体化进程的不断推进，没有一个企业可以回避来自国际市场的竞争，尤其是高新技术企业。产品出口与国际市场竞争力预测是指企业对国际市场上主要竞争对手的发展趋势的预测，并以此来规划本企业的发展战略，进而取得竞争的优势。

（三）市场预测的种类

市场预测可按不同的标准进行分类，主要有以下几类：

1. 按预测的时间长短分类

按市场预测的时间长短，可分为长期预测、中期预测和短期预测。

一般 5 年或 5 年以上的市场预测为长期预测，它适用于市场长期趋势分析和规划工作；1 ~4 年的预测为中期预测，它是制定年度计划和修订长期计划的根据；一年之内的预测为短期预测，它适用于制定年度、季度和月度计划的工作。

2. 按空间层次分类

按市场预测的空间层次，可分为国内市场预测和国际市场预测。

国内市场预测可分为城市市场预测和农村市场预测；国际市场预测可分为北美市场预测、拉丁美洲市场预测、西欧市场预测、东欧市场预测、亚洲市场预测等多种类型。

3. 按预测的主体分类

按市场预测的主体，可分为宏观预测和微观预测。

宏观预测是国家有关部门或综合部门从国民经济全局出发，对商品的生产和流通总体的发展方向做出的综合性经济预测和市场预测；微观预测是企业从生产经营环境出发，对生产和经营的商品及市场占有率等进行的预测。

4. 按预测的方法分类

按市场预测的方法，可分为定性预测和定量预测。

定性预测是对未来市场发展的大致方向或趋势做出预测，如某一经济指标是上升还是下降，是供过于求还是供不应求等；定量预测是对未来市场变动的规模、水平、速度、比例等方面点值和区间值的预见和判断。

5. 按预测限制条件分类

按预测限制条件，可分为条件预测和非条件预测。

条件预测是指以决策方案为主要限制条件所进行的预测。决策方案不同，得到的结果也就不同。例如，企业广告与企业销售有直接的关系，而广告费是进入成本的，为此，就需要分别以做广告与不做广告为限制条件进行市场销售预测。

无条件预测是指不必考虑决策条件即不考虑决策方案对预测对象的影响所进行的预测，是相对于条件预测而言的。例如对某种产品的市场寿命周期所进行的预测就是无条件预测，因为可以认为产品寿命周期的变化基本与本企业的经营决策无关。

6. 按预测对象分类

按预测对象，可分为单项产品预测、同类产品预测、产品总量预测和消费对象预测。

单项产品预测是具体地对某种牌号、规格质量的产品进行的预测。

同类产品预测是按商品类别，如食品、百货、家电等大类进行的预测。

总量预测是对消费者所需的各种商品总量进行的预测。

消费对象预测是按具体的消费对象分别进行的预测。如服装产品的预测，可按老年、中年、青年、童年来分类预测，也可按男、女来分类预测。

（四）市场预测的程序

市场预测的程序大体包括以下步骤：

1．确定预测目标

预测目标规定了预测的内容、范围、要求、期限，它是预测的主题，直接影响预测的结果。因此，确定预测目标要准确、清楚和具体。

2．拟订预测方案

根据预测目标的内容和要求，编制预测计划和确定参加人员，为全面展开预测工作做好组织上、行动上的准备。

3．收集整理资料

通过各种调查方式，收集、整理、筛选、分析与主题有关的各种资料（包括调查访问获得的第一手资料和经过有关单位分析简化的二级资料；国家政府部门的计划资料，统计资料和调查报告；工商企业的计划、报表、统计资料；科研单位、学术团体、大专院校的科研成果；报纸、杂志；学术专著、论文公布的资料；国外科技经济情报及统计资料），要去粗取精，去伪存真，由此及彼，由表及里，全面、真实、准确地占有有关资料。

4．建立预测模型

在获得数据资料的基础上，根据有关市场理论、预测目标、预测要求及实际情况，选择适当的预测和评估方法，确定经济参数，分析各种变量间的关系，建立起反映实际的预测模型。

5．进行分析评估

利用选定的预测模型和方法，对各种变量数据进行具体计算，并将获得的结果进行分析、检验和评价，若预测值和测算的实际值相差较小，在要求允许的范围之内，则预测的效果好，可以采用；反之，则预测效果差，不能采用，应加以修正或重新预测。

6．修正预测模型

当预测结果和预期值差异较大时，应具体分析产生误差的原因，并及时加以修正，重新测算和预测。常用的修正方法有：增加样本容量；增加解释变量个数；改变方程结构形式；根据平均误差的大小，调整方程截距；改变预测方法等。

7．写出预测总结报告

全面、完整、系统地总结市场预测，提交总结报告。其主要内容是：预测目标，主要内容，具体方法，预测时间，参加人员，参考资料，实际结果以及分析评价意见，为决策者进行决策提供参考。

第二节 创业计划书

一位名人曾经说过：成功 = 计划（目标）+ 正确的方法 + 有效的行动。

创业计划是对所有创业活动事项进行总体的安排。在创办企业之前，创业者不但要明确创业投资的方向，而且应对创业投资所涉及的一些具体情况做深入的调查了解，包括市场前景展望、人员、资金、技术、设备、经营思想、战略确定等，这样创办公司才能有的放矢，使创业计划具有可实施性。

常言道：万事开头难。大学生创办企业也一样，但只要拟出翔实可行的计划，则一切可能朝着既定的目标得到实现。好的计划是成功的开始，拟定计划，创业才能有的放矢地进行。拟定计划最好是以书面的形式把它全面地、完整地表达出来，也就是把选定创业项目的基本方法和策略通过编制创业计划书的方法来阐述说明。

创业计划书是按照国际惯例通用的标准文本格式形成的项目建议书，是全面介绍公司和项目运作情况，阐述产品市场及竞争、风险等未来发展前景和筹资等创业计划的书面材料。

一、创业计划书的重要意义

第一，为了取得风险投资商的融资。风险投资商借以了解你的创意和技术的内容及市场前景的主要途径就是你提交的创业计划。对于风险投资商来说，他们需要处理大量的创业计划书，从中选出他们认为最具有获利前景的创意或技术来投资，因此如果你的创业计划书没有很好地展示自己的实力和盈利前景，并且打动风险投资商，很可能根本不会被投资商作为进一步考虑的对象。而且，创业计划书如果成功，还可以为企业找到能够带来更多知识、经验和合同的投资人。

第二，项目仍然处于酝酿中的时候，在企业运营的细节上往往还是很模糊的，比如企业的名称、标志如何确定，组织结构应该如何构架，经营的地点如何选择，如何制订营销方案，如何打好第一场营销战役，等等。创业计划书的目的正是在于说服风险投资家为自己的创业计划投资，而要说服他们，首先要说服自己这个创业计划是否确实在技术上、经济上、市场上、资源上都是可行的。写作创业计划书的过程，正是创业者对这些因素全盘把握、深入思考和基本确定的过程。

第三，创业计划书确定了企业架构、运营业务、精神信念、发展方向和经营原则，从而在随后的几年里，能够有效地起到创业团队乃至整个企业的“宪法”作用，为企业制定各项政策和措施起到指导性的作用。对于员工来说，它还能够有效地凝聚他们的集体力量，同心同德地克服创业初期的各种困难。

第四，创业计划书还可以帮助创业者把创办的企业推销给可能的合伙人、银行家、供应商、销售商以及行业专家、政府行业管理部门、新闻媒体。从这个意义可以说，创业计划的主要目的是寻求外部资源的支持。

正是由于上面所述的理由，创业计划书可以说是创业者准备的商业文件中最为重要的一个。

二、创业计划书的编制要求

一份好的创业计划书必须是符合市场的需求、呈现竞争的优势和投资者的利益，同时要具体可行，便于实施，并提出符合实际的客观数据。内容必须完整地包括重要的经营方向、经营目标、企业预测分析和经营风险分析、对企业内外环境熟悉认知及实现创业计划的信心。现今知识经济时代，高新技术和创新已经成为时代的主流，大学生创业要结合自己专业特长，学有所用，在创业中充分显示自己的才华，撰写一份高品质的创业计划书。

创业计划书的撰写原则归纳为以下几方面：

（1）市场导向。要充分认知企业的利润来自于市场需求，没有依据明确的市场需求分析，所撰写的创业计划书将是空泛的、无说服力的。因此，创业计划书必须按照市场导向的观点来撰写。

（2）客观实际。一切数据要尽量客观、实际，切勿凭主观的估计。通常，创业者容易高估市场潜量或报酬，而低估经营成本。在创业经营计划书中，创业者应尽量呈现出客观、可供参考的数据与文献资料。

（3）呈现竞争优势与投资利益。创业经营计划不仅要将资料完整陈列出来，更重要的是整份计划书要呈现出具体的竞争优势，并明确提出投资者的利益所在。而且要显示创业者获取利润的强烈意图，而不仅是追求企业的发展而已。

（4）呈现经营能力。要尽量展现经营团队的企业经营管理能力与丰富的经验背景，并显示对于该企业、市场、产品、技术，以及未来经营运作策略已有完全的准备。

（5）一致性。整份创业经营计划书前后基本假设或预测估算要相互呼应，也就是前后逻辑要合理。例如，财务预估必须根据市场分析与技术分析所得的结果，方能进行各种报表的规划。

（6）明确性。要明确指出企业的市场机会与竞争威胁，并尽量以具体资料作证。同时，分析可能的解决方法，而不是含糊交代而已。另外，要明确说明所采用的任何假设、财务预估方法与会计方法，同时也应说明市场需求分析所依据的调查方法与事实证据。

（7）完整性。应完整包括企业经营的各项职能要点，尽量提供投资者评估所需的各项资料信息，并附上其他参考佐证的资料。但内容的用词应以简单明了为原则，切勿烦琐，过于冗长。

三、创业计划书的基本内容

（一）概要

这部分主要说明资金需求的目的，并摘要说明整份计划书的重点为吸引投资者进一步评估的兴趣。主要的内容如下：

(1) 公司名称与经营团队介绍。

(2) 申请融资的金额、形式、股权比例及价格。

(3) 资金需求的时机与运用方式。

(4) 未来融资需求及时机。

(5) 总计划成本与预算资本额。

(6) 整份计划书重点摘要。

(7) 投资者可望获得的投资报酬。

概要的目的是总括整个商业计划书的主要内容，并且简洁明了地告诉投资人该创业项目是否适合对方。一般500字左右。

(二) 公司简介

(1) 公司成立时间、形式与创立者。

(2) 公司股东结构，包括股东背景资料、股权结构。

(3) 公司发展简史。

(4) 公司业务范围。

(三) 组织与管理

(1) 经营管理团队学历、经历背景资料、专长与经营理念。

(2) 说明拥有的成功经营经验与优势的组织管理能力。

(3) 企业的组织结构，以及未来组织结构的可能演变。

(4) 人力资源发展计划，包括各功能部门人才需求计划、员工分红与认股权利、招募培训人才的计划等。

(四) 产品与服务

在这里用简洁的方式，描述你的产品或服务，注意不必透露你的核心技术，主要介绍你的技术、产品的功能、应用领域、市场前景等。说明你的产品是如何向消费者提供价值的，以及你所提供的服务的方式有哪些。你的产品填补了哪些急需补充的市场空白。可以在这里加上你的产品的图片。

(1) 产业环境与发展历史

(2) 产品的发展阶段（包括创意、原型、量产）、开发过程，是否已具有专利。

(3) 产品的功能、特性、附加价值，以及具有的竞争优势。

(4) 公司产品与其他竞争性产品的优劣势比较。

(五) 市场分析

简要叙述你的公司处于什么样的行业、市场、专项补充区域。市场的特征是什么；你的分析与市场调查机构和投资分析有什么不同。分析是否有新生市场，你将如何发展这个新生市场。

用具体数字分析你的产品或服务的市场前景，有多少成长型的客户群，你的目标市场是什么，你的竞争对手的市场状况如何，等等。

（1）明确界定产品的目标市场，包括销售对象与销售区域。

（2）过去、现在以及未来的市场需求与市场成长潜力。

（3）过去、现在以及未来的市场价格发展趋势。

（4）说明过去、现在以及未来的公司销售量、市场成长情形、市场占有率变化情形。主要市场顾客的特征，其接受公司产品的事实证据，以及该产品对顾客的基本利益与价值。

（5）说明市场上主要的竞争者，包括竞争者的市场占有率、销售量、排名，彼此的优劣势与绩效，以及因应的竞争策略（包括价格、品质或创新等）。若尚无竞争者，则分析未来可能的发展均竞争者出现的几率。

（6）说明其他替代性产品的情形，以及未来因新技术发明，而威胁到现有产品的可能性与后果，并提出因应对策。

（六）竞争分析

分别根据产品、价格、市场份额、地区、营销方式、管理手段、财务力量等划分企业面对的竞争者。

（1）竞争描述。

（2）竞争战略/市场进入障碍。

在这里研究你在自己的细分市场上的主要障碍及竞争对手模仿你的障碍。

（七）营销策略及销售

（1）营销计划。描述你希望进行的业务的情况，以及你所希望进入的细分市场；曾经使用的分销渠道，描述你所希望达到的市场份额。

（2）销售战略。说明现在与未来 5 年的行销策略，描述你进行销售所采取的策略。包括如何促销产品；通过广告、邮件推销、电台广播或是电视广告等方式。并说明销售计划与广告的各项成本。

（3）分销渠道和合作伙伴。

（4）定价战略。

（5）市场沟通。你的目的是加强、促进并支持你的产品能更好地满足消费需求。唯一的原则就是寻找一切可能的有利途径进行沟通：

- 促销展出。
- 广告。
- 新闻发布。
- 大型会议或研讨会。
- 网络促销。
- 捆绑促销。
- 媒体刊登。
- 邮件广告。

（八）技术与研究发展

（1）说明产品研发与生产所需的技术来源，以及技术与生产团队的专长与特质。

（2）说明技术特性与应用此技术所开发出来的产品，技术研究所具有的竞争优势与利益，以及技术未来的发展趋势。

（3）说明企业的技术发展战术，包括短、中期计划，技术部门的资源管理方式，以及持续保持优势的策略。

（4）说明未来研究发展计划，包括研究方向、资金需求和预期成果。

（九）生产制造计划

（1）说明建厂计划，包括厂房地点、设计，以及所需时间与成本。

（2）说明制造流程与生产方法。

（3）说明物料需求结构，原料、零组件来源和成本管理。

（4）说明品质管制方法，包括优良品率的假设。

（5）说明委托外制与外包管理情形。

（6）制造设备的需求，包括设备厂商与规格功能要求。

（十）财务分析

进行财务预算，列出主要财务数据，包括未来5年的数据和报表，其中第一年要按月编制。（有关方法可参阅财务分析方面的书籍）

（1）销售与生产预测。

（2）损益预估表、现金流量预测和资产负债预估表。

（3）财务比率分析。

（4）投资回报分析。包括投资回收期、净现值、内部收益率。

（5）盈亏平衡分析。

（6）敏感性分析。

（7）资金的来源和运用说明。

（十一）风险评估

此部分是列出可能的风险因素，并估计其严重性发生的几率，且提出解决方法。从事风险分析是为确认投资计划附随的风险，并以数据方式衡量风险对投资计划的影响，目的是向投资者说明风险的对应策略。

（1）关键技术开发风险的分析。

（2）生产与制造开发风险的分析。

（3）市场风险，对于销售收入各项假设条件的分析。

（4）投资管理，拟请投资者参与的程度。

（十二）总结

此部分是综合前面的分析与计划，说明企业整体竞争优势，并指出整个经营计划的利益所在。尤其强调投资方案可预期的远大市场前景，以及对于投资者可能产出的显著回报。

（十三）相关证明材料

（1）附上能够证实前述各项计划的资料。

（2）附上详细的制造流程与技术方面资料。

（3）附上各种参考体的佐证资料。

此架构为一般结构，供学生们在编制创业计划书时的参考模板，学生根据具体实际创业项目和内容进行增减。

第三节　创业项目的管理

创业者通过撰写商业计划书、同投资人展开谈判，获得了创业所需的资金，接下来要做的就是将公司建立起来——完成一系列的法律程序，为创业公司取得开展经营和市场交易所需的法人资格。初期的创业公司面临着一系列的经营和管理问题：如何为自己的公司设计一个良好的组织结构，制定经营战略、营销策略，招募人才等。在大学生创业者中，普遍的一个现象就是缺乏实际的企业管理与运营的能力和经验，这一方面要在实践中摸索、积累，另一方面也要有一定的知识储备，了解经营管理的相关理论。

一、创业公司的成立

大学生进行创业，必须进行正常的生产经营活动才能实现盈利的目的，因此必须依法成立企业或公司。按照我国《企业法》规定，可组建的企业或公司包括以下一些类型。

（一）个人独资企业

如果你各方面的实力都很强，不妨组建个人独资企业，一方面能使你充分发挥才能；另一方面也保证利润不旁落。但是，组建个人独资企业不仅需要有良好的创业项目，而且对创业学生的资金实力有较高的要求。同时，个人独资企业是无法利用资本市场来获得融资的，一般来说只能通过银行取得贷款。因此，个人独资企业的创立对创业学生的综合素质有较高要求。

1．个人独资企业设立的条件

个人独资企业是由一个自然人投资的企业。投资人对企业的债务承担无限责任。是非法人企业。设立个人独资企业需具备下列条件：

（1）投资人为一个自然人，且只能是一个中国公民。

（2）有合法的企业名称，并符合法律、法规的要求。企业名称与其责任形式及从事的营业相符合，不得使用“有限”、“有限责任”或者“公司”字样。

（3）有投资人申报的出资。投资人可以以货币出资，也可以以实物、土地使用权、知识产权或者其他财产权利出资，但必须将其折算成货币数额。投资人如以家庭共有财产作为个人出资的，应当在设立（变更）登记申请书上予以注明。

（4）有固定的生产经营场所和必要的生产经营条件。

（5）有必要的从业人员。

2．个人独资企业的设立程序

（1）提出申请。由投资人或者其委托的代理人向当地登记机关工商行政管理部门提出申请，同时提交下列文件：第一，投资人签署的个人独资企业设立申请书。申请书应载明的事项有：企业的名称和住所，投资人的姓名和居所，投资人的出资额和出资方式，经营范围及方式。其中投资人以个人财产出资或以其家庭共有财产作为个人出资的，应当在申请书中予以明确。第二，投资人的身份证明，指身份证和其他有关证明材料。第三，企业住所证明和生产经营场所使用证明等文件。第四，委托代理人申请设立登记的，应提交投资人的委托书和代理人的身份证或投资证明。第五，国家工商行政管理部门规定提交的其他文件。

（2）工商登记。登记机关在收到申请15日内作出核准登记和不予登记的决定，符合法规规定条件的个人独资企业予以登记，发给营业执照。企业营业执照的签发日期为企业的成立日期，在领取营业执照前，投资人不得以个人独资企业名义从事经营活动。

（3）分支机构登记。个人独资企业申请设立分支机构时应向所在地的登记机关工商行政管理局申请设立登记。分支机构登记事项应包括：分支机构的名称，经营场所，负责人姓名和居所，经营范围和方式。同时提交下列文件：第一，分支机构设立登记申请书。第二，登记机关加盖印章的个人独资企业营业执照复印件。第三，经营场所证明。第四，国家工商行政管理局规定提交的其他文件。分支机构从事法律、法规规定须报经有关部门审批的业务的，还应当提交有关部门的批准文件。

（二）合伙企业

合伙企业相对于个人独资企业可以相对减少风险，其开业手续简单，能够很快开张经营。但是合伙企业的合同比较复杂，和独资企业一样，它也不能利用资本市场。

按照我国《合伙企业法》规定，合伙企业指在中国境内设立的由各合伙人订立的合伙协议，共同出资，合伙经营，共享收益，共担风险，并对合伙企业债务承担无限连带责任的盈利性组织。

1．合伙企业的设立条件

（1）有两个以上的合伙人，并且都是依法承担无限责任者。不允许有承担有限责任的合伙人。合伙人应当是有完全民事行为能力的人。法律、行政法规规定禁止从事盈利性活动的人，不得成为合伙企业的合伙人。

（2）有书面合伙协议。协议应载明下列事项：

第一，合伙企业的名称和主要经营场所的地点。第二，合伙的目的和合伙企业的经营范围。第三，合伙人的姓名及其住所。第四，合伙人的出资方式、数额和缴付出资的期限。第五，利润分配和亏损分担办法。第六，合伙企业事务的执行。第七，入伙与退伙。第八，合伙企业的解散与清算。第九，违约责任。合伙协议经全体合伙人签名，盖章后生效。合伙人依照合伙协议享有权利，承担责任。合伙协议生效后，全体合伙人可以在协商一致的基础上，对该合伙协议加以修改或者补充。

（3）有各合伙人实际缴付的出资。合伙人可以用货币、实物、土地使用权、知识产权或者其他财产权利缴纳出资。此外，经全体合伙人协商一致，合伙人也可以用劳务出资。合伙人的出资作为财产投入合伙企业，必须对该出资进行评估。

（4）有合伙企业名称。在确定合伙企业名称时，应注意以下几点：

第一，名称由企业名称登记主管机关即各级工商行政管理机关加以核定。第二，企业只准登记使用一个名称，在登记主管辖区内不得与已登记的同行业其他企业的名称相同或相近。第三，企业名称一般应由企业所在地行政区划名称、字号（商号）、行业或者经营特点、组织形式等部分组成。第四，合伙企业在其名称中不得使用“有限”、“有限责任”的字样。

（5）有营业场所和从事合伙经营的必要条件。

2．合伙企业的设立登记

按照我国法律规定，合伙企业的设立登记，应该按照如下程序进行：

（1）向企业登记机关工商行政管理部门提交相关文件，包含：第一，全体合伙人签署的合伙申请书。第二，全体合伙人的身份证明。第三，全体合伙人指定的代表或者共同委托的代理人的委托书。第四，合伙协议。第五，出资权属证明。第六，经营场所证明。第七，国家工商行政管理部门规定提交的其他文件。此外，法律、行政法规规定设立合伙企业须报经有关部门审批的，还应当提交有关批准文件。合伙协议约定或者全体合伙人决定，委托一名或者数名合伙人执行合伙事务的，还应当提交全体合伙人的委托书。

（2）工商登记。符合法规规定条件的，登记机关在收到申请30日内予以登记。企业营业执照的签发日期为企业的成立日期，在领取营业执照前，合伙人不得以合伙企业名义从事经营活动。合伙企业设立分支机构，应向分支机构所在地企业登记机关申请登记，领取营业执照。

（三）公司

公司是目前最流行、最常见的创业组织形式，也是最复杂的。在此我们结合《公司法》的内容，介绍建立公司过程中需要了解的知识和有关事宜。

1．公司的概念和特征

公司是指依公司法的规定而设立的、以盈利为目的的法人组织。所谓法人是指具有一定的组织机构、独立的财产或独立核算，能以自己的名义进行经济活动，享受权利和承担义务，依照法定程序成立的组织。

设立公司必须符合公司法中关于成立公司的一系列基本条件，必须遵守法定的组织形式。公司作为企业法人，强调的是资金的联合，公司具有自己单独的财产，自己独立的名称章程、地址和严密的组织管理机构。

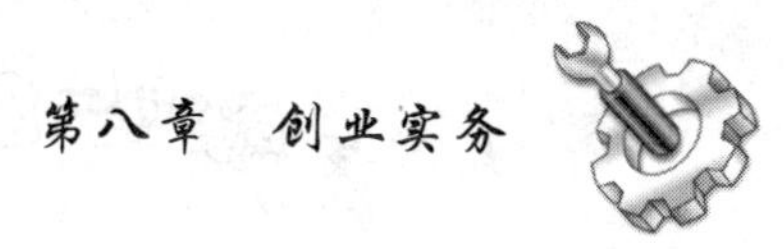

2. 公司的类型

按照《公司法》的规定，可以创办两种类型的公司：有限责任公司和股份有限公司。

有限责任公司：指股东以其出资额为限对公司承担责任，公司以其全部资产对公司的债务承担责任的公司。

股份有限公司：指全部资本分为等额股份，股东以其所持股份为限对公司承担责任，公司以其全部资产对公司的债务承担责任的公司。

3. 有限责任公司的设立

（1）设立方式。设立公司有两种方式：一是发起设立，一是募集设立。发起设立是发起人或股东将全部资本都由自己来认足缴足。募集设立是指由发起人认购公司应发行股份的一部分，其余部分向社会公开募集而设立公司，有限责任公司只能采取发起设立的方式。

（2）设立条件。根据《公司法》的规定，设立有限责任公司应当具备下列条件：

第一，股东符合法定人数。有限责任公司由 2 个以上 50 个以下股东共同出资设立。

第二，股东出资达到法定资本最低限额。以生产经营或商品批发为主的公司人民币 50 万元；以商业零售为主的公司人民币 30 万元。科技开发、咨询、服务性公司人民币 10 万元；

特定行业的有限责任公司注册资本最低限额需高于上述限额的由法律、行政法规另行规定，如金融、房地产等行业。

第三，股东共同制定公司章程。有限责任公司章程必须经全体股东共同制定并签名盖章。

第四，有限公司名称，以及建立符合有限责任公司要求的组织机构。在公司名称中必须表明有限责任公司字样，有限责任公司的组织机构包括股东会、董事会、监事会等。股东会由全体股东组成，是公司的权力机构。董事会成员为 3～13 人。其中股东人数较少和规模较小的有限责任公司，可以设 1 名执行董事，不设董事会，董事会对股东会负责，是公司的管理机构，董事长是公司的法定代表人。有限责任公司设经理，由董事会聘任或解聘。监事会由股东代表和适当比例的公司职工代表组成，其成员不得少于 3 人，股东人数较少和规模较小的有限责任公司，可以设 1 至 2 名监事，监事会是公司的内部监督机构。

第五，有固定的生产经营场所和必要的生产经营条件。

（3）设立程序。第一，申请名称预先核准。设立有限责任公司，应当由全体股东指定的代表或者共同委托的代理人向公司登记机关申请名称预先核准；法律、行政法规规定设立公司必须报经审批或者公司经营范围中有法律行政法规规定必须报经审批的项目的，应当在报送审批前办理公司名称预先核准。

第二，申请设立登记。设立有限责任公司，应当由全体股东指定的代表或者共同委托的代理人向公司登记机关申请设立登记，并应当提交有关文件。

第三，审批登记。公司登记机关收到申请人提交的全部文件后，发给《公司登记受理通知书》，自发出之日起 30 日内，做出核准登记或不予登记的决定。决定核准登记的应当自核准之日起 15 日内通知申请人，发给《企业法人营业执照》，公司即成立。

4．股份有限公司的设立

（1）设立股份有限公司，应当具备下列条件：

第一，发起人符合法定人数。设立股份有限公司，应当有 5 人以上为发起人，其中需有过半数的发起人在中国境内有住所。

第二，发起人认缴和社会公开募集的股本达到法定资本最低限额。股份有限公司注册资本的最低限额为人民币 1000 万元。

第三，股份发行，筹办事项符合法律规定。以发起方式设立股份有限公司的，发起人应以书面认足公司章程规定发行的股份；以募集方式设立股份有限公司的，发起人认购的股份不得少于公司股份总数的 35%，其余股份应当向社会公开募集。发起人向社会公开募集股份时必须经国务院证券管理部门批准，并且必须向社会公告招股说明书，制作认股书。发起人向社会公开募集股份，应同依法设立的证券经营机构签订承销协议，同银行签订代收股款协议。发行股份的股款募足后，必须经法定的验资机构验资并出具证明。

第四，发起人制定公司章程，并经创立大会通过。

第五，有公司名称，建立符合股份有限责任公司要求的组织机构。股份有限公司，必须在公司名称中标明股份有限公司字样。股份有限公司的组织机构包括股东大会、董事会、监事会。股东大会由股东组成，董事会由 5 ~ 19 人组成。监事会由股东代表和适当比例的公司职工代表组成，其成员不得少于 3 人。

第六，有固定的生产经营场所和必要的生产经营条件。

（2）设定程序。

第一，申请名称预先核准。

第二，申请批准。应当自收到《企业名称预先核准通知书》之日起 6 个月内，向国务院授权的部门或者省级人民政府申请批准。

第三，发行与募集股份，选举董事会、监事会。以发起方式设立股份有限公司的，发起人交付全部出资后，应当选举董事会和监事会，以募集方式设立的，发行股份的股款缴足后，发起人应当在 30 日内主持召开创立大会，选举董事会成员和监事会成员。

第四，申请设立登记，董事会应当于创立大会结束后 30 日内向公司登记机关申请设立登记，并应当提交有关文件。

第五，审批登记。公司登记管理机关收到全部文件后，进行审查，其审查登记程序同有限责任公司相同。

第六，公告。股份有限公司应当在设立被核准后的 30 日内发布设立登记公告，并应当自公告发布之日起 30 日内将发布的公告报送公司登记机关备案。

创业者在开办企业时，首先应该考虑的是开办什么样的企业、这样的企业在法律上具有何种地位，并根据自己的情况选择合适的企业类型。

一般来说，个人独资企业虽然经营灵活，决策迅速，对市场的反应很快，但资金来源受限，规模较小，长期发展相对缓慢，特别是对有高速增长潜力的创业机会来说，个人独资企业的形式并不合适；合伙企业是建立在“人和”的基础上的，决策效率可能会受影响，一旦合伙人之间发生严重分歧，会对企业带来严重影响，甚至导致企业终结，

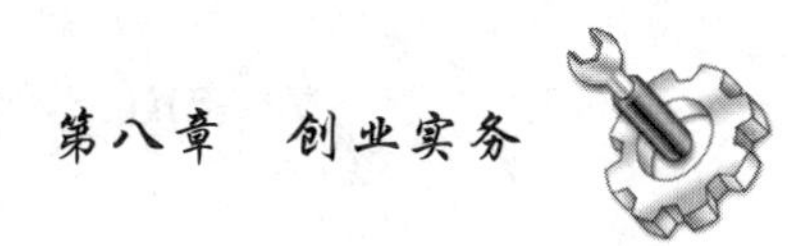

目前采用合伙制的主要是律师事务所、会计师事务所、投资银行等类型的企业；股份有限公司设立的门槛较高，管理控制复杂，一般不适合新创企业；有限责任公司则是目前创业企业最主要的形式。

二、创业公司的管理和运作

（一）创业公司的管理模式

（1）公司治理结构指公司的领导体制，组织结构和管理制度。其一般形式由股东大会、董事会、监事会和高层管理人员组成。通过分工协作，共同支撑公司，保证公司的有效运转。为防止机构分立后各部门管理人员滥用职权，公司必须建立必要的制度和规则。实现四部分各自独立、相互制约、权责分明的正确运行关系。其中，股东会是公司的权力机构；董事会是股东会的执行机构；经理负责公司的经营管理；监事会是公司的监督机构，对董事会、经理的活动和公司的经营情况进行监督。股东会（出资者所有权）、董事会（决策权）、监事会（监督权）和经理层（经理层为执行权）之间存在一种委托—代理、集权—分权、偷懒—激励、越轨—监督等一系列关系，内含着权利的运用和制衡机制。这种体制的优点如下：经营决策更加科学化、民主化；监督机制更加健全、强化；公司经营人才聘用市场化。

（2）治理结构的控制机制。第一，股东大会与董事会之间是信任托管关系。董事会由股东大会选举产生，对股东大会负责。第二，董事会与经理人员之间是委托代理关系。经理人员由董事会聘任管理公司事务，对董事会负责。第三，监事会受股东大会之托对董事会和经理实行监管。

（3）公司治理结构的职权范围，如表 8－1 所示。

表 8－1　　公司治理结构职权范围

职权内容＼机构	股东大会	董事会	经理	监事会
经营方针	√			
生产计划		√		
生产经营管理			√	
投资计划	√			
投资方案		√（决定）	√（实施）	
年度预、结算	√（审批）	√（定方案）		
利润分配、亏损弥补	√（审批）	√（定方案）		
注册资本增删	√（决议）	√（定方案）		
公司合并、分立、变更、解散、清算	√（决议）	√（定方案）		

续表

职权内容 \ 机构	股东大会	董事会	经理	监事会
公司章程修改	√			
内部管理机构设置		√（决定）	√（拟订）	
基本管理制度		√（制定）	√（拟订）	
具体规章			√	
人员任免及报酬	√（董事、监事）	√（经理）	√（其他负责人）	
财务检查				√
执行规章监督				√
董事、经理违法损公行为监督与纠正				√（董事、经理）

（二）创业公司的激励机制

激励的基本精神，就是要最大限度地发挥每个人的才能，从最上层到最底层，都各得其所，各尽其才，使每个人的才能全部地朝着有利于达到公司的目标的方向发展。一般认为，激励员工的直接有效的方式是加薪、提高奖金，以此来鼓舞员工的士气。然而，金钱并不是员工所预期的全部内容。尤其随着薪水的提高，金钱的激励边际效用递减的时候更是如此。况且，作为一个正处于创业阶段的公司来说，希望通过不断的加薪和提高福利待遇来激励员工是很不现实的。因此，我们可以通过别的方式来吸引员工，加强员工的上进心。在这里，介绍两种已被证明行之有效的激励方式：管理层股票期权制和员工持股计划。

1. 管理层股票期权

管理层股票期权是公司给予高级管理人员的一种权利。持有这种权利的高级管理购买人员可以在规定时期内以股票期权的行权价格购买本公司股票。这一购买过程称为行权。在行权以前，股票期权持有人没有任何的现金收益，行权以后，个人收益为行权价与行权日市场价之间的差价。高级管理人员可以自行决定在任何时间出售行权所得股票。采取管理层股票期权可以使管理人员的利益与企业的长期利益挂钩。

2. 员工持股计划

员工持股计划（Employee Stock Owner Plan，简称 ESOP），其基本内容是：在企业内部或外部设立专门机构（员工持股会或员工持股信托基金），这种机构通过借贷方式形成购股资金，然后帮助员工购买并取得本企业的股票，进而使得本企业员工从中获得一定比例、一定数额的股票红利。同时也通过员工持股制度调动员工参与企业经营的积极性和形成对企业经营者的有效约束。

以硅谷为代表的，在美国 NASDAQ 上市的很多高科技新创企业，本身没有雄厚的资金实力。但是为了同华尔街争夺人才，纷纷实行员工持股计划，吸引了大批高素质人员

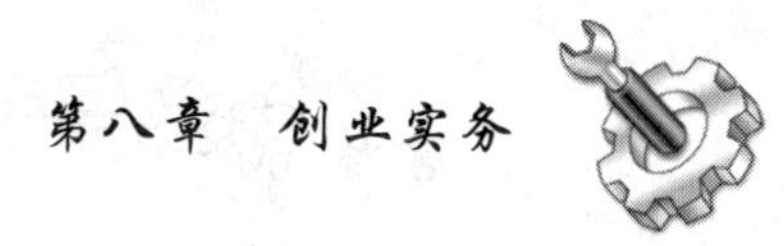

的加入，才得以取得如此巨大的成绩，造就了一大批年轻的成功人士。

（三）创业公司的业务运作

新创立公司要想使公司业务持续、快速向前发展，所有经营活动必须从全局出发，要做出较长时期的规划，协调安排企业的经营活动，充分利用公司的人力、物力、财力，进行统筹安排，取得尽可能大的经济效益。

1. 公司经营

（1）编制公司经营计划。公司计划包括长期计划、中期计划、年度计划。编制的经营计划要通过市场调查，发展有竞争力的产品，衔接不同时期的计划，仔细分析企业内外各种数据资料以及它们对企业产生的影响。年度计划定下后，要坚决地贯彻执行。在计划执行过程中加强控制，包括加强事前控制和事后控制。

（2）公司经营计划的目标管理，是把一定时期的工作任务转化为明确的工作目标，通过“自我控制”，按目标实现情况来决定奖惩的一种管理制度。实行目标管理，对于调动职工的积极性、主动性有重要作用。目标管理的内容包括目标的制定、目标的实施与控制、目标的考核和评价。

2. 公司生产管理

（1）生产组织。现代企业生产是建立在高度分工基础上的。为了完成生产经营计划，企业必须合理进行生产组织。即通过对各种生产要素和生产过程的不同阶段、环节、工序的合理安排，使其在时间上、空间上平衡衔接，紧密配合，构成一个协调的系统，使企业在行程最短、时间最省、耗费最小的条件下，按计划规定的品种、质量、数量、交货期等，生产出市场需要的产品。生产组织包括生产过程的空间组织；生产过程的时间组织，流水生产组织和成组技术。只有使每一部分都达到最优，才能使生产有条不紊地进行，同时提高劳动生产率，减少资金的占用量。

（2）生产计划。生产计划和生产作业计划是企业生产经营计划的主要组成部分，是企业生产综合计划的核心，是编制其他计划的依据，占有十分重要的地位。生产计划指企业在计划期内应完成的产品生产任务和进度的计划，它不仅规定了企业内部各部门的生产任务和生产进程，还规定了企业间的协作任务。生产计划的主要任务是充分挖掘企业内部资源，合理利用企业资源，不断生产出市场适销的商品。生产作业计划是企业生产计划的具体执行计划，是组织企业日常生产活动的依据。它对于保证企业实现均衡生产，按期、按质、按量完成生产计划，及时提供适销的产品，提高企业的经济效益有十分重要的作用。

（3）人力资源管理。在企业生产经营活动中所需的人、财、物等资源中，人力资源是最基本、最活跃的因素。一位美国企业家曾经说过：“多年来认为资本是发展工业的‘瓶颈’，我觉得此话不再对了。公司没有能力招聘和保持一支高素质的劳动队伍才真正构成“瓶颈”……我认为这一点在将来可能看得更清楚”。在今天看来，企业人力资源管理是决定整个企业素质和竞争力的一个重要方面；同时合理组织各类人员，使他们各司其职，各尽其能，充分发挥个体与群体的作用，是企业保持活力的源泉。现代企业经营的一个逻辑是，企业间的竞争是产品的竞争，产品的竞争实质上是技术与管理的竞争，而技术与管理的竞争说到底又是人才的竞争。因此，以人为中心的管理是现代企业管理发展的一大趋势。人力资源管理就是要作好劳动的定额、定员，人员的使用与考核和劳动报酬管理。

（4）物资管理。对创业企业来说，如何管理企业的物资，做到既不会因为生产物资的短缺而影响生产，又不会因为积压生产物资导致资金流通不畅、经济效益下降，是需要重点解决的问题。物资管理目的是要物资消耗定额，尽量降低单位产品的物资消耗。把“零库存”作为追求目标。做好物资管理就是要做到：建立高效的物资管理组织机构；开展市场调查和预测；做好物资供应计划工作；做好物资供应的组织工作；严格各项物资管理制度，充分调动员工的积极性和创造性。作好物资管理，是企业加快资金周转，提高资金利用率，降低成本、节约消耗的重要途径。

（5）设备管理。在新的经济时代，企业购进的设备性能不断提高，设备的折旧速度也不断加快。对创业企业来说，如何维护、修理、更新改造和有效利用设备有重要意义。设备管理的主要内容有：根据设备的生产效率、投资效果、产品质量的保险程度等，选择技术上先进、经济上合理的设备；合理地使用设备，防止不按操作规程和不按使用范围使用设备；做好设备的维护保养工作，减轻磨损，延长使用寿命；制定并贯彻执行合理的设备计划预修制度；做好设备的日常管理工作，建立和执行设备管理制度和责任制度；根据需要和可能条件，有计划、有步骤、有重点地积极开展设备的改造和更新工作。设备是企业生产的基础，提高设备的使用效率，对于提高企业的效益有十分重要的意义。

（6）质量管理。产品质量是企业的生命，是企业竞争取胜的关键。对于创业公司来说，没有高质量的产品就意味着失败。因此，必须积极推进全面质量管理，建立质量保证体系。第一，全面质量管理 ，要求一切为客户服务，以预防为主，以数据为依据，按PDCA（计划 Plan、执行 Do、检查 Check、处理 Action）管理循环办事。第二，建立质量保证体系，把各部门、各环节的生产经营活动严密地组织起来，规定它们在质量管理方面的责、权、利，使企业内形成一个完整的质量管理有机体。建立质量保证体系循环必须做到：加强统一领导；制定质量方针；运用 PDCA 循环；推广质量管理业务标准化，管理流程程序化；加强质量意识教育；建立质量信息反馈系统；完善质量管理的基础工作等。

（7）质量成本控制。企业不断提高产品质量的同时，会增加费用，使产品成本增高，因此，必须实施质量成本控制，质量成本控制是提高质量，降低成本的有效方法。包括：内部故障成本；外部故障成本；鉴定成本；预防成本。在确定质量成本适宜区域时，常采用如下几种方法：经验测算法；逐项优化法；合理比例法；灵敏度分析法。只有控制住产品的成本，企业才能在竞争中占据有利地位。

最后，为适应国际竞争，必须采用 ISO9000 系列标准。ISO9000 系列标准是通用的，是一种综合的，符合逻辑、注重实际，得到世界各国普遍承认的一种较完备的规范。其中，ISO9004 对企业建立和实施质量体系提供了指南。ISO9001、ISO9002、ISO9003 适用于外部质量保证模式标准的选择使用。

3. 营销策略

（1）产品策略。第一，要熟悉你的产品的生命周期。第二，要确定产品组合策略，根据产品的性质采用全面型、市场专业型、产品线专业型、有限产品线专业型或特殊产品专业型的产品组合策略。第三，设计一个好的商标。商标是产品的一个组成部分，一个好的商标无疑会给客户留下美好的印象。所以，商标的设计应当在符合商标法的条件下做到美观、新颖、简洁、强烈。同时尊重民俗、习惯、宗教。让顾客见过之后能留下很深的印象。第四，设计好的包装。包装是产品的外衣，一方面体现了公司的经营管理水平；另一方面可提高产品的附加值，促进销售。产品包装要做到：保护商品，便于运输，携带，保存；方便顾客；传递信息，介绍商品；美化商品，促进销售。第五，服务策略。企业必须有良好的服务才能赢得市场。比如海尔的五星级服务，无疑为顾客在选购商品时增加了一块砝码。当然，最好的服务就是生产优质的产品，做到“零服务”。

（2）定价策略。价格是决定产品销售效果最直接、最重要的因素之一。一种产品的定价是否恰当，不仅会影响产品在市场上的竞争能力和市场占有率，而且还会直接影响企业的销售收入和利润。因此，确定合理的定价目标，掌握有效的定价方法，选择灵活的定价策略，对任何企业都具有举足轻重的作用。

（3）分销渠道策略。根据产品的性质，可选择直接式分销渠道或者间接式分销渠道。①直接式分销，这种方法可降低成本，直接和客户打交道，但需要企业花费精力去营销。②间接式分销，这种方法由于有中间商的加入，和客户交往较少，企业可以专心生产商品，利用中间商的销售网络占有更多的市场。

（4）促销策略。就是企业对人员推销、广告、宣传报道、营业推广和公共关系等促销方法的选择、组合和综合运用。它可以通过提供的信息情报，吸引潜在的消费者购买，以达到稳定销售，创造需求，扩大产品知名度和促进生产的目的。

三、创业风险防范和监控

（一）创业投资风险概述

所谓投资风险就是指投资行为给投资者带来的某种经济损失的可能性。创业投资风险是指由于创业资本投资于项目企业而造成损失的可能性，这种损失包括投入资本的损失和预期收益未能达到的损失。一般而言，创业投资项目的风险与其收益是成正比关系的，即风险越大，获利的可能性就越高。如何在未知风险的情况下追求最大的收益是投资者普遍关注的问题，因而，必须对投资风险进行科学分析，做出正确的判断，及时采取各种防范措施减弱投资风险，以期获取最大的投资收益。

创业投资项目的实施和运作过程中有很多不确定性因素，其投资风险的来源也必然是多方面的。一般来说，创业投资项目的风险来源主要有系统风险和非系统风险：

1. 系统风险

所谓系统风险是指能够引起所有投资项目的收益发生变动的风险。它主要包括自然风险、利率风险、购买力风险、政策风险和政治风险等。这类投资风险是任何一个投资项目都会遇到的，单个投资项目是无法将其消除的。但是，系统风险对于各种投资的影响程度又是不同的。例如，自然风险对与农业相关的产业的影响通常比对工业产业的影响要大得多，利率风险对负债投资项目的影响比股权投资项目的影响要强烈得多。

2. 非系统风险

非系统风险是指仅引起单项投资的收益发生变动的风险，它包括市场风险、决策风险、财务风险、技术风险、经营风险等。例如某创业投资项目投资开发某种应用软件，由于在项目启动前没有对相关的市场进行充分详尽的调查研究，当产品开发出来后才发现此市场已经趋于饱和，竞争十分激烈，而自己的产品无任何优势而言，从而注定其项目失败的命运。

（二）创业投资风险分析

风险分析是进行创业投资项目风险管理的前提和基础，其内容主要有三个方面。

1. 技术成果转化过程中的投资风险分析

大学生创业投资的一个重要特征是绝大部分大学生利用自己掌握的某些科研成果进行投资，因此，在技术成果转化过程中面临着巨大的风险。科研成果转化过程中的风险主要有以下几方面：

第一，技术风险。科研成果转化过程中的新产品、新技术的基本特点，就是尚未经过市场和生产过程的检验。因此，技术究竟是否可行，在预期和实践之间可能会出现偏差，从而形成风险。技术风险具体表现为：①技术水平风险。即新技术或新产品的水平实际并未达到预期水平而形成的风险。在我国，这种现象尤为突出，许多科研成果往往因为信息掌握不充分，而陷入低水平重复研究的困境，降低了科研成果的转换价值，同时造成了人力、物力的巨大浪费。②转化风险。即在创业投资项目实施的过程中逐渐暴露出来的事前难以预料的技术风险。实践证明，在科研成果转化过程中暴露出来的技术问题有时比技术开发前期阶段中存在的技术问题更难解决。

第二，市场风险。市场风险是指创业投资项目的新产品、新技术的可行性与市场不匹配而引起的风险。科研成果在进入商业化、市场化之前，往往难以预测其将来的市场状况。尤其在新产品刚刚上市时，市场销售往往叫好不叫座，美国高科技产品行销大师杰弗里·穆尔把这种现象称为“鸿沟期”。据统计，市场风险是导致新产品、新技术产业化、商业化过程中断甚至失败的主要风险之一。很多著名的跨国公司如IBM、ERISSON、SONY等都曾经遭遇市场风险而蒙受巨大的损失。

第三，知识产权风险。大学生科研成果的转化过程，就是“无形资产”变为“有形资产”的过程，涉及科研成果在产生和交换过程中的所有权问题，即知识产权。知识产权是对知识财产拥有合法权利的认定。知识产权风险在科研成果转化过程中主要表现为：①侵权风险。即指其他人或其他公司以违法的手段利用知识产权而给其所有者造成的损失。例如在我国普遍存在的各种盗版软件、音像制品等。②泄密风险。指投资项目的核心技术或商业机密被人为地泄露而给项目企业造成的损失。在竞争日益激烈的市场环境中，泄密，尤其是对专有技术的泄露是一种非常严重且难以防范的风险，也是大学生创业投资过程中不可忽视的风险。

第四，可替代风险。可替代风险是指一项新产品刚进入商业化、产业化运作阶段，就可能被更先进的技术产品所替代而形成的风险。随着科学技术的迅速发展，产品和技

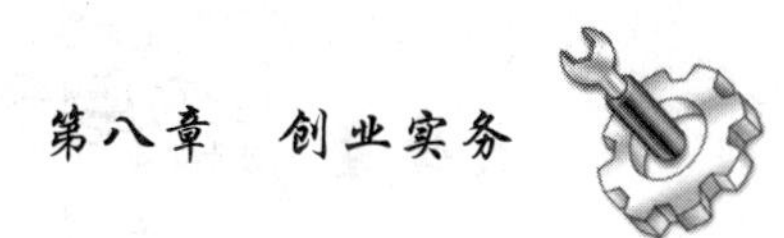

术的生命周期不断缩短，这就要求新产品、新技术转化的速度更快。当今国际企业之间技术竞争的趋势就是时间差异化竞争，即更快、更及时地满足不断变化的市场需求。科研成果转化时间过长，将会使可替代风险加大，甚至会失去技术方面的优势。

2. 创业投资项目的商业风险分析

创业投资项目的商业风险是指创业投资环境的变化和投资水平的差异所形成的未来收益的不确定性。一般地，投资环境的变化是不可逆转的，它直接关系到经济和市场的发育和完善程度，由此而引起的风险也就不可避免。此外，投资水平与投资风险是紧密相连的，投资水平低，投资风险必然大。

由于创业投资时间长且企业内外部环境复杂，所以创业投资项目的商业风险较大，其影响因素较多，主要有以下几方面：

第一，项目类型。不同类型的项目投资额不一样，其总投资额和年投资收益也不同，一般来讲，投资于高科技项目的风险比一般的项目要大，而竞争性行业又比垄断性行业的风险大得多。

第二，项目管理水平。投资企业经理人员的管理水平是决定一个项目成功与否的关键因素，也决定着该项目的抗商业风险能力。管理水平较高的企业，其资金运用合理，资源配置恰当，市场开拓能力比较强，由此保证了投资支出的顺利回收和利润的不断形成。显然，经理层的管理水平越高，投资项目的商业风险也就越小。

第三，竞争对手情况。大学生投资创办企业同样也会遇到很多竞争对手，这些对手的经营情况直接影响着项目企业的生存和发展。我们知道，商场上的竞争十分激烈，有时甚至会达到你死我活的程度。在投资创办企业之前，一定要着重分析将来会遇到的市场竞争。可以说，竞争对手的多寡及其管理运营情况的好坏，在很大程度上影响着自身项目的成功与否。

第四，经济景气指标和政府政策。国家的经济情况，会直接影响到市场需求量的变化。如果经济不是十分景气，会导致单个企业的投资风险加大。同时，政府政策的变化，尤其是对某些行业采取鼓励或限制发展的措施，必然会对该行业的企业经营产生致命的影响。大学生在创业投资时，要尽量选择政府鼓励发展的产业，这样不仅符合国家政策，还有可能享受到一定的优惠措施。对于那些政府明确限制的行业，一定要坚决避开。

3. 资金成本风险

创业投资项目的资金成本风险是指由于利率和价格水平的变化所带来的资金成本收益的不确定性。

大学生在创业投资项目正式实施以后，在项目企业的运营过程中应特别注意影响利率水平及其变化的一些基本因素，如通货膨胀率、财政政策、货币政策以及税收政策等。其中对于通货膨胀这个最基本的要素应该着重关注。在通货膨胀率较高时，利率和价格水平同时上升，这直接导致企业的融资成本增加，甚至难以从银行取得贷款，从而导致了创业投资企业资金紧张，经营困难。同时，在高通货膨胀时期，价格会急剧上升，拉动企业的原材料、设备等成本加大，严重影响企业的发展。也就是说，通货膨胀会使投资项目的实际净现值减少，使企业的经营风险加大。

（三）创业投资风险管理控制

在对创业投资项目的风险进行分析以后，接下来的工作就是对项目企业采取相应的措施，以便消除或削弱各种风险，以获取企业和资金的最大安全。创业投资必须重视风险管理，这对于减少或避免一定的风险有十分重要的作用。

1. 创业投资风险管理的步骤

大学生在进行投资风险管理的过程中，一定要采用科学的方法和手段，提高对风险客观性和预见性的认识，争取掌握风险管理的主动权。投资风险管理一般可采取以下四个步骤：

第一，风险测定。为了预防投资风险的发生，就要对可能发生的各种风险损失有足够的估计，测量其风险程度的大小，做到心中有数。以便尽早发现风险并掌握主动，力求减轻、避免或转嫁风险。

第二，风险决策。根据创业投资项目的特点，采取定量和定性的办法进行科学的决策，提出创业投资项目的可行性方案，采取处理风险的最佳方法。

第三，实施决策方案。一旦做出正确的决策，就要全力以赴地执行，采取各种有效措施来降低风险，保证方案顺利实施。

第四，方案的成果评价。对于风险管理成果的评价，是建立在上述三个步骤正确实施的基础之上的。如对风险的预测是否正确，有无科学的、足够的数据支持；提出的处理风险、选择投资项目的对策是否合理，方案是否可行、有效等。

2. 创业投资风险控制

创业投资风险的控制手段主要有以下几种：

第一，风险回避。风险回避是指事先预料创业投资风险产生的可能性程度，判断导致其实现的条件和因素，在创业投资活动中尽可能地避免这些风险或者改变投资方向以回避之。风险回避是风险控制的最彻底的方式，采取有效的风险回避措施可以完全消除某些特定的风险，而其他风险控制手段仅在于通过减少风险发生的概率和损失程度，来减弱风险的潜在影响。但是，在实际工作中，风险回避手段的应用要受到很多限制，因为它往往要求创业投资者放弃投资计划，从而相应失去了与该创业投资项目相联系的利益。

第二，风险抑制。风险抑制是指创业投资者采取各种有效措施降低投资风险发生的概率，以尽可能减少经济损失的程度。风险抑制是创业投资者在风险分析的基础上，力图维持其原有的决策，实施风险对抗的积极措施。

第三，风险转移。风险转移是承担风险的创业投资者通过某些技术或经济手段将风险转移给其他的企业来承担的一种风险控制措施，它可以分为保险转移和非保险转移两种。所谓保险转移是指创业投资者向保险公司投保，以缴纳保险费为代价，将风险转移给保险公司承担。非保险转移是指不向保险公司投保而利用其他的途径将风险转移给别人。例如，在预期利率上涨时，可以选择向银行借款的方式，将利率锁定，避免了由于利率的上升给创业投资项目带来的额外的资金成本。

第四，风险自留。风险自留是指对那些无法回避或者转移的风险采取客观现实的态度，在不影响创业投资者根本利益的前提下自己承担下来。风险自留实际上是一种积极的风险控制手段，它要求创业投资者事先做好各种准备工作，修改创业投资项目的决策，努力将风险损失降低到最低程度。一般来说，企业承担风险的能力与企业自身经济实力成正相关关系，大学生创业者投资创建的项目一般是中小企业，难以承受较大的风险。因此，创业学生切记不要不自量力，盲目夸大自己承受风险的能力，对于自己难以承受的风险一定要首选其他控制措施，尽量不要自己承担下来。

上述四种投资风险控制手段，其内容各自不同，作用也不尽一致。在创业投资实践中，大学生创业者要针对项目的具体情况具体分析，从实际出发，认真做比较研究，择优选取。

案例：

宁亚非目前还在天津工业大学艺术与服装学院读书，但他每天晚上回到宿舍都要上一堂“创业必修课”——三个合伙人，一张桌子，黑板上写满数据，案头堆放着报表，亚非餐具消毒有限公司每天的决策工作在这里完成。

还是去年年初的时候，宁亚非看到一篇关于“第三方消毒”的报道，这个商机使他眼前一亮。从去年4月到11月，宁亚非开始对这个行业进行理论学习。年后，他只身一人前往广东、广西、温州、上海等南方地区考察，回来后向家人提出了自己的想法，并联系了艺术学院的张珂、工商学院的闫佳两位同学，三人在得到家人资金支持后筹得80万元人民币于今年5月份注册公司，开始实战。

为餐馆提供消毒餐具，或帮助餐馆进行餐具消毒，这是宁亚非他们最重要的两项业务。“我们的厂房设计产能规模目前是华北地区最大的，”宁亚非骄傲地说。公司发展很快，不到半年合作伙伴已达25家，但开始并没这么顺利。宁亚非忘不了谈第一笔生意的时候，本来已经跟餐厅达成共识，周一就可以送货了，没想到周日晚上餐厅打电话来取消，出师不利给了大伙不小的打击。

第一个月只卖了1800套餐具，而工厂每天千元的消费也让大家难以承受。几个人总结经验教训：对市场预期过高，餐厅对新鲜事物并不能很快接受；对天津地区餐馆数量和分布估计不足，导致浪费了较多时间与人力；对自己过分自信，心态不好。针对这些不足，他们调整了策略，联系业务时把第三方消毒的优势展示给餐厅老板，第二个月就谈成了20多家，保证了公司收支平衡。今年中秋前夕，业务量忽然猛增，为了赶进度，宁亚非与各部门的伙伴站在初洗池前从晚上11点一直干到早上6点。“你知道连续几天洗碗的感觉吗？我们几个大学生这辈子没洗过这么多碗。”

现在，公司从董事到各部门经理，全部是天津工业大学的在校大学生，并且雇了30个操作员工。谈到大学生创业的艰辛，宁亚非说：“我们经常在宿舍楼下讨论到凌晨两点多，为了节省资金，我们骑着自行车从河东校区到西青开发区、大南河寻找餐厅，公交车不通的地方还要徒步往返，为了省钱就回学校吃饭。现在合作的对象越多，现金流不足的问题就越棘手，国家规定企业必须经营一年以上才可以谈融资，我们正在为这个伤脑筋。”

*本文章来源大学生创业网（www.jsmzw.com）

【点评】

大家基本上已经对学生创业的困难有个大致的分析，资金不足、时间不允许、老师父母不同意、缺乏项目带头人、毕业后各奔东西等原因被大家认为对学生创业干扰最大。而因为几乎每个还待在象牙塔里的学生都缺乏的经验，并没有被大家当成事业成败的关键。

但是调查之后发现，原来事情远非这么简单。不少项目启动资金并不算少，时间想挤也能挤得出来，大部分老师父母还是开明的，支持孩子去创业，项目也总会有带头人才能提出，而毕业之后往往是因为创业不成功才各奔东西。那么，问题出在哪儿呢？经验，这个本以为不是问题的问题，原来困扰着太多的创业学子。热情过高，经验不足，结果是一开始就把全部家当砸了进去，回天无力，这是学生创业的典型失败模式。而今天在这里给我们讲述创业故事的几位同学，他们的创业道路无不在最初经过长期酝酿，然后步步为营，最终才取得成功，这是每一位后来者都值得思考的。

本章小结

■**本章关键词：**

创业计划书　市场调查　市场预测　创业公司　创业风险

■**问题思考：**

1. 创业计划书的内容架构包括哪些内容?
2. 阐述市场调查的步骤由哪几部分组成?
3. 市场预测的程序包含哪些步骤?
4. 企业或公司主要包括哪些组建类型，它们设立的条件各有什么不同?
5. 选择一个自己觉得有前景的项目撰写一份创业计划书。

附 录

中华人民共和国就业促进法

（2007 年 8 月 30 日第十届全国人民代表大会
常务委员会第二十九次会议通过）

第一章 总 则

第一条 为了促进就业，促进经济发展与扩大就业相协调，促进社会和谐稳定，制定本法。

第二条 国家把扩大就业放在经济社会发展的突出位置，实施积极的就业政策，坚持劳动者自主择业、市场调节就业、政府促进就业的方针，多渠道扩大就业。

第三条 劳动者依法享有平等就业和自主择业的权利。

劳动者就业，不因民族、种族、性别、宗教信仰等不同而受歧视。

第四条 县级以上人民政府把扩大就业作为经济和社会发展的重要目标，纳入国民经济和社会发展规划，并制定促进就业的中长期规划和年度工作计划。

第五条 县级以上人民政府通过发展经济和调整产业结构、规范人力资源市场、完善就业服务、加强职业教育和培训、提供就业援助等措施，创造就业条件，扩大就业。

第六条 国务院建立全国促进就业工作协调机制，研究就业工作中的重大问题，协调推动全国的促进就业工作。国务院劳动行政部门具体负责全国的促进就业工作。

省、自治区、直辖市人民政府根据促进就业工作的需要，建立促进就业工作协调机制，协调解决本行政区域就业工作中的重大问题。

县级以上人民政府有关部门按照各自的职责分工，共同做好促进就业工作。

第七条 国家倡导劳动者树立正确的择业观念，提高就业能力和创业能力；鼓励劳动者自主创业、自谋职业。

各级人民政府和有关部门应当简化程序，提高效率，为劳动者自主创业、自谋职业提供便利。

第八条 用人单位依法享有自主用人的权利。

用人单位应当依照本法以及其他法律、法规的规定，保障劳动者的合法权益。

第九条 工会、共产主义青年团、妇女联合会、残疾人联合会以及其他社会组织，协助人民政府开展促进就业工作，依法维护劳动者的劳动权利。

第十条 各级人民政府和有关部门对在促进就业工作中作出显著成绩的单位和个人，给予表彰和奖励。

第二章　政策支持

第十一条　县级以上人民政府应当把扩大就业作为重要职责，统筹协调产业政策与就业政策。

第十二条　国家鼓励各类企业在法律、法规规定的范围内，通过兴办产业或者拓展经营，增加就业岗位。

国家鼓励发展劳动密集型产业、服务业，扶持中小企业，多渠道、多方式增加就业岗位。

国家鼓励、支持、引导非公有制经济发展，扩大就业，增加就业岗位。

第十三条　国家发展国内外贸易和国际经济合作，拓宽就业渠道。

第十四条　县级以上人民政府在安排政府投资和确定重大建设项目时，应当发挥投资和重大建设项目带动就业的作用，增加就业岗位。

第十五条　国家实行有利于促进就业的财政政策，加大资金投入，改善就业环境，扩大就业。

县级以上人民政府应当根据就业状况和就业工作目标，在财政预算中安排就业专项资金用于促进就业工作。

就业专项资金用于职业介绍、职业培训、公益性岗位、职业技能鉴定、特定就业政策和社会保险等的补贴，小额贷款担保基金和微利项目的小额担保贷款贴息，以及扶持公共就业服务等。就业专项资金的使用管理办法由国务院财政部门和劳动行政部门规定。

第十六条　国家建立健全失业保险制度，依法确保失业人员的基本生活，并促进其实现就业。

第十七条　国家鼓励企业增加就业岗位，扶持失业人员和残疾人就业，对下列企业、人员依法给予税收优惠：

（一）吸纳符合国家规定条件的失业人员达到规定要求的企业；

（二）失业人员创办的中小企业；

（三）安置残疾人员达到规定比例或者集中使用残疾人的企业；

（四）从事个体经营的符合国家规定条件的失业人员；

（五）从事个体经营的残疾人；

（六）国务院规定给予税收优惠的其他企业、人员。

第十八条　对本法第十七条第四项、第五项规定的人员，有关部门应当在经营场地等方面给予照顾，免除行政事业性收费。

第十九条　国家实行有利于促进就业的金融政策，增加中小企业的融资渠道；鼓励金融机构改进金融服务，加大对中小企业的信贷支持，并对自主创业人员在一定期限内给予小额信贷等扶持。

第二十条　国家实行城乡统筹的就业政策，建立健全城乡劳动者平等就业的制度，引导农业富余劳动力有序转移就业。

县级以上地方人民政府推进小城镇建设和加快县域经济发展，引导农业富余劳动力就地就近转移就业；在制定小城镇规划时，将本地区农业富余劳动力转移就业作为重要内容。

县级以上地方人民政府引导农业富余劳动力有序向城市异地转移就业；劳动力输出地和输入地人民政府应当互相配合，改善农村劳动者进城就业的环境和条件。

第二十一条　国家支持区域经济发展，鼓励区域协作，统筹协调不同地区就业的均衡增长。

国家支持民族地区发展经济，扩大就业。

第二十二条　各级人民政府统筹做好城镇新增劳动力就业、农业富余劳动力转移就业和失业人员就业工作。

第二十三条　各级人民政府采取措施，逐步完善和实施与非全日制用工等灵活就业相适应的劳动和社会保险政策，为灵活就业人员提供帮助和服务。

第二十四条　地方各级人民政府和有关部门应当加强对失业人员从事个体经营的指导，提供政策咨询、就业培训和开业指导等服务。

第三章　公平就业

第二十五条　各级人民政府创造公平就业的环境，消除就业歧视，制定政策并采取措施对就业困难人员给予扶持和援助。

第二十六条　用人单位招用人员、职业中介机构从事职业中介活动，应当向劳动者提供平等的就业机会和公平的就业条件，不得实施就业歧视。

第二十七条　国家保障妇女享有与男子平等的劳动权利。

用人单位招用人员，除国家规定的不适合妇女的工种或者岗位外，不得以性别为由拒绝录用妇女或者提高对妇女的录用标准。

用人单位录用女职工，不得在劳动合同中规定限制女职工结婚、生育的内容。

第二十八条　各民族劳动者享有平等的劳动权利。

用人单位招用人员，应当依法对少数民族劳动者给予适当照顾。

第二十九条　国家保障残疾人的劳动权利。

各级人民政府应当对残疾人就业统筹规划，为残疾人创造就业条件。

用人单位招用人员，不得歧视残疾人。

第三十条　用人单位招用人员，不得以是传染病病原携带者为由拒绝录用。但是，经医学鉴定传染病病原携带者在治愈前或者排除传染嫌疑前，不得从事法律、行政法规和国务院卫生行政部门规定禁止从事的易使传染病扩散的工作。

第三十一条　农村劳动者进城就业享有与城镇劳动者平等的劳动权利，不得对农村劳动者进城就业设置歧视性限制。

第四章　就业服务和管理

第三十二条　县级以上人民政府培育和完善统一开放、竞争有序的人力资源市场，

为劳动者就业提供服务。

第三十三条　县级以上人民政府鼓励社会各方面依法开展就业服务活动，加强对公共就业服务和职业中介服务的指导和监督，逐步完善覆盖城乡的就业服务体系。

第三十四条　县级以上人民政府加强人力资源市场信息网络及相关设施建设，建立健全人力资源市场信息服务体系，完善市场信息发布制度。

第三十五条　县级以上人民政府建立健全公共就业服务体系，设立公共就业服务机构，为劳动者免费提供下列服务：

（一）就业政策法规咨询；

（二）职业供求信息、市场工资指导价位信息和职业培训信息发布；

（三）职业指导和职业介绍；

（四）对就业困难人员实施就业援助；

（五）办理就业登记、失业登记等事务；

（六）其他公共就业服务。

公共就业服务机构应当不断提高服务的质量和效率，不得从事经营性活动。

公共就业服务经费纳入同级财政预算。

第三十六条　县级以上地方人民政府对职业中介机构提供公益性就业服务的，按照规定给予补贴。

国家鼓励社会各界为公益性就业服务提供捐赠、资助。

第三十七条　地方各级人民政府和有关部门不得举办或者与他人联合举办经营性的职业中介机构。

地方各级人民政府和有关部门、公共就业服务机构举办的招聘会，不得向劳动者收取费用。

第三十八条　县级以上人民政府和有关部门加强对职业中介机构的管理，鼓励其提高服务质量，发挥其在促进就业中的作用。

第三十九条　从事职业中介活动，应当遵循合法、诚实信用、公平、公开的原则。

用人单位通过职业中介机构招用人员，应当如实向职业中介机构提供岗位需求信息。禁止任何组织或者个人利用职业中介活动侵害劳动者的合法权益。

第四十条　设立职业中介机构应当具备下列条件：

（一）有明确的章程和管理制度；

（二）有开展业务必备的固定场所、办公设施和一定数额的开办资金；

（三）有一定数量具备相应职业资格的专职工作人员；

（四）法律、法规规定的其他条件。

设立职业中介机构，应当依法办理行政许可。经许可的职业中介机构，应当向工商行政部门办理登记。

未经依法许可和登记的机构，不得从事职业中介活动。

国家对外商投资职业中介机构和向劳动者提供境外就业服务的职业中介机构另有规定的，依照其规定。

第四十一条　职业中介机构不得有下列行为：

（一）提供虚假就业信息；

（二）为无合法证照的用人单位提供职业中介服务；

（三）伪造、涂改、转让职业中介许可证；

（四）扣押劳动者的居民身份证和其他证件，或者向劳动者收取押金；

（五）其他违反法律、法规规定的行为。

第四十二条　县级以上人民政府建立失业预警制度，对可能出现的较大规模的失业，实施预防、调节和控制。

第四十三条　国家建立劳动力调查统计制度和就业登记、失业登记制度，开展劳动力资源和就业、失业状况调查统计，并公布调查统计结果。

统计部门和劳动行政部门进行劳动力调查统计和就业、失业登记时，用人单位和个人应当如实提供调查统计和登记所需要的情况。

第五章　职业教育和培训

第四十四条　国家依法发展职业教育，鼓励开展职业培训，促进劳动者提高职业技能，增强就业能力和创业能力。

第四十五条　县级以上人民政府根据经济社会发展和市场需求，制定并实施职业能力开发计划。

第四十六条　县级以上人民政府加强统筹协调，鼓励和支持各类职业院校、职业技能培训机构和用人单位依法开展就业前培训、在职培训、再就业培训和创业培训；鼓励劳动者参加各种形式的培训。

第四十七条　县级以上地方人民政府和有关部门根据市场需求和产业发展方向，鼓励、指导企业加强职业教育和培训。

职业院校、职业技能培训机构与企业应当密切联系，实行产教结合，为经济建设服务，培养实用人才和熟练劳动者。

企业应当按照国家有关规定提取职工教育经费，对劳动者进行职业技能培训和继续教育培训。

第四十八条　国家采取措施建立健全劳动预备制度，县级以上地方人民政府对有就业要求的初高中毕业生实行一定期限的职业教育和培训，使其取得相应的职业资格或者掌握一定的职业技能。

第四十九条　地方各级人民政府鼓励和支持开展就业培训，帮助失业人员提高职业技能，增强其就业能力和创业能力。失业人员参加就业培训的，按照有关规定享受政府培训补贴。

第五十条　地方各级人民政府采取有效措施，组织和引导进城就业的农村劳动者参加技能培训，鼓励各类培训机构为进城就业的农村劳动者提供技能培训，增强其就业能力和创业能力。

第五十一条　国家对从事涉及公共安全、人身健康、生命财产安全等特殊工种的劳动者，实行职业资格证书制度，具体办法由国务院规定。

第六章　就业援助

第五十二条　各级人民政府建立健全就业援助制度，采取税费减免、贷款贴息、社会保险补贴、岗位补贴等办法，通过公益性岗位安置等途径，对就业困难人员实行优先扶持和重点帮助。

就业困难人员是指因身体状况、技能水平、家庭因素、失去土地等原因难以实现就业，以及连续失业一定时间仍未能实现就业的人员。就业困难人员的具体范围，由省、自治区、直辖市人民政府根据本行政区域的实际情况规定。

第五十三条　政府投资开发的公益性岗位，应当优先安排符合岗位要求的就业困难人员。被安排在公益性岗位工作的，按照国家规定给予岗位补贴。

第五十四条　地方各级人民政府加强基层就业援助服务工作，对就业困难人员实施重点帮助，提供有针对性的就业服务和公益性岗位援助。

地方各级人民政府鼓励和支持社会各方面为就业困难人员提供技能培训、岗位信息等服务。

第五十五条　各级人民政府采取特别扶助措施，促进残疾人就业。

用人单位应当按照国家规定安排残疾人就业，具体办法由国务院规定。

第五十六条　县级以上地方人民政府采取多种就业形式，拓宽公益性岗位范围，开发就业岗位，确保城市有就业需求的家庭至少有一人实现就业。

法定劳动年龄内的家庭人员均处于失业状况的城市居民家庭，可以向住所地街道、社区公共就业服务机构申请就业援助。街道、社区公共就业服务机构经确认属实的，应当为该家庭中至少一人提供适当的就业岗位。

第五十七条　国家鼓励资源开采型城市和独立工矿区发展与市场需求相适应的产业，引导劳动者转移就业。

对因资源枯竭或者经济结构调整等原因造成就业困难人员集中的地区，上级人民政府应当给予必要的扶持和帮助。

第七章　监督检查

第五十八条　各级人民政府和有关部门应当建立促进就业的目标责任制度。县级以上人民政府按照促进就业目标责任制的要求，对所属的有关部门和下一级人民政府进行考核和监督。

第五十九条　审计机关、财政部门应当依法对就业专项资金的管理和使用情况进行监督检查。

第六十条　劳动行政部门应当对本法实施情况进行监督检查，建立举报制度，受理对违反本法行为的举报，并及时予以核实处理。

第八章　法律责任

第六十一条　违反本法规定，劳动行政等有关部门及其工作人员滥用职权、玩忽职守、徇私舞弊的，对直接负责的主管人员和其他直接责任人员依法给予处分。

第六十二条　违反本法规定，实施就业歧视的，劳动者可以向人民法院提起诉讼。

第六十三条　违反本法规定，地方各级人民政府和有关部门、公共就业服务机构举办经营性的职业中介机构，从事经营性职业中介活动，向劳动者收取费用的，由上级主管机关责令限期改正，将违法收取的费用退还劳动者，并对直接负责的主管人员和其他直接责任人员依法给予处分。

第六十四条　违反本法规定，未经许可和登记，擅自从事职业中介活动的，由劳动行政部门或者其他主管部门依法予以关闭；有违法所得的，没收违法所得，并处一万元以上五万元以下的罚款。

第六十五条　违反本法规定，职业中介机构提供虚假就业信息，为无合法证照的用人单位提供职业中介服务，伪造、涂改、转让职业中介许可证的，由劳动行政部门或者其他主管部门责令改正；有违法所得的，没收违法所得，并处一万元以上五万元以下的罚款；情节严重的，吊销职业中介许可证。

第六十六条　违反本法规定，职业中介机构扣押劳动者居民身份证等证件的，由劳动行政部门责令限期退还劳动者，并依照有关法律规定给予处罚。

违反本法规定，职业中介机构向劳动者收取押金的，由劳动行政部门责令限期退还劳动者，并以每人五百元以上二千元以下的标准处以罚款。

第六十七条　违反本法规定，企业未按照国家规定提取职工教育经费，或者挪用职工教育经费的，由劳动行政部门责令改正，并依法给予处罚。

第六十八条　违反本法规定，侵害劳动者合法权益，造成财产损失或者其他损害的，依法承担民事责任；构成犯罪的，依法追究刑事责任。

第九章　附　则

第六十九条　本法自 2008 年 1 月 1 日起施行。

中华人民共和国劳动合同法

（2007 年 6 月 29 日第十届全国人民代表大会
常务委员会第二十八次会议通过）

第一章　总　则

第一条　为了完善劳动合同制度，明确劳动合同双方当事人的权利和义务，保护劳动者的合法权益，构建和发展和谐稳定的劳动关系，制定本法。

第二条　中华人民共和国境内的企业、个体经济组织、民办非企业单位等组织（以下称用人单位）与劳动者建立劳动关系，订立、履行、变更、解除或者终止劳动合同，适用本法。

国家机关、事业单位、社会团体和与其建立劳动关系的劳动者，订立、履行、变更、解除或者终止劳动合同，依照本法执行。

第三条　订立劳动合同，应当遵循合法、公平、平等自愿、协商一致、诚实信用的原则。

依法订立的劳动合同具有约束力，用人单位与劳动者应当履行劳动合同约定的义务。

第四条　用人单位应当依法建立和完善劳动规章制度，保障劳动者享有劳动权利、履行劳动义务。

用人单位在制定、修改或者决定有关劳动报酬、工作时间、休息休假、劳动安全卫生、保险福利、职工培训、劳动纪律以及劳动定额管理等直接涉及劳动者切身利益的规章制度或者重大事项时，应当经职工代表大会或者全体职工讨论，提出方案和意见，与工会或者职工代表平等协商确定。

在规章制度和重大事项决定实施过程中，工会或者职工认为不适当的，有权向用人单位提出，通过协商予以修改完善。

用人单位应当将直接涉及劳动者切身利益的规章制度和重大事项决定公示，或者告知劳动者。

第五条　县级以上人民政府劳动行政部门会同工会和企业方面代表，建立健全协调劳动关系三方机制，共同研究解决有关劳动关系的重大问题。

第六条　工会应当帮助、指导劳动者与用人单位依法订立和履行劳动合同，并与用人单位建立集体协商机制，维护劳动者的合法权益。

第二章　劳动合同的订立

第七条　用人单位自用工之日起即与劳动者建立劳动关系。用人单位应当建立职工

名册备查。

第八条　用人单位招用劳动者时，应当如实告知劳动者工作内容、工作条件、工作地点、职业危害、安全生产状况、劳动报酬，以及劳动者要求了解的其他情况；用人单位有权了解劳动者与劳动合同直接相关的基本情况，劳动者应当如实说明。

第九条　用人单位招用劳动者，不得扣押劳动者的居民身份证和其他证件，不得要求劳动者提供担保或者以其他名义向劳动者收取财物。

第十条　建立劳动关系，应当订立书面劳动合同。

已建立劳动关系，未同时订立书面劳动合同的，应当自用工之日起一个月内订立书面劳动合同。

用人单位与劳动者在用工前订立劳动合同的，劳动关系自用工之日起建立。

第十一条　用人单位未在用工的同时订立书面劳动合同，与劳动者约定的劳动报酬不明确的，新招用的劳动者的劳动报酬按照集体合同规定的标准执行；没有集体合同或者集体合同未规定的，实行同工同酬。

第十二条　劳动合同分为固定期限劳动合同、无固定期限劳动合同和以完成一定工作任务为期限的劳动合同。

第十三条　固定期限劳动合同，是指用人单位与劳动者约定合同终止时间的劳动合同。

用人单位与劳动者协商一致，可以订立固定期限劳动合同。

第十四条　无固定期限劳动合同，是指用人单位与劳动者约定无确定终止时间的劳动合同。

用人单位与劳动者协商一致，可以订立无固定期限劳动合同。有下列情形之一，劳动者提出或者同意续订、订立劳动合同的，除劳动者提出订立固定期限劳动合同外，应当订立无固定期限劳动合同：

（一）劳动者在该用人单位连续工作满十年的；

（二）用人单位初次实行劳动合同制度或者国有企业改制重新订立劳动合同时，劳动者在该用人单位连续工作满十年且距法定退休年龄不足十年的；

（三）连续订立二次固定期限劳动合同，且劳动者没有本法第三十九条和第四十条第一项、第二项规定的情形，续订劳动合同的。

用人单位自用工之日起满一年不与劳动者订立书面劳动合同的，视为用人单位与劳动者已订立无固定期限劳动合同。

第十五条　以完成一定工作任务为期限的劳动合同，是指用人单位与劳动者约定以某项工作的完成为合同期限的劳动合同。

用人单位与劳动者协商一致，可以订立以完成一定工作任务为期限的劳动合同。

第十六条　劳动合同由用人单位与劳动者协商一致，并经用人单位与劳动者在劳动合同文本上签字或者盖章生效。

劳动合同文本由用人单位和劳动者各执一份。

第十七条　劳动合同应当具备以下条款：

（一）用人单位的名称、住所和法定代表人或者主要负责人；

（二）劳动者的姓名、住址和居民身份证或者其他有效身份证件号码；

（三）劳动合同期限；

（四）工作内容和工作地点；

（五）工作时间和休息休假；

（六）劳动报酬；

（七）社会保险；

（八）劳动保护、劳动条件和职业危害防护；

（九）法律、法规规定应当纳入劳动合同的其他事项。

劳动合同除前款规定的必备条款外，用人单位与劳动者可以约定试用期、培训、保守秘密、补充保险和福利待遇等其他事项。

第十八条 劳动合同对劳动报酬和劳动条件等标准约定不明确，引发争议的，用人单位与劳动者可以重新协商；协商不成的，适用集体合同规定；没有集体合同或者集体合同未规定劳动报酬的，实行同工同酬；没有集体合同或者集体合同未规定劳动条件等标准的，适用国家有关规定。

第十九条 劳动合同期限三个月以上不满一年的，试用期不得超过一个月；劳动合同期限一年以上不满三年的，试用期不得超过二个月；三年以上固定期限和无固定期限的劳动合同，试用期不得超过六个月。

同一用人单位与同一劳动者只能约定一次试用期。

以完成一定工作任务为期限的劳动合同或者劳动合同期限不满三个月的，不得约定试用期。

试用期包含在劳动合同期限内。劳动合同仅约定试用期的，试用期不成立，该期限为劳动合同期限。

第二十条 劳动者在试用期的工资不得低于本单位相同岗位最低档工资或者劳动合同约定工资的百分之八十，并不得低于用人单位所在地的最低工资标准。

第二十一条 在试用期中，除劳动者有本法第三十九条和第四十条第一项、第二项规定的情形外，用人单位不得解除劳动合同。用人单位在试用期解除劳动合同的，应当向劳动者说明理由。

第二十二条 用人单位为劳动者提供专项培训费用，对其进行专业技术培训的，可以与该劳动者订立协议，约定服务期。

劳动者违反服务期约定的，应当按照约定向用人单位支付违约金。违约金的数额不得超过用人单位提供的培训费用。用人单位要求劳动者支付的违约金不得超过服务期尚未履行部分所应分摊的培训费用。

用人单位与劳动者约定服务期的，不影响按照正常的工资调整机制提高劳动者在服务期期间的劳动报酬。

第二十三条 用人单位与劳动者可以在劳动合同中约定保守用人单位的商业秘密和与知识产权相关的保密事项。

对负有保密义务的劳动者，用人单位可以在劳动合同或者保密协议中与劳动者约定竞业限制条款，并约定在解除或者终止劳动合同后，在竞业限制期限内按月给予劳动者经济补偿。劳动者违反竞业限制约定的，应当按照约定向用人单位支付违约金。

第二十四条 竞业限制的人员限于用人单位的高级管理人员、高级技术人员和其他负有保密义务的人员。竞业限制的范围、地域、期限由用人单位与劳动者约定，竞业限制的约定不得违反法律、法规的规定。

在解除或者终止劳动合同后，前款规定的人员到与本单位生产或者经营同类产品、从事同类业务的有竞争关系的其他用人单位，或者自己开业生产或者经营同类产品、从事同类业务的竞业限制期限，不得超过二年。

第二十五条 除本法第二十二条和第二十三条规定的情形外，用人单位不得与劳动者约定由劳动者承担违约金。

第二十六条 下列劳动合同无效或者部分无效：

（一）以欺诈、胁迫的手段或者乘人之危，使对方在违背真实意思的情况下订立或者变更劳动合同的；

（二）用人单位免除自己的法定责任、排除劳动者权利的；

（三）违反法律、行政法规强制性规定的。

对劳动合同的无效或者部分无效有争议的，由劳动合同仲裁机构或者人民法院确认。

第二十七条 劳动合同部分无效，不影响其他部分效力的，其他部分仍然有效。

第二十八条 劳动合同被确认无效，劳动者已付出劳动的，用人单位应当向劳动者支付劳动报酬。劳动报酬的数额，参照本单位相同或者相近岗位劳动者的劳动报酬确定。

第三章 劳动合同的履行和变更

第二十九条 用人单位与劳动者应当按照劳动合同的约定，全面履行各自的义务。

第三十条 用人单位应当按照劳动合同约定和国家规定，向劳动者及时足额支付劳动报酬。

用人单位拖欠或者未足额支付劳动报酬的，劳动者可以依法向当地人民法院申请支付令，人民法院应当依法发出支付令。

第三十一条 用人单位应当严格执行劳动定额标准，不得强迫或者变相强迫劳动者加班。用人单位安排加班的，应当按照国家有关规定向劳动者支付加班费。

第三十二条 劳动者拒绝用人单位管理人员违章指挥、强令冒险作业的，不视为违反劳动合同。

劳动者对危害生命安全和身体健康的劳动条件，有权对用人单位提出批评、检举和控告。

第三十三条 用人单位变更名称、法定代表人、主要负责人或者投资人等事项，不影响劳动合同的履行。

第三十四条 用人单位发生合并或者分立等情况，原劳动合同继续有效，劳动合同由承继其权利和义务的用人单位继续履行。

第三十五条 用人单位与劳动者协商一致，可以变更劳动合同约定的内容。变更劳动合同，应当采用书面形式。

变更后的劳动合同文本由用人单位和劳动者各执一份。

第四章　劳动合同的解除和终止

第三十六条　用人单位与劳动者协商一致，可以解除劳动合同。

第三十七条　劳动者提前三十日以书面形式通知用人单位，可以解除劳动合同。劳动者在试用期内提前三日通知用人单位，可以解除劳动合同。

第三十八条　用人单位有下列情形之一的，劳动者可以解除劳动合同：

（一）未按照劳动合同约定提供劳动保护或者劳动条件的；

（二）未及时足额支付劳动报酬的；

（三）未依法为劳动者缴纳社会保险费的；

（四）用人单位的规章制度违反法律、法规的规定，损害劳动者权益的；

（五）因本法第二十六条第一款规定的情形致使劳动合同无效的；

（六）法律、行政法规规定劳动者可以解除劳动合同的其他情形。

用人单位以暴力、威胁或者非法限制人身自由的手段强迫劳动者劳动的，或者用人单位违章指挥、强令冒险作业危及劳动者人身安全的，劳动者可以立即解除劳动合同，不需事先告知用人单位。

第三十九条　劳动者有下列情形之一的，用人单位可以解除劳动合同：

（一）在试用期间被证明不符合录用条件的；

（二）严重违反用人单位的规章制度的；

（三）严重失职，营私舞弊，给用人单位造成重大损害的；

（四）劳动者同时与其他用人单位建立劳动关系，对完成本单位的工作任务造成严重影响，或者经用人单位提出，拒不改正的；

（五）因本法第二十六条第一款第一项规定的情形致使劳动合同无效的；

（六）被依法追究刑事责任的。

第四十条　有下列情形之一的，用人单位提前三十日以书面形式通知劳动者本人或者额外支付劳动者一个月工资后，可以解除劳动合同：

（一）劳动者患病或者非因工负伤，在规定的医疗期满后不能从事原工作，也不能从事由用人单位另行安排的工作的；

（二）劳动者不能胜任工作，经过培训或者调整工作岗位，仍不能胜任工作的；

（三）劳动合同订立时所依据的客观情况发生重大变化，致使劳动合同无法履行，经用人单位与劳动者协商，未能就变更劳动合同内容达成协议的。

第四十一条　有下列情形之一，需要裁减人员二十人以上或者裁减不足二十人但占企业职工总数百分之十以上的，用人单位提前三十日向工会或者全体职工说明情况，听取工会或者职工的意见后，裁减人员方案经向劳动行政部门报告，可以裁减人员：

（一）依照企业破产法规定进行重整的；

（二）生产经营发生严重困难的；

（三）企业转产、重大技术革新或者经营方式调整，经变更劳动合同后，仍需裁减人

员的；

（四）其他因劳动合同订立时所依据的客观经济情况发生重大变化，致使劳动合同无法履行的。

裁减人员时，应当优先留用下列人员：

（一）与本单位订立较长期限的固定期限劳动合同的；

（二）与本单位订立无固定期限劳动合同的；

（三）家庭无其他就业人员，有需要扶养的老人或者未成年人的。

用人单位依照本条第一款规定裁减人员，在六个月内重新招用人员的，应当通知被裁减的人员，并在同等条件下优先招用被裁减的人员。

第四十二条 劳动者有下列情形之一的，用人单位不得依照本法第四十条、第四十一条的规定解除劳动合同：

（一）从事接触职业病危害作业的劳动者未进行离岗前职业健康检查，或者疑似职业病病人在诊断或者医学观察期间的；

（二）在本单位患职业病或者因工负伤并被确认丧失或者部分丧失劳动能力的；

（三）患病或者非因工负伤，在规定的医疗期内的；

（四）女职工在孕期、产期、哺乳期的；

（五）在本单位连续工作满十五年，且距法定退休年龄不足五年的；

（六）法律、行政法规规定的其他情形。

第四十三条 用人单位单方解除劳动合同，应当事先将理由通知工会。用人单位违反法律、行政法规规定或者劳动合同约定的，工会有权要求用人单位纠正。用人单位应当研究工会的意见，并将处理结果书面通知工会。

第四十四条 有下列情形之一的，劳动合同终止：

（一）劳动合同期满的；

（二）劳动者开始依法享受基本养老保险待遇的；

（三）劳动者死亡，或者被人民法院宣告死亡或者宣告失踪的；

（四）用人单位被依法宣告破产的；

（五）用人单位被吊销营业执照、责令关闭、撤销或者用人单位决定提前解散的；

（六）法律、行政法规规定的其他情形。

第四十五条 劳动合同期满，有本法第四十二条规定情形之一的，劳动合同应当续延至相应的情形消失时终止。但是，本法第四十二条第二项规定丧失或者部分丧失劳动能力劳动者的劳动合同的终止，按照国家有关工伤保险的规定执行。

第四十六条 有下列情形之一的，用人单位应当向劳动者支付经济补偿：

（一）劳动者依照本法第三十八条规定解除劳动合同的；

（二）用人单位依照本法第三十六条规定向劳动者提出解除劳动合同并与劳动者协商一致解除劳动合同的；

（三）用人单位依照本法第四十条规定解除劳动合同的；

（四）用人单位依照本法第四十一条第一款规定解除劳动合同的；

（五）除用人单位维持或者提高劳动合同约定条件续订劳动合同，劳动者不同意续订的情形外，依照本法第四十四条第一项规定终止固定期限劳动合同的；

（六）依照本法第四十四条第四项、第五项规定终止劳动合同的；

（七）法律、行政法规规定的其他情形。

第四十七条 经济补偿按劳动者在本单位工作的年限，每满一年支付一个月工资的标准向劳动者支付。六个月以上不满一年的，按一年计算；不满六个月的，向劳动者支付半个月工资的经济补偿。

劳动者月工资高于用人单位所在直辖市、设区的市级人民政府公布的本地区上年度职工月平均工资三倍的，向其支付经济补偿的标准按职工月平均工资三倍的数额支付，向其支付经济补偿的年限最高不超过十二年。

本条所称月工资是指劳动者在劳动合同解除或者终止前十二个月的平均工资。

第四十八条 用人单位违反本法规定解除或者终止劳动合同，劳动者要求继续履行劳动合同的，用人单位应当继续履行；劳动者不要求继续履行劳动合同或者劳动合同已经不能继续履行的，用人单位应当依照本法第八十七条规定支付赔偿金。

第四十九条 国家采取措施，建立健全劳动者社会保险关系跨地区转移接续制度。

第五十条 用人单位应当在解除或者终止劳动合同时出具解除或者终止劳动合同的证明，并在十五日内为劳动者办理档案和社会保险关系转移手续。

劳动者应当按照双方约定，办理工作交接。用人单位依照本法有关规定应当向劳动者支付经济补偿的，在办结工作交接时支付。

用人单位对已经解除或者终止的劳动合同的文本，至少保存二年备查。

第五章　特别规定

第一节　集体合同

第五十一条 企业职工一方与用人单位通过平等协商，可以就劳动报酬、工作时间、休息休假、劳动安全卫生、保险福利等事项订立集体合同。集体合同草案应当提交职工代表大会或者全体职工讨论通过。

集体合同由工会代表企业职工一方与用人单位订立；尚未建立工会的用人单位，由上级工会指导劳动者推举的代表与用人单位订立。

第五十二条 企业职工一方与用人单位可以订立劳动安全卫生、女职工权益保护、工资调整机制等专项集体合同。

第五十三条 在县级以下区域内，建筑业、采矿业、餐饮服务业等行业可以由工会与企业方面代表订立行业性集体合同，或者订立区域性集体合同。

第五十四条 集体合同订立后，应当报送劳动行政部门；劳动行政部门自收到集体合同文本之日起十五日内未提出异议的，集体合同即行生效。

依法订立的集体合同对用人单位和劳动者具有约束力。行业性、区域性集体合同对当地本行业、本区域的用人单位和劳动者具有约束力。

第五十五条 集体合同中劳动报酬和劳动条件等标准不得低于当地人民政府规定的

最低标准；用人单位与劳动者订立的劳动合同中劳动报酬和劳动条件等标准不得低于集体合同规定的标准。

第五十六条　用人单位违反集体合同，侵犯职工劳动权益的，工会可以依法要求用人单位承担责任；因履行集体合同发生争议，经协商解决不成的，工会可以依法申请仲裁、提起诉讼。

第二节　劳务派遣

第五十七条　劳务派遣单位应当依照公司法的有关规定设立，注册资本不得少于五十万元。

第五十八条　劳务派遣单位是本法所称用人单位，应当履行用人单位对劳动者的义务。劳务派遣单位与被派遣劳动者订立的劳动合同，除应当载明本法第十七条规定的事项外，还应当载明被派遣劳动者的用工单位以及派遣期限、工作岗位等情况。

劳务派遣单位应当与被派遣劳动者订立二年以上的固定期限劳动合同，按月支付劳动报酬；被派遣劳动者在无工作期间，劳务派遣单位应当按照所在地人民政府规定的最低工资标准，向其按月支付报酬。

第五十九条　劳务派遣单位派遣劳动者应当与接受以劳务派遣形式用工的单位（以下称用工单位）订立劳务派遣协议。劳务派遣协议应当约定派遣岗位和人员数量、派遣期限、劳动报酬和社会保险费的数额与支付方式以及违反协议的责任。

用工单位应当根据工作岗位的实际需要与劳务派遣单位确定派遣期限，不得将连续用工期限分割订立数个短期劳务派遣协议。

第六十条　劳务派遣单位应当将劳务派遣协议的内容告知被派遣劳动者。

劳务派遣单位不得克扣用工单位按照劳务派遣协议支付给被派遣劳动者的劳动报酬。

劳务派遣单位和用工单位不得向被派遣劳动者收取费用。

第六十一条　劳务派遣单位跨地区派遣劳动者的，被派遣劳动者享有的劳动报酬和劳动条件，按照用工单位所在地的标准执行。

第六十二条　用工单位应当履行下列义务：

（一）执行国家劳动标准，提供相应的劳动条件和劳动保护；

（二）告知被派遣劳动者的工作要求和劳动报酬；

（三）支付加班费、绩效奖金，提供与工作岗位相关的福利待遇；

（四）对在岗被派遣劳动者进行工作岗位所必需的培训；

（五）连续用工的，实行正常的工资调整机制。

用工单位不得将被派遣劳动者再派遣到其他用人单位。

第六十三条　被派遣劳动者享有与用工单位的劳动者同工同酬的权利。用工单位无同类岗位劳动者的，参照用工单位所在地相同或者相近岗位劳动者的劳动报酬确定。

第六十四条　被派遣劳动者有权在劳务派遣单位或者用工单位依法参加或者组织工会，维护自身的合法权益。

第六十五条　被派遣劳动者可以依照本法第三十六条、第三十八条的规定与劳务派遣单位解除劳动合同。

被派遣劳动者有本法第三十九条和第四十条第一项、第二项规定情形的，用工单位可以将劳动者退回劳务派遣单位，劳务派遣单位依照本法有关规定，可以与劳动者解除劳动合同。

第六十六条 劳务派遣一般在临时性、辅助性或者替代性的工作岗位上实施。

第六十七条 用人单位不得设立劳务派遣单位向本单位或者所属单位派遣劳动者。

第三节 非全日制用工

第六十八条 非全日制用工，是指以小时计酬为主，劳动者在同一用人单位一般平均每日工作时间不超过四小时，每周工作时间累计不超过二十四小时的用工形式。

第六十九条 非全日制用工双方当事人可以订立口头协议。

从事非全日制用工的劳动者可以与一个或者一个以上用人单位订立劳动合同；但是，后订立的劳动合同不得影响先订立的劳动合同的履行。

第七十条 非全日制用工双方当事人不得约定试用期。

第七十一条 非全日制用工双方当事人任何一方都可以随时通知对方终止用工。终止用工，用人单位不向劳动者支付经济补偿。

第七十二条 非全日制用工小时计酬标准不得低于用人单位所在地人民政府规定的最低小时工资标准。

非全日制用工劳动报酬结算支付周期最长不得超过十五日。

第六章 监督检查

第七十三条 国务院劳动行政部门负责全国劳动合同制度实施的监督管理。

县级以上地方人民政府劳动行政部门负责本行政区域内劳动合同制度实施的监督管理。

县级以上各级人民政府劳动行政部门在劳动合同制度实施的监督管理工作中，应当听取工会、企业方面代表以及有关行业主管部门的意见。

第七十四条 县级以上地方人民政府劳动行政部门依法对下列实施劳动合同制度的情况进行监督检查：

（一）用人单位制定直接涉及劳动者切身利益的规章制度及其执行的情况；

（二）用人单位与劳动者订立和解除劳动合同的情况；

（三）劳务派遣单位和用工单位遵守劳务派遣有关规定的情况；

（四）用人单位遵守国家关于劳动者工作时间和休息休假规定的情况；

（五）用人单位支付劳动合同约定的劳动报酬和执行最低工资标准的情况；

（六）用人单位参加各项社会保险和缴纳社会保险费的情况；

（七）法律、法规规定的其他劳动监察事项。

第七十五条 县级以上地方人民政府劳动行政部门实施监督检查时，有权查阅与劳动合同、集体合同有关的材料，有权对劳动场所进行实地检查，用人单位和劳动者都应当如实提供有关情况和材料。

劳动行政部门的工作人员进行监督检查，应当出示证件，依法行使职权，文明执法。

第七十六条 县级以上人民政府建设、卫生、安全生产监督管理等有关主管部门在各自职责范围内，对用人单位执行劳动合同制度的情况进行监督管理。

第七十七条 劳动者合法权益受到侵害的，有权要求有关部门依法处理，或者依法申请仲裁、提起诉讼。

第七十八条 工会依法维护劳动者的合法权益，对用人单位履行劳动合同、集体合同的情况进行监督。用人单位违反劳动合同律、法规和劳动合同、集体合同的，工会有权提出意见或者要求纠正；劳动者申请仲裁、提起诉讼的，工会依法给予支持和帮助。

第七十九条 任何组织或者个人对违反本法的行为都有权举报，县级以上人民政府劳动行政部门应当及时核实、处理，并对举报有功人员给予奖励。

第七章 法律责任

第八十条 用人单位直接涉及劳动者切身利益的规章制度违反法律、法规规定的，由劳动行政部门责令改正，给予警告；给劳动者造成损害的，应当承担赔偿责任。

第八十一条 用人单位提供的劳动合同文本未载明本法规定的劳动合同必备条款或者用人单位未将劳动合同文本交付劳动者的，由劳动行政部门责令改正；给劳动者造成损害的，应当承担赔偿责任。

第八十二条 用人单位自用工之日起超过一个月不满一年未与劳动者订立书面劳动合同的，应当向劳动者每月支付二倍的工资。

用人单位违反本法规定不与劳动者订立无固定期限劳动合同的，自应当订立无固定期限劳动合同之日起向劳动者每月支付二倍的工资。

第八十三条 用人单位违反本法规定与劳动者约定试用期的，由劳动行政部门责令改正；违法约定的试用期已经履行的，由用人单位以劳动者试用期满月工资为标准，按已经履行的超过法定试用期的期间向劳动者支付赔偿金。

第八十四条 用人单位违反本法规定，扣押劳动者居民身份证等证件的，由劳动行政部门责令限期退还劳动者本人，并依照有关法律规定给予处罚。

用人单位违反本法规定，以担保或者其他名义向劳动者收取财物的，由劳动行政部门责令限期退还劳动者本人，并以每人五百元以上二千元以下的标准处以罚款；给劳动者造成损害的，应当承担赔偿责任。

劳动者依法解除或者终止劳动合同，用人单位扣押劳动者档案或者其他物品的，依照前款规定处罚。

第八十五条 用人单位有下列情形之一的，由劳动行政部门责令限期支付劳动报酬、加班费或者经济补偿；劳动报酬低于当地最低工资标准的，应当支付其差额部分；逾期不支付的，责令用人单位按应付金额百分之五十以上百分之一百以下的标准向劳动者加付赔偿金：

（一）未按照劳动合同的约定或者国家规定及时足额支付劳动者劳动报酬的；

（二）低于当地最低工资标准支付劳动者工资的；

（三）安排加班不支付加班费的；

（四）解除或者终止劳动合同，未依照本法规定向劳动者支付经济补偿的。

第八十六条 劳动合同依照本法第二十六条规定被确认无效，给对方造成损害的，有过错的一方应当承担赔偿责任。

第八十七条 用人单位违反本法规定解除或者终止劳动合同的，应当依照本法第四十七条规定的经济补偿标准的二倍向劳动者支付赔偿金。

第八十八条 用人单位有下列情形之一的，依法给予行政处罚；构成犯罪的，依法追究刑事责任；给劳动者造成损害的，应当承担赔偿责任：

（一）以暴力、威胁或者非法限制人身自由的手段强迫劳动的；

（二）违章指挥或者强令冒险作业危及劳动者人身安全的；

（三）侮辱、体罚、殴打、非法搜查或者拘禁劳动者的；

（四）劳动条件恶劣、环境污染严重，给劳动者身心健康造成严重损害的。

第八十九条 用人单位违反本法规定未向劳动者出具解除或者终止劳动合同的书面证明，由劳动行政部门责令改正；给劳动者造成损害的，应当承担赔偿责任。

第九十条 劳动者违反本法规定解除劳动合同，或者违反劳动合同中约定的保密义务或者竞业限制，给用人单位造成损失的，应当承担赔偿责任。

第九十一条 用人单位招用与其他用人单位尚未解除或者终止劳动合同的劳动者，给其他用人单位造成损失的，应当承担连带赔偿责任。

第九十二条 劳务派遣单位违反本法规定的，由劳动行政部门和其他有关主管部门责令改正；情节严重的，以每人一千元以上五千元以下的标准处以罚款，并由工商行政管理部门吊销营业执照；给被派遣劳动者造成损害的，劳务派遣单位与用工单位承担连带赔偿责任。

第九十三条 对不具备合法经营资格的用人单位的违法犯罪行为，依法追究法律责任；劳动者已经付出劳动的，该单位或者其出资人应当依照本法有关规定向劳动者支付劳动报酬、经济补偿、赔偿金；给劳动者造成损害的，应当承担赔偿责任。

第九十四条 个人承包经营违反本法规定招用劳动者，给劳动者造成损害的，发包的组织与个人承包经营者承担连带赔偿责任。

第九十五条 劳动行政部门和其他有关主管部门及其工作人员玩忽职守、不履行法定职责，或者违法行使职权，给劳动者或者用人单位造成损害的，应当承担赔偿责任；对直接负责的主管人员和其他直接责任人员，依法给予行政处分；构成犯罪的，依法追究刑事责任。

第八章 附 则

第九十六条 事业单位与实行聘用制的工作人员订立、履行、变更、解除或者终止劳动合同，法律、行政法规或者国务院另有规定的，依照其规定；未作规定的，依照本法有关规定执行。

第九十七条 本法施行前已依法订立且在本法施行之日存续的劳动合同，继续履行；

本法第十四条第二款第三项规定连续订立固定期限劳动合同的次数，自本法施行后续订固定期限劳动合同时开始计算。

本法施行前已建立劳动关系，尚未订立书面劳动合同的，应当自本法施行之日起一个月内订立。

本法施行之日存续的劳动合同在本法施行后解除或者终止，依照本法第四十六条规定应当支付经济补偿的，经济补偿年限自本法施行之日起计算；本法施行前按照当时有关规定，用人单位应当向劳动者支付经济补偿的，按照当时有关规定执行。

第九十八条 本法自 2008 年 1 月 1 日起施行。

就业服务与就业管理规定

第一章　总　则

第一条　为了加强就业服务和就业管理，培育和完善统一开放、竞争有序的人力资源市场，为劳动者就业和用人单位招用人员提供服务，根据就业促进法等法律、行政法规，制定本规定。

第二条　劳动者求职与就业，用人单位招用人员，劳动保障行政部门举办的公共就业服务机构和经劳动保障行政部门审批的职业中介机构从事就业服务活动，适用本规定。

本规定所称用人单位，是指在中华人民共和国境内的企业、个体经济组织、民办非企业单位等组织，以及招用与之建立劳动关系的劳动者的国家机关、事业单位、社会团体。

第三条　县级以上劳动保障行政部门依法开展本行政区域内的就业服务和就业管理工作。

第二章　求职与就业

第四条　劳动者依法享有平等就业的权利。劳动者就业，不因民族、种族、性别、宗教信仰等不同而受歧视。

第五条　农村劳动者进城就业享有与城镇劳动者平等的就业权利，不得对农村劳动者进城就业设置歧视性限制。

第六条　劳动者依法享有自主择业的权利。劳动者年满 16 周岁，有劳动能力且有就业愿望的，可凭本人身份证件，通过公共就业服务机构、职业中介机构介绍或直接联系用人单位等渠道求职。

第七条　劳动者求职时，应当如实向公共就业服务机构或职业中介机构、用人单位提供个人基本情况以及与应聘岗位直接相关的知识技能、工作经历、就业现状等情况，并出示相关证明。

第八条　劳动者应当树立正确的择业观念，提高就业能力和创业能力。

国家鼓励劳动者在就业前接受必要的职业教育或职业培训，鼓励城镇初高中毕业生在就业前参加劳动预备制培训。

国家鼓励劳动者自主创业、自谋职业。各级劳动保障行政部门应当会同有关部门，简化程序，提高效率，为劳动者自主创业、自谋职业提供便利和相应服务。

第三章　招用人员

第九条　用人单位依法享有自主用人的权利。用人单位招用人员，应当向劳动者提供平等的就业机会和公平的就业条件。

第十条　用人单位可以通过下列途径自主招用人员：

（一）委托公共就业服务机构或职业中介机构；

（二）参加职业招聘洽谈会；

（三）委托报纸、广播、电视、互联网站等大众传播媒介发布招聘信息；

（四）利用本企业场所、企业网站等自有途径发布招聘信息；

（五）其他合法途径。

第十一条　用人单位委托公共就业服务机构或职业中介机构招用人员，或者参加招聘洽谈会时，应当提供招用人员简章，并出示营业执照（副本）或者有关部门批准其设立的文件、经办人的身份证件和受用人单位委托的证明。

招用人员简章应当包括用人单位基本情况、招用人数、工作内容、招录条件、劳动报酬、福利待遇、社会保险等内容，以及法律、法规规定的其他内容。

第十二条　用人单位招用人员时，应当依法如实告知劳动者有关工作内容、工作条件、工作地点、职业危害、安全生产状况、劳动报酬以及劳动者要求了解的其他情况。

用人单位应当根据劳动者的要求，及时向其反馈是否录用的情况。

第十三条　用人单位应当对劳动者的个人资料予以保密。公开劳动者的个人资料信息和使用劳动者的技术、智力成果，须经劳动者本人书面同意。

第十四条　用人单位招用人员不得有下列行为：

（一）提供虚假招聘信息，发布虚假招聘广告；

（二）扣押被录用人员的居民身份证和其他证件；

（三）以担保或者其他名义向劳动者收取财物；

（四）招用未满 16 周岁的未成年人以及国家法律、行政法规规定不得招用的其他人员；

（五）招用无合法身份证件的人员；

（六）以招用人员为名牟取不正当利益或进行其他违法活动。

第十五条　用人单位不得以诋毁其他用人单位信誉、商业贿赂等不正当手段招聘人员。

第十六条　用人单位在招用人员时，除国家规定的不适合妇女从事的工种或者岗位外，不得以性别为由拒绝录用妇女或者提高对妇女的录用标准。

用人单位录用女职工，不得在劳动合同中规定限制女职工结婚、生育的内容。

第十七条　用人单位招用人员，应当依法对少数民族劳动者给予适当照顾。

第十八条　用人单位招用人员，不得歧视残疾人。

第十九条　用人单位招用人员，不得以是传染病病原携带者为由拒绝录用。但是，经医学鉴定传染病病原携带者在治愈前或者排除传染嫌疑前，不得从事法律、行政法规和国务院卫生行政部门规定禁止从事的易使传染病扩散的工作。

用人单位招用人员，除国家法律、行政法规和国务院卫生行政部门规定禁止乙肝病原携带者从事的工作外，不得强行将乙肝病毒血清学指标作为体检标准。

第二十条 用人单位发布的招用人员简章或招聘广告，不得包含歧视性内容。

第二十一条 用人单位招用从事涉及公共安全、人身健康、生命财产安全等特殊工种的劳动者，应当依法招用持相应工种职业资格证书的人员；招用未持相应工种职业资格证书人员的，须组织其在上岗前参加专门培训，使其取得职业资格证书后方可上岗。

第二十二条 用人单位招用台港澳人员后，应当按有关规定到当地劳动保障行政部门备案，并为其办理《台港澳人员就业证》。

第二十三条 用人单位招用外国人，应当在外国人入境前，按有关规定到当地劳动保障行政部门为其申请就业许可，经批准并获得《中华人民共和国外国人就业许可证书》后方可招用。

用人单位招用外国人的岗位必须是有特殊技能要求、国内暂无适当人选的岗位，并且不违反国家有关规定。

第四章 公共就业服务

第二十四条 县级以上劳动保障行政部门统筹管理本行政区域内的公共就业服务工作，根据政府制定的发展计划，建立健全覆盖城乡的公共就业服务体系。

公共就业服务机构根据政府确定的就业工作目标任务，制定就业服务计划，推动落实就业扶持政策，组织实施就业服务项目，为劳动者和用人单位提供就业服务，开展人力资源市场调查分析，并受劳动保障行政部门委托经办促进就业的相关事务。

第二十五条 公共就业服务机构应当免费为劳动者提供以下服务：

（一）就业政策法规咨询；

（二）职业供求信息、市场工资指导价位信息和职业培训信息发布；

（三）职业指导和职业介绍；

（四）对就业困难人员实施就业援助；

（五）办理就业登记、失业登记等事务；

（六）其他公共就业服务。

第二十六条 公共就业服务机构应当积极拓展服务功能，根据用人单位需求提供以下服务：

（一）招聘用人指导服务；

（二）代理招聘服务；

（三）跨地区人员招聘服务；

（四）企业人力资源管理咨询等专业性服务；

（五）劳动保障事务代理服务；

（六）为满足用人单位需求开发的其他就业服务项目。

公共就业服务机构从事劳动保障事务代理业务，须经县级以上劳动保障行政部门

批准。

第二十七条 公共就业服务机构应当加强职业指导工作，配备专（兼）职职业指导工作人员，向劳动者和用人单位提供职业指导服务。

职业指导工作人员经过专业资格培训并考核合格，获得相应的国家职业资格证书方可上岗。

公共就业服务机构应当为职业指导工作提供相应的设施和条件，推动职业指导工作的开展，加强对职业指导工作的宣传。

第二十八条 职业指导工作包括以下内容：

（一）向劳动者和用人单位提供国家有关劳动保障的法律法规和政策、人力资源市场状况咨询；

（二）帮助劳动者了解职业状况，掌握求职方法，确定择业方向，增强择业能力；

（三）向劳动者提出培训建议，为其提供职业培训相关信息；

（四）开展对劳动者个人职业素质和特点的测试，并对其职业能力进行评价；

（五）对妇女、残疾人、少数民族人员及退出现役的军人等就业群体提供专门的职业指导服务；

（六）对大中专学校、职业院校、技工学校学生的职业指导工作提供咨询和服务；

（七）对准备从事个体劳动或开办私营企业的劳动者提供创业咨询服务；

（八）为用人单位提供选择招聘方法、确定用人条件和标准等方面的招聘用人指导；

（九）为职业培训机构确立培训方向和专业设置等提供咨询参考。

第二十九条 公共就业服务机构在劳动保障行政部门的指导下，组织实施劳动力资源调查和就业、失业状况统计工作。

第三十条 公共就业服务机构应当针对特定就业群体的不同需求，制定并组织实施专项计划。

公共就业服务机构应当根据服务对象的特点，在一定时期内为不同类型的劳动者、就业困难对象或用人单位集中组织活动，开展专项服务。

公共就业服务机构受劳动保障行政部门委托，可以组织开展促进就业的专项工作。

第三十一条 县级以上公共就业服务机构建立综合性服务场所，集中为劳动者和用人单位提供一站式就业服务，并承担劳动保障行政部门安排的其他工作。

街道、乡镇、社区公共就业服务机构建立基层服务窗口，开展以就业援助为重点的公共就业服务，实施劳动力资源调查统计，并承担上级劳动保障行政部门安排的其他就业服务工作。

公共就业服务机构使用全国统一标识。

第三十二条 公共就业服务机构应当不断提高服务的质量和效率。

公共就业服务机构应当加强内部管理，完善服务功能，统一服务流程，按照国家制定的服务规范和标准，为劳动者和用人单位提供优质高效的就业服务。

公共就业服务机构应当加强工作人员的政策、业务和服务技能培训，组织职业指导人员、职业信息分析人员、劳动保障协理员等专业人员参加相应职业资格培训。

公共就业服务机构应当公开服务制度，主动接受社会监督。

第三十三条 县级以上劳动保障行政部门和公共就业服务机构应当按照劳动保障信息化建设的统一规划、标准和规范，建立完善人力资源市场信息网络及相关设施。

公共就业服务机构应当逐步实行信息化管理与服务，在城市内实现就业服务、失业保险、就业培训信息共享和公共就业服务全程信息化管理，并逐步实现与劳动工资信息、社会保险信息的互联互通和信息共享。

第三十四条 公共就业服务机构应当建立健全人力资源市场信息服务体系，完善职业供求信息、市场工资指导价位信息、职业培训信息、人力资源市场分析信息的发布制度，为劳动者求职择业、用人单位招用人员以及培训机构开展培训提供支持。

第三十五条 县级以上劳动保障行政部门应当按照信息化建设统一要求，逐步实现全国人力资源市场信息联网。其中，城市应当按照劳动保障数据中心建设的要求，实现网络和数据资源的集中和共享；省、自治区应当建立人力资源市场信息网省级监测中心，对辖区内人力资源市场信息进行监测；劳动保障部设立人力资源市场信息网全国监测中心，对全国人力资源市场信息进行监测和分析。

第三十六条 县级以上劳动保障行政部门应当对公共就业服务机构加强管理，定期对其完成各项任务情况进行绩效考核。

第三十七条 公共就业服务经费纳入同级财政预算。各级劳动保障行政部门和公共就业服务机构应当根据财政预算编制的规定，依法编制公共就业服务年度预算，报经同级财政部门审批后执行。

公共就业服务机构可以按照就业专项资金管理相关规定，依法申请公共就业服务专项扶持经费。

公共就业服务机构接受社会各界提供的捐赠和资助，按照国家有关法律法规管理和使用。

公共就业服务机构为用人单位提供的服务，应当规范管理，严格控制服务收费。确需收费的，具体项目由省级劳动保障行政部门会同相关部门规定。

第二十八条 公共就业服务机构不得从事经营性活动。

公共就业服务机构举办的招聘会，不得向劳动者收取费用。

第三十九条 各级残疾人联合会所属的残疾人就业服务机构是公共就业服务机构的组成部分，负责为残疾劳动者提供相关就业服务，并经劳动保障行政部门委托，承担残疾劳动者的就业登记、失业登记工作。

第五章 就业援助

第四十条 公共就业服务机构应当制定专门的就业援助计划，对就业援助对象实施优先扶持和重点帮助。

本规定所称就业援助对象包括就业困难人员和零就业家庭。就业困难对象是指因身体状况、技能水平、家庭因素、失去土地等原因难以实现就业，以及连续失业一定时间仍未能实现就业的人员。零就业家庭是指法定劳动年龄内的家庭人员均处于失业状况的城市居民家庭。

对援助对象的认定办法，由省级劳动保障行政部门依据当地人民政府规定的就业援助对象范围制定。

第四十一条　就业困难人员和零就业家庭可以向所在地街道、社区公共就业服务机构申请就业援助。经街道、社区公共就业服务机构确认属实的，纳入就业援助范围。

第四十二条　公共就业服务机构应当建立就业困难人员帮扶制度，通过落实各项就业扶持政策、提供就业岗位信息、组织技能培训等有针对性的就业服务和公益性岗位援助，对就业困难人员实施优先扶持和重点帮助。

在公益性岗位上安置的就业困难人员，按照国家规定给予岗位补贴。

第四十三条　公共就业服务机构应当建立零就业家庭即时岗位援助制度，通过拓宽公益性岗位范围，开发各类就业岗位等措施，及时向零就业家庭中的失业人员提供适当的就业岗位，确保零就业家庭至少有一人实现就业。

第四十四条　街道、社区公共就业服务机构应当对辖区内就业援助对象进行登记，建立专门台账，实行就业援助对象动态管理和援助责任制度，提供及时、有效的就业援助。

第六章　职业中介服务

第四十五条　县级以上劳动保障行政部门应当加强对职业中介机构的管理，鼓励其提高服务质量，发挥其在促进就业中的作用。

本规定所称职业中介机构，是指由法人、其他组织和公民个人举办，为用人单位招用人员和劳动者求职提供中介服务以及其他相关服务的经营性组织。

政府部门不得举办或者与他人联合举办经营性的职业中介机构。

第四十六条　从事职业中介活动，应当遵循合法、诚实信用、公平、公开的原则。

禁止任何组织或者个人利用职业中介活动侵害劳动者和用人单位的合法权益。

第四十七条　职业中介实行行政许可制度。设立职业中介机构或其他机构开展职业中介活动，须经劳动保障行政部门批准，并获得职业中介许可证。

经批准获得职业中介许可证的职业中介机构，应当持许可证向工商行政管理部门办理登记。

未经依法许可和登记的机构，不得从事职业中介活动。

职业中介许可证由劳动和社会保障部统一印制并免费发放。

第四十八条　设立职业中介机构应当具备下列条件：

（一）有明确的机构章程和管理制度；

（二）有开展业务必备的固定场所、办公设施和一定数额的开办资金；

（三）有一定数量具备相应职业资格的专职工作人员；

（四）法律、法规规定的其他条件。

第四十九条　设立职业中介机构，应当向当地县级以上劳动保障行政部门提出申请，提交下列文件：

（一）设立申请书；

（二）机构章程和管理制度草案；

（三）场所使用权证明；

（四）注册资本（金）验资报告；

（五）拟任负责人的基本情况、身份证明；

（六）具备相应职业资格的专职工作人员的相关证明；

（七）法律、法规规定的其他文件。

第五十条 劳动保障行政部门接到设立职业中介机构的申请后，应当自受理申请之日起 20 日内审理完毕。对符合条件的，应当予以批准；不予批准的，应当说明理由。

劳动保障行政部门对经批准设立的职业中介机构实行年度审验。

职业中介机构的具体设立条件、审批和年度审验程序，由省级劳动保障行政部门统一规定。

第五十一条 职业中介机构变更名称、住所、法定代表人等或者终止的，应当按照设立许可程序办理变更或者注销登记手续。

设立分支机构的，应当在征得原审批机关的书面同意后，由拟设立分支机构所在地县级以上劳动保障行政部门审批。

第五十二条 职业中介机构可以从事下列业务：

（一）为劳动者介绍用人单位；

（二）为用人单位和居民家庭推荐劳动者；

（三）开展职业指导、人力资源管理咨询服务；

（四）收集和发布职业供求信息；

（五）根据国家有关规定从事互联网职业信息服务；

（六）组织职业招聘洽谈会；

（七）经劳动保障行政部门核准的其他服务项目。

第五十三条 职业中介机构应当在服务场所明示营业执照、职业中介许可证、服务项目、收费标准、监督机关名称和监督电话等，并接受劳动保障行政部门及其他有关部门的监督检查。

第五十四条 职业中介机构应当建立服务台账，记录服务对象、服务过程、服务结果和收费情况等，并接受劳动保障行政部门的监督检查。

第五十五条 职业中介机构提供职业中介服务不成功的，应当退还向劳动者收取的中介服务费。

第五十六条 职业中介机构租用场地举办大规模职业招聘洽谈会，应当制定相应的组织实施办法和安全保卫工作方案，并向批准其设立的机关报告。

职业中介机构应当对入场招聘用人单位的主体资格真实性和招用人员简章真实性进行核实。

第五十七条 职业中介机构为特定对象提供公益性就业服务的，可以按照规定给予补贴。可以给予补贴的公益性就业服务的范围、对象、服务效果和补贴办法，由省级劳动保障行政部门会同有关部门制定。

第五十八条　禁止职业中介机构有下列行为：

（一）提供虚假就业信息；

（二）发布的就业信息中包含歧视性内容；

（三）伪造、涂改、转让职业中介许可证；

（四）为无合法证照的用人单位提供职业中介服务；

（五）介绍未满16周岁的未成年人就业；

（六）为无合法身份证件的劳动者提供职业中介服务；

（七）介绍劳动者从事法律、法规禁止从事的职业；

（八）扣押劳动者的居民身份证和其他证件，或者向劳动者收取押金；

（九）以暴力、胁迫、欺诈等方式进行职业中介活动；

（十）超出核准的业务范围经营；

（十一）其他违反法律、法规规定的行为。

第五十九条　县级以上劳动保障行政部门应当依法对经审批设立的职业中介机构开展职业中介活动进行监督指导，定期组织对其服务信用和服务质量进行评估，并将评估结果向社会公布。

县级以上劳动保障行政部门应当指导职业中介机构开展工作人员培训，提高服务质量。

县级以上劳动保障行政部门对在诚信服务、优质服务和公益性服务等方面表现突出的职业中介机构和个人，报经同级人民政府批准后，给予表彰和奖励。

第六十条　设立外商投资职业中介机构以及职业中介机构从事境外就业中介服务的，按照有关规定执行。

第七章　就业与失业管理

第六十一条　劳动保障行政部门应当建立健全就业登记制度和失业登记制度，完善就业管理和失业管理。

公共就业服务机构负责就业登记与失业登记工作，建立专门台账，及时、准确地记录劳动者就业与失业变动情况，并做好相应统计工作。

就业登记和失业登记在各省、自治区、直辖市范围内实行统一的就业失业登记证（以下简称登记证），向劳动者免费发放，并注明可享受的相应扶持政策。

就业登记、失业登记的具体程序和登记证的样式，由省级劳动保障行政部门规定。

第六十二条　劳动者被用人单位招用的，由用人单位为劳动者办理就业登记。用人单位招用劳动者和与劳动者终止或者解除劳动关系，应当到当地公共就业服务机构备案，为劳动者办理就业登记手续。用人单位招用人员后，应当于录用之日起30日内办理登记手续；用人单位与职工终止或者解除劳动关系后，应当于15日内办理登记手续。

劳动者从事个体经营或灵活就业的，由本人在街道、乡镇公共就业服务机构办理就业登记。

就业登记的内容主要包括劳动者个人信息、就业类型、就业时间、就业单位以及订立、终止或者解除劳动合同情况等。就业登记的具体内容和所需材料由省级劳动保障行政部门规定。

公共就业服务机构应当对用人单位办理就业登记及相关手续设立专门服务窗口，简化程序，方便用人单位办理。

第六十三条 在法定劳动年龄内，有劳动能力，有就业要求，处于无业状态的城镇常住人员，可以到公共就业服务机构进行失业登记。其中，没有就业经历的城镇户籍人员，在户籍所在地登记；农村进城务工人员和其他非本地户籍人员在常住地稳定就业满6个月的，失业后可以在常住地登记。

第六十四条 劳动者进行失业登记时，须持本人身份证件和证明原身份的有关证明；有单位就业经历的，还须持与原单位终止、解除劳动关系或者解聘的证明。

登记失业人员凭登记证享受公共就业服务和就业扶持政策；其中符合条件的，按规定申领失业保险金。

登记失业人员应当定期向公共就业服务机构报告就业失业状况，积极求职，参加公共就业服务机构安排的就业培训。

第六十五条 失业登记的范围包括下列失业人员：

（一）年满16周岁，从各类学校毕业、肄业的；

（二）从企业、机关、事业单位等各类用人单位失业的；

（三）个体工商户业主或私营企业业主停业、破产停止经营的；

（四）承包土地被征用，符合当地规定条件的；

（五）军人退出现役、且未纳入国家统一安置的；

（六）刑满释放、假释、监外执行或解除劳动教养的；

（七）各地确定的其他失业人员。

第六十六条 登记失业人员出现下列情形之一的，由公共就业服务机构注销其失业登记：

（一）被用人单位录用的；

（二）从事个体经营或创办企业，并领取工商营业执照的；

（三）已从事有稳定收入的劳动，并且月收入不低于当地最低工资标准的；

（四）已享受基本养老保险待遇的；

（五）完全丧失劳动能力的；

（六）入学、服兵役、移居境外的；

（七）被判刑收监执行或被劳动教养的；

（八）终止就业要求或拒绝接受公共就业服务的；

（九）连续6个月未与公共就业服务机构联系的；

（十）已进行就业登记的其他人员或各地规定的其他情形。

第八章 罚 则

第六十七条 用人单位违反本规定第十四条第（二）、（三）项规定的，按照劳动合同法第八十四条的规定予以处罚；用人单位违反第十四条第（四）项规定的，按照国家禁止使用童工和其他有关法律、法规的规定予以处罚。用人单位违反第十四条第（一）、（五）、（六）项规定的，由劳动保障行政部门责令改正，并可处以一千元以下的罚款；对当事人造成损害的，应当承担赔偿责任。

第六十八条 用人单位违反本规定第十九条第二款规定，在国家法律、行政法规和国务院卫生行政部门规定禁止乙肝病原携带者从事的工作岗位以外招用人员时，将乙肝病毒血清学指标作为体检标准的，由劳动保障行政部门责令改正，并可处以一千元以下的罚款；对当事人造成损害的，应当承担赔偿责任。

第六十九条 违反本规定第三十八条规定，公共就业服务机构从事经营性职业中介活动向劳动者收取费用的，由劳动保障行政部门责令限期改正，将违法收取的费用退还劳动者，并对直接负责的主管人员和其他直接责任人员依法给予处分。

第七十条 违反本规定第四十七条规定，未经许可和登记，擅自从事职业中介活动的，由劳动保障行政部门或者其他主管部门按照就业促进法第六十四条规定予以处罚。

第七十一条 职业中介机构违反本规定第五十三条规定，未明示职业中介许可证、监督电话的，由劳动保障行政部门责令改正，并可处以一千元以下的罚款；未明示收费标准的，提请价格主管部门依据国家有关规定处罚；未明示营业执照的，提请工商行政管理部门依据国家有关规定处罚。

第七十二条 职业中介机构违反本规定第五十四条规定，未建立服务台账，或虽建立服务台账但未记录服务对象、服务过程、服务结果和收费情况的，由劳动保障行政部门责令改正，并可处以一千元以下的罚款。

第七十三条 职业中介机构违反本规定第五十五条规定，在职业中介服务不成功后未向劳动者退还所收取的中介服务费的，由劳动保障行政部门责令改正，并可处以一千元以下的罚款。

第七十四条 职业中介机构违反本规定第五十八条第（一）、（三）、（四）、（八）项规定的，按照就业促进法第六十五条、第六十六条规定予以处罚。违反本规定第五十八条第（五）项规定的，按照国家禁止使用童工的规定予以处罚。违反本规定第五十八条其他各项规定的，由劳动保障行政部门责令改正，没有违法所得的，可处以一万元以下的罚款；有违法所得的，可处以不超过违法所得三倍的罚款，但最高不得超过三万元；情节严重的，提请工商部门依法吊销营业执照；对当事人造成损害的，应当承担赔偿责任。

第七十五条 用人单位违反本规定第六十二条规定，未及时为劳动者办理就业登记手续的，由劳动保障行政部门责令改正，并可处以一千元以下的罚款。

第九章 附 则

第七十六条 省、自治区、直辖市劳动保障行政部门可以根据本规定制定实施细则。

第七十七条 本规定自 2008 年 1 月 1 日起施行。劳动部 1994 年 10 月 27 日颁布的《职业指导办法》、劳动和社会保障部 2000 年 12 月 8 日颁布的《劳动力市场管理规定》同时废止。

参考文献

[1] 北京高校毕业生就业指导中心组织编写:《大学生就业指导理论与实践》,中国财政经济出版社2004年版。

[2] 董文强主编:《大学生就业指导》,西北工业大学出版社2006年版。

[3] 河南省教育厅学生处主编:《大学生就业创业导论》,中原农民出版社2007年版。

[4] 教育部全国高等学校学生信息咨询与就业指导中心著:《知识创业:大学生创业指南》,高等教育出版社2001年版。

[5] 李学东主编:《大学生创业实务教程》,经济科学出版社2006年版。

[6] 李宏、周正训:《21世纪人生职业规划》,金城出版社2001年版。

[7] 罗双平:《职业选择与事业导航》,机械工业出版社2007年版。

[8] 李仁山主编:《大学生就业指导与范例》,首都经济贸易大学出版社2004年版。

[9] 宋立达编著:《大学生求职攻略宝典》,金城出版社2005年版。

[10] 吴芝仪:《我的生涯手册》,经济日报出版社2008年版。

[11] 王涛主编:《大学生就业指导概论》,西北大学出版社2006年版。

[12] 王建庄主编:《就业与创业指导》,大象出版社2006年版。

[13] 吴益仙主编:《大学生成功创业》,中国科学技术出版社2006年版。

[14] 吴红波主编:《大学生职业规划与就业实务》,武汉大学出版社2007年版。

[15] 汪歙萍、熊丙奇主编:《大学生创业》,上海交通大学出版社2001年版。

[16] 王贤国编著:《大学生创业教育教程》,辽宁师范大学出版社2006年版。

[17] 张玲玲、张芝萍主编:《大学生就业指导》,科学出版社2004年版。

[18] 庄娱乐等主编:《大学生就业指导》,安徽科学技术出版社2007年版。

[19] 周宏岩、苏文平主编:《大学生职业生涯规划与就业指导》,化学工业出版社2008年版。

[20] 张喜梅、吕雅文编著:《大学生创业导论》,高等教育出版社2005年版。